VOIX PARALLELES
PARALLEL VOICES

VOIX PARALLELES
PARALLEL VOICES

SOUS LA DIRECTION DE ▪ EDITED BY
ANDRE CARPENTIER ▪ MATT COHEN

XYZ EDITEUR • QUARRY PRESS

© XYZ éditeur et les auteurs.
Copyright © for the authors, 1993.

Tous droits réservés.
All rights reserved.

Les éditeurs remercient le Conseil des Arts du Canada pour l'aide qu'il leur a gracieusement fournie.
The publishers gratefully acknowledge the assistance of The Canada Council.

CIP Le programme canadien de Catalogage avant publication

Vedette principale au titre:
Parallel Voices = Voix parallèles

Textes en anglais et en français.
ISBN 1-55082-065-6 (Quarry Press)
ISBN 2-89261-076-1 (XYZ)

1. Littérature canadienne — 20e siècle. 2. Littérature canadienne-anglaise — Traductions françaises. 3. Littérature canadienne-française — Traductions anglaises. I. Cohen, Matt, 1942- . II. Carpentier, André III. Titre: Voix parallèles.

PS8321.P37 1993   C810.8'0054   C93-090069-3F   PR9197.3.P37 1993

Canadian Cataloguing in Publication Data

Main entry under title:
Parallel Voices = Voix parellèlles

Texts in English and French.
ISBN 1-55082-065-6 (Quarry Press)
ISBN 2-89261-076-1 (XYZ)

1. Canadian literature — 20th century. 2. Canadian literature (English) — Translations into French. 3. Canadian literature (French) — Translations into English. I. Cohen, Matt, 1942- . II. Carpentier, André III. Title: Voix parallèles.

PS8321.P37 1993   C810.8'0054   C93-090069-3F   PR9197.3.P37 1993

Graphisme: Keith Abraham.
Design by Keith Abraham.

Mise en pages: Chris McDonell.
Typeset by Chris McDonell.

Imprimé au Canada par Best-Gagné Book Manufacturers.
Printed and bound in Canada by Best-Gagné Book Manufacturers.

Coédité par Quarry Press, P.O. Box 1061, Kingston, Ontario, K7L 4Y5 et XYZ éditeur, C.P. 5247, Succ. C., Montréal, Québec, H2X 3M4.
Co-published by XYZ éditeur, P.O. Box 5247, Station C, Montreal, Quebec H2X 3M4, and Quarry Press, P.O. Box 1061, Kingston, Ontario K7L 4Y5.

TABLE DES MATIERES
CONTENTS

PRESENTATION	7	
FOREWORD		
GEORGE BOWERING	11	*Rhode Island Red*
YVES LACROIX	19	*Une poule rouge du Rhode Island*
MONIQUE PROULX	28	*La vie est courte*
MARGARET ATWOOD	33	*Life Is Short*
STEVEN HEIGHTON	38	*End of the Festival*
JEAN PIERRE GIRARD	44	*Fin de Festival*
LOUISE DUPRE	51	*Ailleurs, New York*
ANN DIAMOND	57	*Elsewhere, New York*
THOMAS KING	63	*States To Avoid*
LOUIS JOLICŒUR	72	*Etats d'âme*
ANDRE CARPENTIER	81	*L'ondoyé de poussière*
MATT COHEN	89	*Baptised by Dust*
DIANE SCHOEMPERLEN	97	*The Antonyms of Fiction*
HELENE RIOUX	102	*Entre le fictif et le réel*
BERTRAND BERGERON	108	*L'album de photos*
SARAH SHEARD	113	*The Photo Album*
GREG HOLLINGSHEAD	118	*The Age of Reason*
DANIEL GAGNON	126	*L'âge de raison*
YVES LACROIX	134	*L'œuvre du samedi*
GEORGE BOWERING	139	*Metropolitan Opera*

MARGARET ATWOOD	145	*Bearfeet*
MONIQUE PROULX	152	*Peau d'ours*
JEAN PIERRE GIRARD	160	*Quelque part... rire*
STEVEN HEIGHTON	164	*Somewhere... Laughing*
ANN DIAMOND	169	*Head of Hair*
LOUISE DUPRE	176	*Chevelure*
LOUIS JOLICŒUR	183	*Le voyage en Europe de l'oncle Timmy*
THOMAS KING	188	*Uncle Timmy's Trip to Europe*
MATT COHEN	193	*Children of the Moon*
ANDRE CARPENTIER	200	*Les enfants de la lune*
HELENE RIOUX	208	*La première soirée*
DIANE SCHOEMPERLEN	216	*Opening Night*
SARAH SHEARD	224	*Friendly Fire*
BERTRAND BERGERON	228	*Amicale et provocante*
DANIEL GAGNON	233	*Petits portraits illuminés d'elle*
GREG HOLLINGSHEAD	237	*Luminous Portraits of Her*
NOTES BIO-BIBLIOGRAPHIQUES BIOGRAPHICAL NOTES	241	

PRESENTATION/FOREWORD
André Carpentier/Matt Cohen

Le projet *Voix parallèles/Parallel Voices* surgit au cours d'une conversation animée, en novembre 1990, dans un bar de fortune du Salon du livre de Montréal. Les futurs responsables de ce projet et Gaëtan Lévesque, directeur des éditions XYZ, discutaillaient autour des difficultés à rentabiliser le marché des œuvres canadiennes anglaises traduites au Québec, et vice versa. Il n'en fallait pas plus pour qu'un consensus s'établisse sur la nécessité de produire un livre qui réunirait des auteurs francophones et anglophones, qui plus est, des auteurs qui se traduiraient les uns les autres. Peu après, un éditeur du Canada anglophone, Bob Hilderley, des éditions Quarry Press, accepta tout aussi spontanément de s'associer au projet et de co-éditer *Voix parallèles/Parallel Voices*. La première rencontre des éditeurs et éditeurs délégués eut lieu, pour des raisons aussi ironiques que géographiques, lors d'une séance de lecture à la Bibliothèque nationale du Canada à Ottawa. Les éditeurs firent ainsi les frais de la première campagne de traduction bilatérale.

La majorité des auteurs sollicités acceptèrent avec enthousiasme de relever ce défi original, même si cela, pour plusieurs, laissait présager de longues heures à feuilleter les dictionnaires. Et peut-être est-ce justement à cause de cela que le projet emporta l'adhésion de certains.

Ce sont les éditeurs délégués qui constituèrent les couples d'auteurs qui allaient se traduire mutuellement. Puis ceux-ci furent mis en relation. C'est ainsi qu'ils se firent parvenir leurs textes sans intermédiaire et que s'établit la liaison littéraire. Chacun mesura vite aussi bien l'intérêt que la difficulté de plonger dans les arcanes de l'autre langue et dans le texte d'un vis-à-vis. Quelques-uns se firent aider par un ami bilingue. À travers la correspondance, et parfois des rencontres, les auteurs échangèrent sur des questions de style, de rythme, de mots justes, etc. Cette mise en rapport était d'autant plus importante que, pour la plupart, cela constituait une toute première expérience de traduction. Neuf des dix équipes constituées menèrent le projet à terme.

On pourrait croire que des discussions politiques accompagnèrent la préparation de ce livre. Il semble qu'il n'en fut rien. Des amitiés naissantes, parfois, surtout le plaisir de l'imprévu et le défi de faire passer une nuance, une subtilité, une sensibilité d'une langue à l'autre occupèrent le centre de la scène. C'est dans cet esprit que nous vous présentons cet ouvrage collectif. Reste à espérer que les lecteurs tireront de sa lecture un plaisir équivalent à celui que nous avons eu à le préparer.

Parallel Voices/Voix parallèles began as a conversation in November 1990. The two future editors were sharing a glass of wine with Gaëtan Lévesque, publisher of XYZ, in the makeshift bar of the Montréal Salon du livre. We were talking about translations and the fact that no one was interested in reading them. Thirty seconds later we had agreed that the world needed a book of stories by French and English writers, with the writers also acting as the translators.

Soon after, Bob Hilderley of Quarry Press agreed to join in the project and co-publish *Parallel Voices/Voix parallèles*. The first meeting of publishers and editors took place at the junction of the parallel logics of irony and convenience — a reading at the National Library in Ottawa.

Most writers we asked to participate in the bizarre enterprise agreed immediately, even though it would necessitate much searching in dictionaries. Perhaps, at least for some, that was the attraction.

The editors played matchmaker and decided which writers would translate each other. The writers then contacted each other and proceeded to establish their own literary liaisons. Out of the ten arranged marriages nine worked.

Through exchanges of letters and occasional encounters the writers got to know each other's work and clarified questions of style, the exact meaning of various phrases, words, devices. This exchange was particularly important because for most this was a first experience in translation. Many of us got assistance from more bilingual friends.

It might be thought many political discussions would have taken place during the preparation of this volume. But in fact politics seem to have been ignored. The pleasure of the unexpected encounter, the problems of translation — both verbal and cultural — took center stage. It is in the same spirit that we present this collective volume. We hope readers will find the same enjoyment reading it as we did in its preparation.

GEORGE BOWERING

Rhode Island Red

Trust me, this will take only a fraction of the time it would take to write and read a novel, but there will be order somewhere here, faint order, human traces anyway.

If you were not in the South Okanagan Valley in the fifties you will not be able to picture the scene I am picturing. But you can say this on the other hand, that no matter how well we think we are remembering scenes of thirty years ago, say, whenever we are given the opportunity to check those memories, we are invariably wrong, sometimes a long way off.

So I will have to do a little description, I guess at least to get this going. The consolation will be that we will no longer have to listen to the voice delivering the goods in sentences that start with the first person singular pronoun. I like pronouns, but that one is not my favorite. Description, then. But be aware, wont you, that description will not bring you the authentic look or feel of the place, either.

We are three miles, because they still used miles then, south of the village of Lawrence. Lawrence could have been called a town, but the people who lived there persisted in calling it a village because it was cheaper when it came to taxes. No one could tell you how that worked, but everyone seemed to think that it made good sense.

Three miles south of Lawrence, let us say, in November. The orchards are just beginning to turn skeletal, the season's fruit picking finished weeks ago. Just across Highway 97 there is a funny looking apple tree. It owns perhaps only seven dry curled brown leaves, but there are apples hanging all over it. These are over-ripe apples, brown and wrinkled. If the orchardist working on his tractor up by the house were to drive down here and bump the tree's trunk with the front of his machine, he would find himself in a rain of apples that were useless except to the health of the soil covered right now with slick leaves.

He would probably also notice the chicken hurling its head at the pebbly ground beside the blacktop, and carry it under his arm back up the dirt road to the home yard.

There is no fence between this orchard and the highway. Fences are only a nuisance around the kind of farm on which workers are always moving ladders or trailers covered with props or empty boxes. As every orchardist along the road has said at least once, you dont need a fence to keep apple trees in, and any fruit thieves that come in uninvited at night are going to have to get used to rock salt in the ass. The kids around Lawrence figured that every orchardist had a shotgun loaded with rock salt or worse standing by the back porch door with the baseball bats.

Most families had chickens in their yards in those days. Even in town, where people would make little chicken runs out of chicken wire, with a roof of chicken wire to keep large dogs out or to keep chickens in. It seemed normal to the narrator of this story, for instance, to keep chickens in the yard. When he was a kid in the South Okanagan in the forties he had to feed the family chickens. That was enjoyable, whether throwing grain on the ground for those flailing heads, or dumping the slop and watching them spear the corn cobs.

This chicken was a Rhode Island Red, a general-purpose breed created in the United States of America. It had a rectangular body and brown feathers of the shade called by parents red. By descent it had come from distant forebears in the jungles of Malaya. There were no roads through the jungles of Malaya in those days.

One time the narrator of this story planted some of the wheat that he normally would have fed as grain to his family's own Rhode

Island Reds, and it grew. When the wheat plants were about three feet in height his younger sister pulled them out of the ground and threw them into the chicken coop. He still wonders, today, what made his sister think of doing that. The orchard in which their house stood contained lots of long grass, so she must have understood something about "wheat" when she ripped up his experiment to feed it to the chickens. Something about language. If we were to ask her now she would just treat it as an old family joke. Why did the sister pull the wheat?

These families in the South Okanagan kept chickens for eggs and for chicken meat. That is why the Rhode Island Red was so popular. It produced lots of meat, and brown eggs, thought by superstitious rurals to be superior to white eggs in the matter of nutrition. White eggs were for city folks who also betrayed their personal biology with white sugar and white bread.

The male sperm lives in the hen's oviduct for two or three weeks. Yolks originate in the ovary and grow to four centimeters in diameter, after which they are released into the oviduct, where the sperm is waiting. Whenever we found a red dot in an egg we said "Aha!" In the oviduct the egg also picks up the thick white and some shell membrane. Then it heads for the uterus where the thin white and the hard shell are added. The making of an egg takes twenty-four hours. Orchard moms are proud of hens that lay an egg every day. They are amused by the biddies that hide them in the yard instead of leaving them in the coop.

Now this one Rhode Island Red pecking away at pebbles and organisms at the edge of Highway 97. We certainly, I would think, cannot call her (or him if it is a capon) a central character in this little fiction. A figure at the middle of things, perhaps, but not a central character. A chicken does not have character. Unless you want to ascribe character to this Red's pecking and wandering away from the rest of the birds around the house, all the way down the dirt road to this shallow ditch beside Highway 97.

It is nowadays simply Highway 97, and not too much different from its condition in the late fifties. But in those days it was both Highway 97 and Highway 3, the alternative Trans-Canada. The two numbers, adding up as they did, really satisfied a teenage boy who lived in and around Lawrence, but he does not appear in this story. There is a human being, you will remember, sitting on a tractor, doing something of value up near the yellow stucco house, where the rest of the Rhode Island Reds and the Bantams were.

If this fowl were a central character, as it might have been were the story a fable, it would have to be set down in a significant setting for the unrolling of the narrative. No, one supposes that fables do not have characters, but only fictions. Though Aesop's fables, for instance, are told in an attempt to mold character in their listeners, one can hardly ascribe character to, say, a grape-eating fox. If one were supposed to think about him in terms of character, a child might ask, why does this fox desire to eat grapes, especially grapes that are out of reach?

In any case, even though we refuse character to the young hen in this instance, we can say a few things about the nature of the setting she had pecked her way into. The most salient because unusual feature, as far as she was concerned, was the highway. It was a normal western asphalt or tar macadam road, what is called in the trade a flexible surface. Gravel of fairly consistent size is covered with hot bituminous material that penetrates the spaces between the little stones and then cools and hardens. If you are a quick driver you can just see a ribbon, as they say, of gray, or if it is the first month of a new highway, a ribbon of black. If your local member of the legislature is in the government's cabinet you will see more black than do people in other places. If you are a kid walking along the highway you can see the stones in the mix, and you have always wondered how many of them were Indian arrow head. If you are a chicken pecking seeds and gizzard gravel into your interior, you will never get a pebble out of that hardly flexible surface.

There was a quick driver a few miles south, just passing Dead Man's Lake, heading north, probably going to the Coop Packing House in Lawrence.

He was driving a truck cab in front of a big empty trailer that was equipped with a refrigeration unit, which could be seen from outside, a big square item on the top of the front of the trailer. The doors were open on the trailer, so one knew that the refrigeration was turned off right now. If the truck went by you slowly enough and you were on one side of the road you would be able to see the other side of the road for part of a second right thru the trailer. At the

Coop there would be some men and lads in cold storage ready to load the trailer of the truck with boxes of Spartan apples. Then the refrigeration would be turned on and the truck would head to a large city grocery store chain whose name could be understood by anyone who could read now that the doors on the trailer were slid shut.

This truck was proceeding northward at about fifty miles an hour, which was the speed limit at that time as long as the road was straight, which was not often the case. Its driver was an old army veteran named Stiffy. He lived in the city where the grocery store chain was located, but he spent a majority of his days in the cab of his truck, trying to catch small town radio stations on his radio, stopping at roadside cafes where other rigs were stilled. He had had a conversation at Rhoda's Truck Stop in Castlegar this morning.

"Stiffy. How's it hanging, you old bugger?"

"Cant complain, Buddy. Cant complain."

The other driver's name was not Buddy. Stiffy called him Buddy because he couldnt remember his name, if he had ever known it. He called most men Buddy.

"I think I'm getting too old for this line of work," said the man.

"Know what you mean."

"No future in it either."

"Gettin' to be near time to pack it in and take it easy. Find out what my old lady does all day."

"Wouldnt know what to do with myself."

"Hah, I know what you do with yourself six or eight times a day, you old bugger."

"No, really. Guy owns the old bowling alley in Coleman. Been thinking of moving there, buy him out, live off the fat of the land."

"Oh yeah, bowling is getting more popular every day, they say."

"You know anyone goes bowling?"

"You know anyone wants to buy a Kenworth, one-quarter paid for?"

That was the conversation at Rhoda's, or most of it. During all that talk the driver we are interested in, if that is not an overstatement, was spooning up some chicken soup and biting at a grilled cheese sandwich. He often ate those things at Rhoda's, and something very much like that at the Orchard Cafe in Lawrence.

Now he was about ten miles south of Lawrence, braking behind a farmer in a rusty pickup truck half way down Graveyard Hill.

In the high insect season trucks like that, and other traffic as well, brought about the demise of countless insects, fruit flies, grasshoppers, the black and yellow caterpillars that traveled the highway in huge groups. It was not high insect season now, but there were still some grasshoppers, those fleecy ones with wings that allowed them to fly in awkward trajectories. Despite the wings there were some dead grasshoppers on the macadam, perhaps a head squashed flat but a thorax still complete. The chicken in question was out on Highway 97, looking for body parts of grasshoppers.

There is a well-known benefit to this kind of diet. If you get your eggs from some large city grocery store chain you are likely to find, on opening them, that the yolks are pale yellow. If you boil them before eating them, you probably notice that the shells crack in the hot water. Those are eggs produced by chickens who are kept all their lives in the company of other chickens in small cages over conveyor belts. If you have your own chickens, and if they are allowed to forage, to eat bits of garbage and insects, their eggs will have tough shells and dark yellow or even orange yolks. They will taste a lot better than the grocery chain eggs. It wont matter whether they are white or brown; they will be higher in nutrition than those city eggs.

Stiffy's truck was no longer stuck behind the farmer's pickup. The farmer had become nervous about the sheer metallic weight behind him, and pulled off the road, without signaling. Now there was a 1949 Pontiac sedan behind Stiffy's trailer-tractor. Inside the Pontiac were four members of the Koenig family, Mr. Koenig with his sunburned face and gas-station hat, and three of his teenaged children. The children were not in school because Mr. Koenig was taking them into Lawrence to get their shots. At the beginning of the school year in September there had been a nurse at the school giving out shots, but the Koenig teenagers had not been in school. They had been picking apples as fast as they could till it got dark in their father's orchard. Now there was not an apple at the Koenig orchard except for the boxes of Spartans in the Koenig basement. Eighteen boxes of Spartans, and one box of Romes.

The Koenig kids did not care if they missed their shots. But there was a family in the orchard next to the Koenigs which had a son in an iron lung at the Coast. Mr. Koenig hated to think about it.

Two of the Koenig kids were in the back seat. One, the oldest and strongest, was in the front seat beside his father. His face was not as red as his father's. He had been born in this valley.

This is the sort of thing the Koenig teenagers were saying:

"Murray told me the needle is yay long."

"Oh sure, did he tell you it's square?"

"What the hell do you know? When the doc says roll up your left sleeve, you always have to get some help from me."

"Listen, if you werent a girl I'd bash your teeth in."

"Just try it, jerk."

"Knock it off," said Mr. Koenig.

The road was never straight for longer than a few hundred feet. It looked as if they were going to have to follow the big truck all the way into Lawrence. Maybe they could pass him around the Acre Lots, but by then they were just as good as in town anyway.

Trust me, we are nearly there, and you will admit, I think, that there is some kind of order here. Human traces and some poultry thrown in. That's a bad choice of verb. Let's say some poultry added.

The poultry in question was now two-thirds of the way across Highway 97, trying unsuccessfully to back up and scratch at the surface, but finding better luck with its plunging head. There had not been any traffic for five minutes. That was unusual for that part of Highway 97 even in the fifties. People near the road could not help noticing, when that happened from time to time, a feeling of peculiarity as if the location were being *prepared* for something. Now that the tractor was just sitting up there beside the house, you could hear the telephone wires singing above your head.

Then Stiffy's truck appeared both to ear and eye. Its tires played a high note that would not descend. Stiffy saw the Rhode Island Red, saw it lift its head and fall momentarily on its tail as it turned to run back to its home side of the macadam, saw it disappear under the front of his machine. He did not see what a witness, had there been one, might have seen. The blur of red-brown feathers emerged behind the truck's long trailer, the living chicken picked up by the wake of hot wind and thrown high in an awkward arc into the air. It did not sail, nor did it soar. It was a roundish bird in the low sky, not flying but certainly falling now, and as it did along came the Pontiac sedan. Mr. Koenig knew that it was a chicken. He even knew it was a Rhode Island Red. He had no idea how it had got where it was, hurtling toward the windshield of his car. He jigged the car slightly to the right, but the course of the hen was eccentric, and it became a smash of feathers and blood and claws and noise in front of his face where the glass became a white star. The car with four Koenigs in it was still moving to the right, and now the front right tire crunched into roadside gravel. Then the car went straight as the road went straight for a little while but in another direction. The Pontiac, having traveled for a moment at fifty miles an hour through long grass, stopped all at once against a leafless apple tree. If it had been the tree just to the left, the car would have been deluged with brown fermented apples.

All this made a noise. Stiffy, a half-mile north in the cab of his Kenworth, didn't hear any of it. But the orchardist and his wife did. It would not be long till they were both out of the house. Today they, like other people in the Lawrence vicinity, would be finding out what had happened. Tomorrow they would be thinking about why. Then they would talk about this event for a long time. Many of them would mention it in letters. As later events intervened they would sometimes ask each other questions about this one.

GEORGE BOWERING

Une poule rouge du Rhode Island

TRADUIT PAR
YVES LACROIX

Faites-moi confiance, il suffira d'une fraction du temps qu'il faudrait pour écrire et lire un roman, mais il y aura de l'ordre en quelque part de ce qui suit, une ordonnance confuse, de toute façon les traces d'une activité humaine.

Si vous n'étiez pas dans la Vallée Sud de l'Okanagan dans les années cinquante, vous ne pourrez pas vous représenter la scène que je m'apprête à évoquer. Mais vous pouvez vous dire ceci, d'un autre côté: quelle que soit la faculté de nous souvenir correctement de scènes vécues, disons trente ans auparavant, chaque fois qu'il nous est donné de vérifier l'exactitude de notre mémoire, nous ne manquons jamais de nous tromper, et de beaucoup parfois.

Il me faudra donc y aller d'une petite description, je suppose, au moins pour démarrer cette histoire. Nous y gagnerons de ne pas entendre plus longtemps la voix qui débite ses salades en phrases sentencieuses à la première personne du singulier. J'aime les pronoms mais celui-là n'est pas mon préféré. Donc, de la description. Mais n'oubliez pas s'il vous plaît qu'une description ne vous proposera jamais une vision exacte ou un sentiment fidèle des lieux.

Nous sommes à trois milles — parce qu'on comptait encore en milles à l'époque — au sud du village de Lawrence. Lawrence aurait pu passer pour une ville, mais ses habitants persistaient à en parler comme d'un village parce que c'était moins onéreux pour les taxes. Personne n'aurait pu vous expliquer comment mais tout le monde semblait croire que c'était plein de bon sens.

Disons donc à trois milles au sud de Lawrence, en novembre. Les vergers commencent juste à devenir squelettiques, la cueillette des fruits est terminée depuis plusieurs semaines. De l'autre côté de la grand-route 97 se dresse un drôle de petit pommier. Il ne lui reste pas plus de sept feuilles séchées, brunes et frisées, mais il est encore couvert de pommes. Ce sont des pommes trop mûres, brunes et ridées. Si le pomiculteur qui travaille sur son tracteur là-haut près de sa maison descendait jusqu'ici, jusqu'à heurter le tronc du pommier avec l'avant de sa machine, il se trouverait sous une averse de pommes qui ne sauraient plus servir qu'à l'enrichissement d'un sol pour l'instant couvert de feuilles luisantes.

Il est probable qu'il aurait aussi remarqué la poule qui piquait de la tête dans le sol caillouteux près du bitume, et l'aurait remontée sous son bras, par le chemin de terre jusque dans la basse-cour.

Il n'y a pas de clôture entre la route et ce verger. Les clôtures ne font que gêner autour de ces fermes où les travailleurs déplacent sans arrêt des échelles ou des remorques remplies d'instruments et de caisses vides. Comme l'a déjà dit au moins une fois chacun des pomiculteurs le long de la route, il n'est pas besoin de clôture pour garder les pommiers dans le verger, et un voleur qui se risque la nuit sans invitation s'expose à prendre une charge de sel dans le cul. Les enfants autour de Lawrence imaginaient que tous les pomiculteurs avaient un fusil chargé de sel ou, même pire, veillaient sur leurs galeries arrière avec des bâtons de baseball.

La plupart des familles avaient des poules dans leur cour à cette époque. Et cela même en ville où les gens se fabriquaient des poulaillers avec de la broche à poules, avec un toit de broche à poules, autant pour garder les gros chiens à l'extérieur que pour garder les poules à l'intérieur. Il paraissait normal au narrateur de cette histoire, par exemple, d'avoir des poules dans sa cour. Quand il était gamin dans le sud de l'Okanagan, dans les années quarante, il devait nourrir une famille de poulets. C'était agréable, soit de répandre du grain sur le sol pour ces têtes agitées, soit de jeter les déchets puis de les observer qui dardaient les épis de maïs.

Une poule rouge du Rhode Island

Cette poule était une poule rouge du Rhode Island, d'une race à tout usage créée dans les États-Unis d'Amérique. Elle avait un corps rectangulaire et des plumes brunes, d'une teinte que les parents disaient rouge. Elle descendait de quelque prototype ancien des jungles malaisiennes. Aucune route ne traversait les jungles de la Malaisie à cette époque.

Une fois, le narrateur de cette histoire avait semé un peu de ce froment dont le grain aurait normalement nourri les Rhode Island de sa famille. Et cela avait poussé. Quand les tiges avaient atteint trois pieds de haut, sa jeune sœur les avait arrachées puis jetées dans le poulailler. Il se demande encore aujourd'hui ce qui avait inspiré ce geste. On trouvait beaucoup d'herbes hautes dans le verger où se trouvait leur maison, et sa sœur avait dû comprendre quelque chose au sujet de «blé» pour interrompre ainsi l'expérience de son frère. Une confusion langagière. S'il l'interrogeait maintenant, elle en parlerait comme d'une vieille plaisanterie familiale. Pourquoi sa sœur avait-elle arraché ce blé?

Ces familles du sud de l'Okanagan élevaient des poules pour leurs œufs et leur chair. Voilà pourquoi la poule rouge du Rhode Island était si populaire. Elle donnait beaucoup de viande, et des œufs bruns que les paysans superstitieux prétendaient plus nutritifs que les œufs blancs. Les œufs blancs étaient laissés aux citadins qui trompaient aussi leur organisme avec du sucre blanc et du pain blanc.

Le sperme du mâle séjourne deux à trois semaines dans l'oviducte de la poule. Les jaunes se forment et grossissent dans l'ovaire jusqu'à atteindre quatre centimètres de diamètre. Ils sont alors poussés dans l'oviducte où le sperme les attend. (Chaque fois que nous trouvions un point rouge dans un œuf nous faisions: «Haha!») Dans l'oviducte, l'œuf trouve aussi son blanc épais et une première membrane souple pour sa coquille. Ensuite, il se dirige vers l'utérus où s'ajoutent le blanc fluide et la coquille rigide. Les mères pomicultrices sont fières des poules qui pondent un œuf par jour. Elles s'amusent des vieilles poules qui les cachent dans la cour plutôt que de les déposer dans les cages.

Mais revenons à cette poule rouge du Rhode Island qui picore des cailloux et des petits organismes au bord de la route 97! Nous ne pourrions certainement pas la qualifier (le qualifier, s'il s'agit d'un chapon) de protagoniste dans cette petite fiction. Du moins le croirais-je. Une figure au centre de la composition peut-être, mais pas une protagoniste. Une poule n'a pas de personnalité. À moins que vous vouliez trouver du caractère au becquetage de cette poule rouge et à son vagabondage loin des autres volailles de la ferme, à l'autre bout du chemin de terre dans le fossé peu profond de la 97.

De nos jours, c'est juste la 97, une grand-route pas tellement différente de ce qu'elle était à la fin des années cinquante. Mais à l'époque c'était à la fois deux grand-routes, la 97, bien sûr, mais aussi la 3, une alternative de la transcanadienne. Les deux chiffres, associés comme ils l'étaient, comblaient d'aise un adolescent qui vivait alors dans le village de Lawrence et dans ses environs, mais il n'intervient pas dans cette histoire. Il y a un être humain, de cela vous vous souviendrez, au volant de son tracteur là-haut, occupé à quelque chose d'important près de la maison en stuc jaune, où se trouvaient les autres Rhode Island et les Bantam.

Si cette volaille était une protagoniste, comme elle pourrait l'être dans une histoire qui serait une fable, il aurait fallu le signifier par une mise en situation appropriée à ce type de récit. Mais non. On prétend que les fables n'ont pas de personnages, que ce sont de pures inventions. Bien que les fables d'Ésope, par exemple, soient racontées pour façonner la personnalité de leurs auditeurs, on peut difficilement imaginer le caractère, disons, d'un renard qui mange du raisin. S'il fallait penser à lui en termes de personnalité, pourrait demander un enfant, pourquoi ce renard veut-il tant manger du raisin, qui plus est du raisin qu'il ne peut atteindre ?

De toute façon, même si nous refusons d'individualiser la jeune poule dans le cas actuel, nous pouvons donner quelques informations sur l'espèce de scène vers laquelle elle avait becqueté son chemin. En ce qui la concerne, la réalité la plus importante, à cause de son rôle inhabituel, était la grand-route. C'était une route coutumière de l'Ouest, couverte d'asphalte, d'un macadam goudronné qu'on appelait dans le commerce une surface souple. Un gravier d'une grosseur convenable est couvert d'une matière bitumineuse chaude qui s'insère entre les cailloux et durcit en refroidissant. Si vous êtes un conducteur rapide, vous ne percevez qu'un ruban, comme ils disent, un ruban gris, ou un ruban noir quand la grand-route vient d'être couverte. Si votre député est membre du cabinet ministériel, vous verrez dans votre région plus de noir que dans les autres. Si vous êtes un gamin qui marche le long de la grand-route, vous pouvez distinguer les pierres dans le mélange, et vous vous êtes toujours demandé combien d'entre elles ont pu servir de pointe à une flèche indienne. Mais si vous êtes une poule en quête de graines et de pierres à gésier, vous ne tirerez jamais un caillou de cette surface si peu souple.

Il y avait un conducteur rapide à quelques milles plus au sud, en train de traverser Dead Man's Lake, fonçant vers le nord, vraisemblablement vers la Coop Packing House de Lawrence.

Il conduisait une cabine de camion à laquelle était accrochée une énorme remorque vide équipée d'un bloc de réfrigération, ce dont on pouvait se rendre compte à une grosse boîte posée sur le toit à l'avant de la remorque. Les portes étaient ouvertes de chaque côté de la remorque, signifiant que la réfrigération était coupée pour l'instant. Si le camion venait suffisamment lentement quand vous étiez au bord de la route, pendant une fraction de seconde vous pouviez voir l'autre côté à travers la remorque. Dans la chambre froide de la Coopérative il y aurait des hommes et des gamins pour charger la remorque de caisses de pommes Spartan. La réfrigération serait alors remise en marche et le camion reprendrait la route vers la chaîne d'épiceries d'une grande ville dont n'importe quel alphabète pourra reconnaître le nom, maintenant que les portes de la remorque seront refermées.

Ce camion progressait donc vers le nord à quelque cinquante milles à l'heure, ce qui était la vitesse permise à cette époque en autant que la route fût droite, ce qui était rare. Son conducteur était un ancien combattant nommé Stiffy. Il habitait la grande ville où se trouvait la chaîne d'épiceries, mais il passait la majorité de son temps dans la cabine de son camion, essayant de capter sur son poste de radio les stations des petites villes et s'arrêtant dans les cafés routiers où d'autres équipages avaient stationné avant lui. Il avait conversé, ce matin-là, en déjeunant au Rhoda's Truck Stop, à Castlegar.

— Stiffy! Comment ça marche ton affaire, vieil obsédé?
— J'ai pas à me plaindre, Buddy. J'ai pas à me plaindre.
Le nom de l'autre camionneur n'était pas Buddy. Stiffy

l'appelait Buddy parce qu'il ne se souvenait pas de son nom, s'il l'avait jamais su. La plupart des hommes, il les appelait Buddy.

—Je pense que je m'en viens trop vieux pour ce genre de travail, dit l'autre camionneur.

—Je sais de quoi tu parles.

—Y a plus d'avenir non plus là-dedans.

—Faudra bientôt ramasser mes affaires et prendre ça doucement. Découvrir ce que ma bonne femme fait de ses journées.

—Je saurais même pas quoi faire de mon corps.

—Ah! Je sais bien ce que tu fais de ton corps six à huit fois par jour, vieil obsédé.

—Non, c'est vrai. Il y a un type à Coleman, le propriétaire de la vieille salle de quilles. Je pense déménager par là, lui racheter l'affaire puis vivre comme un coq en pâte.

—Bien sûr! On dit que les quilles sont de plus en plus populaires.

—Tu connais un amateur de quilles?

—Tu connais quelqu'un qui rachèterait un Kenmore que j'ai au quart payé?

C'était ça la conversation chez Rhoda, enfin sa presque totalité. Pendant cet échange, le camionneur qui nous intéresse, si ce n'est pas exagéré de dire qu'il nous intéresse, avalait une soupe au poulet puis mordait dans un sandwich au fromage grillé. C'est toujours ce qu'il mangeait chez Rhoda, et à peu près la même chose qu'il mangeait au Orchard Cafe de Lawrence.

Maintenant il était à quelque dix milles au sud de Lawrence, freinant derrière la camionnette rouillée d'un fermier au milieu de la côte de Graveyard Hill.

Au plus fort de la saison des insectes, des camions comme celui-là, comme tout autre type de circulation d'ailleurs, provoquaient la mort d'un nombre incalculable d'insectes, de mouches à fruits, de sauterelles, de chenilles noir et jaune qui voyageaient par immenses pelotons sur la grand-route. Ce n'était pas le plus fort de la saison des insectes alors, mais il se trouvait encore quelques sauterelles, de cette sorte cotonneuse et dotée d'ailes, qui volent avec des trajectoires maladroites. En dépit des ailes, il y avait des sauterelles mortes sur le macadam, la tête peut-être aplatie mais le thorax encore intact. La poule en question s'était avancée sur la 97,

Une poule rouge du Rhode Island

à la recherche des morceaux de sauterelles.

Il y a un avantage bien connu à ce type d'alimentation. Si vous achetez vos œufs dans la chaîne d'épiceries d'une grande ville, vous devriez trouver en les brisant des jaunes plutôt pâles. Si vous les faites bouillir avant de les manger, vous remarquerez probablement que les écailles se fendillent dans l'eau chaude. Ce sont des œufs pondus par des poules enfermées toute leur vie dans des cages étroites avec leurs congénères au-dessus d'une courroie transporteuse. Si vous élevez vos propres poules, et s'il leur est permis de fouiller, de manger des morceaux de détritus et d'insectes, leurs œufs auront des coquilles résistantes et des jaunes foncés ou même orangés. Ils seront cent fois meilleurs que les œufs de la chaîne d'épiceries. Peu importe qu'ils soient blancs ou bruns, ils seront plus nourrissants que ces œufs de la grande ville.

Le camion de Stiffy n'était plus bloqué par la camionnette du fermier. Énervé par la masse métallique derrière lui, le fermier s'était rangé sans prévenir. Maintenant il y avait une Pontiac 1949 derrière le camion à remorque de Stiffy. Une conduite intérieure. Et dans la Pontiac se trouvaient quatre membres de la famille Koenig, M. Koenig, avec son visage hâlé et sa casquette de pompiste, et trois de ses adolescents. Les enfants n'étaient pas à l'école parce que M. Koenig les emmenait à Lawrence pour y être piqués. Au début de l'année scolaire en septembre une infirmière venait à l'école piquer les enfants, mais les enfants Koenig n'étaient pas à l'école ce jour-là. Ils avaient cueilli des pommes aussi rapidement qu'ils avaient pu jusqu'à ce que la nuit tombe sur le verger paternel. Maintenant, il ne restait plus une seule pomme au verger Koenig, à part les caisses de Spartans qui se trouvaient dans le sous-sol des Koenig. Dix-huit caisses de Spartan et une caisse de Rome.

Les enfants Koenig n'avaient cure de manquer leurs piqûres. Mais une famille de pomiculteurs, parmi les voisins des Koenig, avait un fils enfermé dans un poumon d'acier sur la Côte. Cette pensée terrifiait M. Koenig.

Deux des enfants Koenig étaient sur la banquette arrière. Un autre, le plus vieux et le plus vigoureux, était sur la banquette avant à côté de son père. Il n'était pas aussi rougeaud que son père. Il était né dans cette vallée.

Voici le genre de propos qu'échangeaient les adolescents Koenig:

— Murray m'a dit que l'aiguille était longue comme ça.

— C'est ça. Il t'a dit aussi qu'elle était carrée?

— Maudit! qu'est-ce que t'en sais? Quand le docteur demande de rouler ta manche gauche, il faut toujours que je te donne un coup de main.

— Toi, si t'étais pas une fille je te ferais avaler tes dents.

— Essaie donc pour voir, pauvre débile!

— Arrêtez-moi ça tout de suite! dit M. Koenig.

La route n'était jamais droite sur plus d'une centaine de mètres. Il semblait bien qu'ils seraient coincés derrière le gros camion jusqu'à Lawrence. Peut-être pourraient-ils le doubler aux environs de Acre Lots, mais ils seraient quasiment rendus à ce moment-là.

Faites-moi confiance, nous y sommes presque, et vous admettrez, je pense, qu'il y a une sorte d'ordre dans ce que je vous raconte. Les traces d'une activité humaine et de la volaille projetée là-dedans. L'expression n'est pas appropriée. Disons plutôt qu'une touche de volaille est ajoutée.

La volaille en question se trouvait maintenant aux deux tiers de la 97. Elle essayait sans succès de reculer en griffant le macadam puis comprenait qu'elle avait plus de chance avec des coups de bec. Aucun véhicule n'était passé depuis cinq minutes. Le fait était rare sur cette section de la 97, même dans les années cinquante. Les riverains ne pouvaient pas s'empêcher de le remarquer, quand cela se produisait de temps en temps, un sentiment d'étrangeté, comme si les lieux se *préparaient* à quelque événement. Maintenant que le tracteur s'était immobilisé près de la maison, vous pouviez entendre chanter les fils du téléphone au-dessus de votre tête.

Alors le camion de Stiffy s'est présenté, au regard et à l'ouïe. Ses pneus ont lancé une note aiguë qui allait se maintenir. Stiffy vit la poule rouge du Rhode Island, il la vit dresser la tête et tomber momentanément sur sa queue en se retournant pour foncer vers le bord de la route, il la vit disparaître sous l'avant de sa machine. Il ne vit pas ce qu'un témoin aurait vu, s'il s'en était trouvé un. Le brouillard des plumes brunes rougeâtres surgies derrière la longue remorque du camion, le volatile vivant, enlevé par la rafale chaude

Une poule rouge du Rhode Island

du sillage et projeté dans les airs en une courbe disgracieuse. Il ne s'est pas envolé, il ne s'est pas élevé. C'était un oiseau rondelet sous le ciel bas, qui ne volait pas mais qui maintenant tombait manifestement. Et pendant que cela se produisait a surgi la Pontiac. M. Koenig savait que c'était une poule. Il savait même que c'était une poule rouge du Rhode Island. Il ignorait comment elle était parvenue là où il la découvrait maintenant, fonçant vers le pare-brise de son auto. Il a braqué sans ménagement la voiture sur sa droite, mais la trajectoire de la poule était excentrique et ce ne fut plus qu'un fracassement de plumes et de sang et de griffes et de bruit à la hauteur de son visage, où la vitre n'était plus qu'une étoile blanche. La voiture avec les quatre Koenig fonçait toujours sur la droite et le pneu avant droit mordait maintenant dans le gravier de l'accotement. Alors pendant un temps la voiture a filé tout droit, aussi droit que filait la route mais dans une autre direction. Après avoir roulé un moment à cinquante milles à l'heure dans une herbe haute, la Pontiac s'est immobilisée brusquement contre un pommier dégarni. S'il s'était agi de l'arbre voisin, sur la gauche, la voiture eût été inondée de pommes brunes et fermentées.

Tout cela fit du bruit. Dans la cabine de son Kenmore à un demi-mille plus au nord, Stiffy n'entendit rien. Mais le pomiculteur et sa femme, eux, entendirent. Il ne leur faudra pas beaucoup de temps pour se trouver dehors. Aujourd'hui, comme les autres gens aux environs de Lawrence, ils vont comprendre ce qui est arrivé. Demain, ils vont se demander pourquoi cela est arrivé. Alors ils vont parler longtemps de cet événement. Plusieurs d'entre eux vont le mentionner dans des lettres. À propos d'événements plus récents ils vont parfois poser d'autres questions au sujet de celui-là.

MONIQUE PROULX
La vie est courte

Elle ne dort pas. Elle l'entend tout de suite distinctement, même si sa voix n'ose pas encore s'aventurer dans les hauteurs. À L'AIDE, À L'AIDE. Les mots semblent irréels, chargés de détresse cinématographique.

Il est assis sur le bord du sofa, il se tient la poitrine à pleines mains, comme un corps étranger qu'il faudrait de force retenir. Il pleure. Son pyjama est à demi descendu sur les cuisses, elle aperçoit des morceaux de chair grise qui ne semblent pas lui appartenir. Il crie:

— J'ai mal, je vais mourir, à l'aide, j'ai mal!

Elle est prévenue, mais cela la pétrifie quand même. Il se frappe la poitrine et il sanglote, je vais mourir je vais mourir. Elle lui demande, stupide, ce qu'elle doit faire, s'il y a quelque chose à faire. Il ne la regarde pas, il geint encore un moment mais avec une conviction faiblissante. Il dit:

— Ça va aller, pour cette fois ça va aller.

Quelques minutes plus tard, elle le voit dans la cuisine qui étale sur du pain de la graisse de rôti.

Elle se recouche. Elle ne dort pas. Elle n'est pas tout à fait seule, l'odeur vivante de Guy maraude dans les draps et la glace comme un blizzard.

Tôt le matin, il est installé devant ses tubes de médicaments, sur la table de cuisine. Il joue avec les comprimés: il y en a une dizaine sur la nappe, des ronds, des octogonaux, des bleus, des jaunes. Il les compte minutieusement, il les dresse en pyramide par ordre de grandeur, il avale d'abord les rouges et garde les blancs pour la fin. Il demande:

— Guy est pas là?

Elle maîtrise difficilement le tremblement de ses lèvres, elle sent que tout son corps se met à hoqueter comme sous l'effet d'une fièvre maligne. Après un moment, elle fait signe que non. Il demande:

— Quand est-ce qu'on mange?

Il est assis dans la berceuse de rotin du salon. Il tient très fermement dans ses mains le dernier livre qu'elle a écrit. Elle s'assoit près de lui. Elle l'entend qui ronfle paisiblement, le livre toujours levé comme un drapeau. Il se réveille tout à coup, il tourne des pages comme si de rien n'était, il referme le livre et scrute la photo sur la jaquette arrière.

— Tu as changé, dit-il.

Elle s'enferme dans la chambre, elle compose le numéro de téléphone du bureau de Guy en souhaitant qu'il n'y soit pas, puis qu'il y soit. C'est Guy qui répond, avec la voix placide de quelqu'un qui n'est torturé par rien. Elle raccroche. Elle se couche en boule sur le plancher, la nuque et les épaules égratignées par le soleil. Quand elle se relève, le soleil n'est plus qu'une flèche oblique et froide qui chute dans les arbres.

Il ne ferme jamais la porte de la salle de bains. Elle le voit qui fouille dans sa trousse de maquillage et qui en extirpe un crayon de khôl. Il se noircit la moustache avec des mains qui tâtonnent, il doit recommencer plusieurs fois parce que le crayon s'échappe et lui barbouille la bouche.

Quand il mange, il déchiquette d'abord sa viande et ses légumes en lamelles, qu'il agglomère ensuite en un pâté homogène. Il boit du thé au lait sucré entre chaque bouchée. Il demande:

— Tu travaillais pas, aujourd'hui?...

Elle dit non. Il lorgne du côté de son assiette, qu'elle n'a pas touchée. Elle lui en donne la totalité du contenu. Elle voit dans le miroir qu'elle a la même bouche que lui, retroussée à la commissure droite.

Il est de nouveau assis dans la berceuse de rotin, il écrit quelque chose dans le journal, les sourcils froncés par l'application. Quand elle s'approche, elle s'aperçoit qu'il est en train de dessiner des moustaches à Georges Bush et à Mikhaïl Gorbatchev.

Il marche à petits pas précautionneux, les mains levées pour se protéger la poitrine. Il fait la navette entre la berceuse de rotin et une chaise de la cuisine. Chaque fois, il se bute au coléus du corridor, à qui il arrache une feuille par inadvertance. Il regarde dehors. Il frappe violemment dans la fenêtre pour chasser les pigeons. Il dit:

— Il y a moins d'arbres que chez ta sœur.

Elle trouve dans la chambre une écharpe turquoise oubliée par Guy. Elle s'allonge sur le lit en caressant l'écharpe comme si c'était un chat, elle l'enroule autour de son cou. Trois années d'odeurs tièdes se mettent à battre contre ses tempes. Elle tire sur chacun des pans de l'écharpe, elle tire de toutes ses forces pour voir comment c'est quand on étouffe pour de bon. Elle n'est pas capable de continuer jusqu'au bout.

Il est installé devant la télévision, tandis que la nuit étend tranquillement son empire. Elle vient s'asseoir près de lui et ils regardent en silence le film, un vieux film de James Bond. Sean Connery nage parmi les crocodiles, en leur assénant au passage des tapes folichonnes. Puis, une fille blonde à moitié nue émerge de l'amoncellement grouillant de crocodiles.

Il sourit, la commissure droite de sa bouche irrésistiblement titillée; elle sourit presque elle aussi, à cause de la chaleur humaine qui rôde parmi eux. Il dit:

— J'ai eu ben d'autres femmes, à part de ta mère.

Il dit:

— La fois que je suis allé à New York, il y avait une négresse, avec des babines épaisses comme ça. Une belle négresse.

Elle connaît l'histoire, ça s'est passé en 1948, il l'a racontée cent fois. Avec les mêmes mots, toujours, négresse et babines, et le même retroussis chevrotant au coin droit de la bouche. Elle dit:

— L'aimais-tu?

Il dit:

— La cousine de ta mère, aussi, maudite belle femme, elle portait jamais de culotte en dessous de sa jupe.

Puis il se tait parce que le film se corse, les bombes tombent autour de James Bond.

Plus tard, il est assis seul devant la télévision, il regarde un vidéoclip de Mitsou. Elle le voit qui se masturbe, laborieusement. Il abandonne au bout d'un moment, il referme sa braguette.

Au petit matin, elle ne dort toujours pas. Elle l'entend tout de suite quand il se met à gémir à mi-voix. À l'aide, à l'aide.

Cette fois-ci la crise est plus forte, il est arc-bouté contre le dossier du sofa, les yeux agrandis par la terreur. Il se griffe la poitrine des deux mains, il crie:

— Maman, MAMAN!...

Elle lui donne ses pilules de nitro, elle tente de le calmer. Il est comme un animal affolé par la souffrance, il se tord, il sanglote je vais mourir je vais mourir. Puis la douleur s'éclipse comme elle est venue. Il dit:

— Je vais crever. C'est sûr, la prochaine fois, je vais finir par crever.

Elle dit:

— On va tous finir par crever.

Il la regarde avec ressentiment. Il dit:

— Oui mais moi, ça va arriver bien avant toi.

Elle dit:

— On peut changer, si tu veux. N'importe quand, je change avec toi.

Il la regarde, puis il détourne vite les yeux, avec une sorte de gêne. Il essuie ses mains moites sur son pyjama. Au bout d'un moment, il dit à voix basse:

— Je disais ça comme ça.

Elle dit:
— Moi aussi.

Il est debout sur le pas de la porte. Sa valise est déjà dans la voiture. Il grimace un sourire, du côté droit de sa bouche. Il l'embrasse sur la tempe. Il dit:
— Tu diras bonjour à Guy.
Elle fait signe que oui. Il s'en va. Elle le regarde partir, les mains levées à hauteur de poitrine, craintif et courbé sur lui-même, le seul père qu'elle aura jamais. Il ne se retourne pas.

MONIQUE PROULX

Life Is Short

TRANSLATED BY
MARGARET ATWOOD

She's not sleeping. She hears him immediately and clearly, even if he doesn't dare, any more, to turn his voice up full volume. HELP ME! HELP ME! The words seem unreal, filled with cinematic distress.

He's sitting on the edge of the sofa, he's clutching his chest, as if his body is that of a stranger he has to restrain by force. His pyjamas have slipped down to his thighs, and she sees a slice of gray flesh that doesn't seem to belong to him. He wails:

— It hurts, I'm going to die, help me, it hurts.

She's been warned, but this terrifies her all the same. He beats at his chest and he sobs, I'm going to die, I'm going to die. She asks him (how stupid!) what she should do, if there is anything to be done. He doesn't look at her, he groans again, but with weakening conviction. He says:

— It's going away, this time it's going away.

A few minutes later she sees him in the kitchen, spreading fat from the roast onto a piece of bread.

She goes back to bed. She can't get to sleep. She isn't completely alone, the living smell of Guy prowls among the sheets, and freezes her like a blizzard.

Early in the morning, he settles himself at the kitchen table with his vials of medicines. He plays with the pills: he's got a dozen laid out on the tablecloth, round ones, octagonal ones, blue and yellow ones. He counts them meticulously, he arranges them in a pyramid in order of size, he swallows the red ones first and keeps the white ones for the last. He asks:

— Guy's not here?

Her lips tremble, she struggles for control, she feels her whole body shaking as if she has a high fever. After a minute, she shakes her head. He asks:

— When're we eating?

He's sitting in the cane rocker, in the living room. He's got a copy of her latest book, he's holding on to it tightly. She sits down near him. She hears him snoring peacefully, still holding the book up like a flag. He wakes up with a start, he turns the pages as if nothing's happened, he closes the book and inspects the jacket photo on the back.

— You've changed, he says.

She shuts herself in her room, she dials Guy's office number and hopes he won't be there, then that he will. Guy himself answers, in the placid voice of a man who isn't hurting, who isn't bothered by anything at all. She hangs up. She lies on the floor, hunched into a ball, letting the sunlight scratch the back of her neck and her shoulders. When she gets up, the sunlight has shrunk to a thin cold arrow slanting through the trees.

He hasn't closed the bathroom door. She sees him rummaging through her makeup kit; he takes out an eyebrow pencil. He blackens his moustache with tentative hands; he has to start over again several times, because the eyebrow pencil gets out of control and smudges his mouth.

When he eats, first of all he tears his meat and his vegetables into little pieces; after that he mushes them all together into a homogenous paste. Between each mouthful he gulps down sweetened milky tea. He asks:

— You're not working today?

She says no. He leers hungrily at the meal on her plate, which she hasn't touched. She gives him the whole thing. She sees in the mirror that her mouth is the same as his, turned up at the right corner.

He's sitting again in the rocker, he's writing something on the newspaper, his eyebrows frown with effort. When she comes nearer, she can see that he's in the process of drawing moustaches on George Bush and Mickael Gorbachov.

He takes small, cautious steps, his hands raised to protect his chest. He shuttles back and forth between the rocker and a chair in the kitchen. Each time, he stumbles into the coleus plant in the hall and accidentally breaks off a leaf. He looks outside. He raps violently on the window to chase away the pigeons. He says:
— There's not as many trees here as at you sister's.

In the bedroom she finds a turquoise scarf left behind by Guy. She stretches out on the bed, stroking the scarf as if it were a cat, she wraps it around her neck. Three years of warm odors begin to beat like waves against her temples. She pulls on the ends of the scarf, she pulls with all her strength to see what it would be like to suffocate, once and for all. She can't do it, she doesn't have the guts to finish it off.

He's settled himself in front of the T.V., while the night spreads out its tranquil empire. She comes and sits down near him and they silently watch a movie, an old James Bond flick. Sean Connery is swimming among the crocodiles, dealing out exciting wallops as he goes. Then a half-naked blond girl emerges from the swarming heap of crocodiles.
 He smiles with the right corner of his mouth titillated, despite himself; even she almost smiles, because of the lazy human warmth which has risen between them. He says:
— I've had a bunch of other women, besides your mother.
 He says:
— That time I went to New York, I screwed a black woman, with great big boobs. A beautiful black.
 She knows the story, that happened in 1948, he's told it a hundred times. Always with the same words, black and boobs, and the

same twitchy upturn of the right corner of his mouth. She says:
— Did you love her?
He says:
— You mother's cousin too, bloody great woman, she never wore panties under her skirt.
Then he stops talking because the film is speeding up, the bombs are falling all around James Bond.

Later he's sitting alone in front of the T.V., watching a video of Mitsou. She sees that he's masturbating, laboriously. In a minute he gives up, he zips his fly.

In the early morning she still hasn't got to sleep. All of a sudden she hears him begin to groan weakly. Help me, help me.
This time the pain is stronger, he's arched against the back of the sofa, his eyes wide with terror. He claws at his chest with both hands, he yells:
— Mama! MAMA!
She gives him his nitro pills, she tries to calm him down. He's like an animal maddened by suffering; he writhes, he sobs, I'm going to die, I'm going to die. Then the pain subsides as suddenly as it came. He says:
— I'm going to croak. For sure, the next time, I'll end up croaking.
She says:
— We're all going to croak.
He glares at her resentfully. He says:
— Yeah. But me, I'm going to croak a lot sooner than you.
She says:
— We can change places if you like. I don't care when, I'll change with you.
He stares at her, then he quickly turns away with a sort of shame. He dries his damp hands on his pyjamas. After a minute, he says in a low voice:
— I said it the way it is.
She says:
— So do I.

Life Is Short

He's standing on the front step. His suitcase is already in the car. He gives her a grimace of a smile, with just the right corner of his mouth. He kisses her on the forehead. He says:

— So, say hello to Guy for me.

She nods. He goes off. She watches him leave, his hands raised to his chest, fearful and hunching over, the only father she will ever have. He doesn't look back.

STEVEN HEIGHTON

End of the Festival
A Brief Supplement to the Berlitz Guide

There had been another power failure and though it was not yet dusk, torches had been lit and set up all along the narrow streets. *Far too narrow*, the visitor thought as a small car swerved past with horn screaming. He fought off the urge to show his anger. These streets, his guidebook told him, had not been made for cars.

As if to punctuate his thought the small car, covered in orange petals and smeared with thick red streaks like some exotically marked animal, screeched to a halt a few steps ahead before a crowd of pedestrians and livestock. It honked wildly but the dense knot of drovers and animals, children and their vividly-costumed parents ignored or failed to notice it over the noise they themselves were making: somewhere in the crowd drums were being beaten, cymbals rattled, and a high-pitched ecstatic chanting repercussed between the old buildings. From upper windows a shower of orange petals poured down.

The visitor sensed some kind of disturbance ahead. Heard shouting, screams, and a bull, lean and black, broke snorting from the crowd in front of the car. For a second it was airborne as it tried to leap clear, then its hoofs clopped sharply on the car's hood and smacked and shattered the windshield, the bull's body sliding over the car's roof and then off, legs scrabbling, into the dust. The car

End of the Festival

horn kept bleating, frantic. The bull struggled and tried to stand but it was too late, young men were surrounding it and two tall bearded men in bloodstained smocks materialized from the crowd. One held a long butcher's knife and the other an axe.

The visitor rushed forward to watch but the crowd had shifted and now swarmed around him, separating him from the fallen bull. He saw the axe-blade catch and reflect the pale torchlight as it swung over and down into the crowd. The horn of the small car continued to scream as if malfunctioning, then for a moment the bull's furious roaring rose and swallowed it.

Soon both sounds stammered and died out.

The people around him took up a chant with a strange, accelerating tempo; when enough of them had moved up the street he was able to see the fallen bull butchered. The movements of the bearded men were quick and skillful. The windows of the small car, now silent and abandoned, were spattered with fresh blood.

On the ninth day of the Dasai Festival everyone in Nepal eats meat. The tourist will see animals slaughtered everywhere, on the steps of small temples, under shrines, in alleys paved festively with orange petals.... Orange seamed with red. The carcasses and severed heads of goats dyed an eerie, mysterious orange. Odor of blood. Blood surging in the gutters, Kathmandu a single body intricately veined, all arteries flowing inward to Durbar Square. *The body's core, the city's heart,* the guidebook used terms like that. *The cultural and spiritual hub of the country. On the ninth and last day of the Dasai Festival everyone in Nepal eats meat....*

Reliably informed that the main ceremonial slaughter would take place in Durbar Square just after dark, he tried to hurry along the main streets that led in to it. But half the city's population was doing the same; the streets were clotted with pedestrians and skittish, bawling livestock that seemed to sense in the air something menacing and inevitable. He saw the snouts of cattle lifted above the crowd, sniffing the breeze, their eyes rolling back so that the whites gleamed. Perhaps they knew the scent of keepers about to turn on them.

Some charged in front of the rushing taxis and private cars. He saw a goat disappear under a long black limousine that was not even slowing for pedestrians. From somewhere close ahead the screech of tires, or was it an animal squealing.

The streets were too narrow, they had not been made for cars. But the excited locals dodged them with a blithe agility, as if the machines were insubstantial, the harmless figments of a far-off culture unconnected to their own. Their indifference and casual immunity to accident, like their *utter absorption in the ambient culture* (as the guidebook put it), constantly struck him and reminded him of his strangeness here. His own reactions to the traffic were automatic. As a car horn bellowed nearby he felt himself springing sideways into a shop wall, bruising his shoulder and soaking his shoes in a puddle of warm blood. Driven along by the crowd to an intersection whose traffic lights had failed with the city's power, he found himself slowing, stopping by instinct — awaiting a signal like a conditioned dog.

To the Nepalis the traffic lights meant little or nothing. Orange was the color of Dasai, it was an invitation to unrestraint, not a symbol of caution. According to his guidebook the government's efforts to modernize the country kept running up against this stubborn, immovable, perfectly good-natured passivity. Tomorrow, the guidebook guaranteed, things would be done as they always had.

Swept into the intersection by the crowd, he caught from off toward Durbar Square the sounds of massed drumming and chanting. People flowed over and around a traffic island on which a single policeman, politely ignored, looked on, smiling, and with a bow accepted from an old woman a necklace of orange flowers.

The crowd was becoming too dense, the speeding traffic dangerous, so the visitor turned down an alley and tried to follow a tortuous series of backstreets. Their pattern obeyed no logic he understood. His maps could not help him. Not arranged along any grid, the streets curved capriciously, forking, tapering, ending abruptly; several times he had to retrace his steps as in a labyrinth. But he was not lost — the drumming and chanting from Durbar Square were guiding him on, and in several streets he caught up with mobs of revelers blaring trumpets, tin horns, whistles, flutes . . .

He squeezed past them, hurrying.

It was almost dark.

He came onto a street wide enough for cars and just avoided a taxi that roared out of nowhere. For a second his gut fisted with shock, fear, anger, but they were soon swallowed up by a fresh excitement; the air was now bated, charged with a natural current, an unrestrained power that spurred all his senses. Sounds from the square grew louder: cymbals and massed sitars played at a quickening rhythm, and beneath them like a ground bass he felt the rumble of a gathered crowd. The night (dusk was drawing brightness from torches all along the street) added its own impetus. Its chill was reviving, its darkness promised anonymity. This is why he had come. Why he had chosen to walk rather than take a taxi as the guidebook urged: to feel the spirit of another culture firsthand, to lose himself, to be infected and absorbed. To feel the drumbeats beating inside him.

Almost running he reached a line of orange-streaked cars parked carelessly against shop-fronts. The side doors facing the street lolled open and blood leaked like oil from the bottoms of the doors and chassis into a flowing gutter. In the front and back seats of the four cars, slaughtered goats had been laid.

A gang of young men saw him staring and they laughed. In the dim light he counted three, squatting on the fenders of the nearest car, eating meat from skewers and passing round a half-empty jug of clear liquor. The man farthest back called out a kind of explanation in polite, slurred English and he smiled and assured them he understood, he'd read about this, the festival was old but included a remarkable new rite: animals were now slaughtered and placed in many vehicles *as an offering to ensure road safety.*

How quickly things become custom here, he thought, unsure if the words were his own or an echo of something he'd recently read — in the guidebook, perhaps, or some brochure. *The Nepalis accept nothing from the West without making it their own. Initiating, assimilating everything into the old system. Fixed in their ways and indifferent to ours. Passionately apathetic...*

In the full ecstasy of the festival he found himself admiring both their indifference and devotion. Suddenly it was clear to him how this frantic annuality forged a sense of connection and membership his own world no longer afforded — and could not disrupt or break into here. Even in his enthusiasm he could see he was excluded — a car loudly demanding passage of oblivious pedestrians.

But these were not cars.

He rushed on. The sitars were somewhere close ahead, their sound skirling and imperative. He heard a confused bellowing of animals. From a window high above there was a rain of blood-red petals. Momentarily he thought they were the orange festival-flowers made scarlet by the torchlight, but catching pieces in his hand and pulling others from his hair he made out their color, felt their stickiness and knew their smell. Blood. Shreds of blood-soaked tissue, perhaps used in preparing tonight's meal. *On the ninth day of Dasai everyone in Nepal eats meat. On the ninth and final—*

A child stood in the street blocking his way. She was thin and dirty but so beautiful that for a moment the constant chatter in his brain, the ticking of names, those echoes of the guidebook, stopped. Her huge eyes peered up at him. He smiled at her, riffled her hair. She was very thin. She watched him. She smiled at last and warmth flooded into his chest; he wanted to lead her from the busy street, protect her. *Be careful,* he told her, *please,* thinking *traffic, crowds* — and now with the words his purpose came rushing back. Now, abruptly, he wondered if she were begging. There were so many beggars here. He dug in his pocket for a bill but she scampered off, made way for him, as if sensing his fresh impatience. He shot her a smile, waved briefly, slid back into the surge . . .

Seconds later when he glanced back the beautiful child was gone, swallowed by the crowds that were fattening as they neared Durbar Square. Above the heads of the people to his left he saw a row of carcasses hung from the upper windows of a butcher shop — goats, he thought, or sheep. On either side of them torches guttered and flared and the flesh glistened, turning slowly in the breeze as on a spit. He was startled, enthralled. A sense of intoxication was brewing inside him, that feeling of consummate, egoless license he had heard and read of and sometimes even feigned but never really seen or experienced.

Someone gripped him from behind. When he spun round a young Nepali draped an orange petal-necklace over his shoulders; he could see and feel how some of the petals had ripped free and clung to his hair and beard. Another stranger appeared and offered him a drink, and as he took the bottle and raised it to his lips the man vanished into the crowd.

He drank. The clear liquor scorched his throat and made his head spin. *Rakshi*; a word from the guidebook which now had meaning. Other words crowded into his brain, vital terms in Nepali, the names of Hindu deities, the repeated word *Dasai*. His eyes clouded. He could not think clearly. He felt himself swept up and on by the growing movement, he gave in to its swell. A wave passed through the crowd and as strangers pressed against him he clutched the *rakshi* to his chest and felt the guidebook wrenched from his right hand. From nearby the sitars screeched in a weird staccato like a car trying to start. The drumming had become more frenzied, its bass beat thundered in his belly and chest as if his heart, surging with adrenalin, were about to break down. But the crowds reassured him. He was nearing the city core he'd seen only on working days when it was half-empty, profaned by lunching clerks, a few tourists and postcard hawkers; now everybody in the city would be there. One body. Here. He could smell the blood. He brushed a falling petal from his eye.

This is why he had come.

To be pierced by the spirit of the festival, swallowed, to lose himself, to merge, to feel the drumbeats beating inside him. *On the ninth day of the Dasai Festival everybody in Nepal.* He rounded a corner into a wide street and Durbar Square leapt into view, a carnival of bonfires and faces swaying, saris and banners and upraised hands gleaming in the rusty torchlight. For a moment on the upper tier of the middle temple he saw a gray bull kneel under a hovering blade, and he stopped; he did not see the cab till its shape filled the corner of his eye, a flash of careering orange, and struck him.

STEVEN HEIGHTON

Fin de festival
Petit ajout au guide Berlitz

TRADUIT PAR
JEAN PIERRE GIRARD
(avec la participation de Michèle Malenfant)

Il y avait une autre panne d'électricité, et bien que ce n'était pas encore le crépuscule, des flambeaux étaient installés le long des rues étroites. «Beaucoup trop étroites», se disait le visiteur, alors qu'une minuscule voiture couverte de pétales orangés et de larges rayures rouges, klaxon enfoncé au maximum, l'évitait au dernier moment. Il réprima sa colère; ces rues, son guide le mentionnait en toutes lettres, n'avaient pas été conçues pour les automobiles.

La voiture freina un peu plus loin. Des piétons et des bestiaux bloquaient la rue. Malgré les semonces d'avertisseur, la foule compacte — meneurs de bestiaux, animaux, adultes et enfants parés de vêtements aux couleurs voyantes — l'ignora ou, plus simplement, tout à son propre vacarme, ne la remarqua pas. Des battements de tambours résonnaient dans le tumulte, des cymbales tintaient et un hymne aigu, perçant, montait entre les vieux buildings. Une averse de pétales orangés tomba des fenêtres.

Le visiteur perçut des signes d'agitation vers l'avant. Il entendit des acclamations, des cris, avant de voir un taureau noir et maigre, haletant, jaillir de la foule juste devant la petite voiture. L'espace d'une seconde, la bête resta figée, éperdue, puis, bondissant pour échapper à la foule, ses sabots heurtèrent le capot du véhicule et en fracassèrent le pare-brise. Le taureau roula du toit et dans un nuage de poussière s'effondra sur la chaussée en battant convulsivement des pattes. Le klaxon hurlait sans arrêt. Le taureau tenta de se relever mais il était trop tard pour lui: de jeunes gaillards l'encerclaient déjà et deux grands barbus portant des blouses maculées de sang émergèrent de la foule. Le premier tenait un long couteau de boucher, le second une hache.

Le visiteur voulut s'approcher mais les gens désormais agglutinés de manière encore plus serrée l'empêchaient de voir l'animal et les deux hommes. La hache s'éleva plusieurs fois au-dessus de la foule, captant la lueur des flambeaux et redescendant vers le taureau dont on entendait les mugissements furieux mêlés au klaxon de la voiture.

Très vite les deux sons déclinèrent et s'éteignirent.

Les gens autour de lui entamèrent une sorte d'hymne dans un curieux tempo accéléré, tout en se dispersant. Lorsqu'un nombre suffisant d'entre eux eut quitté la rue, le visiteur put apercevoir la dépouille du taureau. Les barbus s'étaient montrés aussi rapides qu'efficaces. Les fenêtres et les parois de la voiture, maintenant silencieuse et abandonnée, dégoulinaient de sang frais.

Le neuvième jour du festival de Dasai, tout le monde au Népal mange de la viande. Le touriste verra partout des animaux abattus: au seuil des petits temples, dans les lieux saints, dans les ruelles pavées de pétales orangés... L'orangé se teintait ici de rouge. Les carcasses et les têtes tronçonnées des chèvres se coloraient d'un sinistre, d'un mystérieux orangé. Odeur de sang. Du sang en cascades dans les caniveaux, Katmandou comme un seul corps veiné par ses rues, toutes les artères dévalant vers le square Durbar: *le noyau du corps, le cœur de la ville*, stipulait le guide, *le poumon culturel et spirituel du pays. Le neuvième et dernier jour du festival de Dasai, tout le monde au Népal mange de la viande...*

Il pressa le pas, anxieux d'arriver au square Durbar à temps, là où il savait qu'aurait lieu, un peu après la tombée de la nuit, le plus important massacre rituel. La moitié de la population de la ville faisait de même. Les rues étaient bondées de piétons côtoyant des animaux nerveux et fébriles qui sans doute pressentaient la menace et son inévitabilité. Il remarqua plusieurs fois des museaux de bêtes au-dessus de la foule, humer, renâcler. Il vit de près, à quelques reprises, des yeux blancs et fous rouler vers l'arrière. Les bêtes reconnaissent à l'odeur la venue de leurs bouchers. Certaines prenaient le mors aux dents. Il en vit plusieurs foncer sur des voitures qui filaient à toute allure. Il vit une chèvre disparaître sous une longue limousine noire qui, même pour les piétons, ne modifiait ni sa trajectoire ni sa vitesse. De quelque part, tout près devant, un crissement de pneus, ou était-ce le hurlement d'un animal ?

Les rues étaient trop étroites, elles n'avaient pas été conçues pour les automobiles, mais les citadins surexcités s'y faufilaient avec une agilité mêlée de nonchalance, comme entre des engins irréels, d'inoffensifs mirages d'une culture étrangère ne possédant aucune parenté avec la leur. L'indifférence des citadins et leur détachement face aux accidents toujours possibles, de même que leur totale absorption par la culture ambiante (comme le mentionnait le guide), ne cessaient de le surprendre, de lui rappeler sa propre appartenance à une autre culture. Ses réactions à lui, devant la circulation par exemple, relevaient de l'automatisme. Au rugissement d'un klaxon, tout près, il sursauta, heurta de l'épaule le mur d'un magasin et pila au beau milieu d'une flaque de sang. Emporté par la foule vers une intersection dont les feux ne fonctionnaient pas, il s'arc-bouta instinctivement contre ceux qui le poussaient et s'arrêta, en attente du signal, comme un chien bien dressé.

Pour les Népalais, les feux de circulation n'existent pas. L'orangé est même la couleur du Dasai, un appel à la démesure, et non un symbole de prudence. Selon son guide, les efforts du gouvernement pour moderniser le pays se heurtaient à cette passivité obstinée, tout à fait inébranlable, immuable en même temps que parfaitement insouciante. Demain, assurait le guide, les choses se dérouleraient comme elles s'étaient toujours déroulées.

Entraîné par la masse au cœur de l'intersection, il entendit le chœur des tambours et des chants montant du carré Durbar. Les gens contournaient ou traversaient carrément un refuge sur lequel un policier, poliment ignoré, observait la scène, impuissant mais souriant, s'inclinant même, une fois, pour accepter un collier de fleurs orange offert par une vieille dame.

La foule devenait trop dense au goût du visiteur, et la vitesse de la circulation trop dangereuse. Il bifurqua et emprunta une succession de ruelles tortueuses. Ici, sa carte ne lui servait plus à grand-chose. Les rues, apparemment tracées à la va-vite, sans plan directeur, tournaient, se rétrécissaient, se terminaient sans avertissement, sans logique. Il eut à rebrousser chemin à plusieurs reprises, comme dans un labyrinthe, mais il n'était pas perdu: les échos des tambours et les chants du carré Durbar le guidaient de manière très sûre, et à quelques occasions il se mêla à des bandes de festivaliers qui soufflaient dans des trompettes, des cors, des sifflets, des flûtes…

Il pressa à nouveau le pas, bousculant quelques fêtards.

C'était presque la nuit.

Il déboucha dans une rue assez large pour les voitures et évita de justesse un taxi rugissant. La peur et la colère le saisirent aux tripes mais rapidement se dissipèrent, chassées par une sensation nouvelle: l'air était maintenant suspendu, chargé d'un poids qu'on eût dit naturel, d'une énergie qui affinait chacun de ses sens. Les sons provenant du carré Durbar augmentèrent en intensité et en nombre: cymbales et cithares accéléraient le rythme et, en fond sonore, comme un basso ostinato, on percevait très distinctement les vibrations d'un attroupement considérable. La nuit (ou plutôt le crépuscule, qui faisait voir les flambeaux de plus en plus brillants) ajoutait à l'atmosphère: sa fraîcheur était vivifiante et l'obscurité prochaine vaguement rassurante. Voici pourquoi il était venu. Pourquoi il avait choisi de marcher plutôt que de prendre un taxi comme le recommandait le guide: pour être baigné dans un autre mode de vie, en percevoir l'esprit, s'y perdre, être infecté puis absorbé. Pour qu'en lui résonnent les battements de tambour.

Marchant d'un pas rapide, il atteignit vite une rangée de voitures à rayures orange garées à la diable contre la façade des magasins. Les portières latérales, restées grandes ouvertes, faisaient face à la rue. Du sang coulait comme de l'huile le long des châssis et tombait dans un caniveau. Sur les sièges avant et arrière des voitures gisaient des dépouilles de chèvres.

De jeunes hommes éclatèrent d'un rire sonore en le voyant fixer les bêtes. Dans la pénombre il distingua trois silhouettes accroupies sur le pare-chocs du véhicule le plus rapproché. Ils mangeaient ce qui semblait être des brochettes de viande en se passant une cruche d'une liqueur claire. L'un d'entre eux cria une sorte d'explication dans un anglais poli, et le visiteur répliqua qu'il comprenait; il avait lu à ce sujet, le festival datait de fort longtemps mais un élément nouveau et remarquable s'était greffé aux rites anciens: les animaux étaient maintenant abattus et placés dans des véhicules comme offrande pour assurer la sécurité des routes.

Les choses deviennent très vite une coutume, ici, songea-t-il, ne sachant trop si cette pensée venait de lui ou lui avait été suggérée par une lecture récente, dans le guide ou ailleurs. Ce que les Népalais acceptent de l'Ouest, ils se l'approprient, accueillant, intégrant tout dans le vieux système. Adapté à leur manière et indifférent à la nôtre. Passion et apathie…

Emporté par l'esprit de la fête, il se surprit à admirer la calme indifférence et la profonde dévotion des Népalais. Ce fut soudain très clair pour lui: ce délire annuel générait un puissant sentiment d'appartenance et de fraternité que son monde à lui, sa façon de vivre, ne permettaient pas — et qui ne pouvaient, ici, être perturbés par quoi que ce soit. Il percevait très bien, même dans cet enthousiasme, qu'il était un exclu — il se sentait un peu comme ces voitures qui klaxonnent à qui mieux mieux et dont les citadins ne font aucun cas.

Il fonça. Les cithares, tout près, lançaient leurs plaintes stridentes et impératives. Il entendit des mugissements désordonnés. Une pluie de pétales écarlates fondit sur lui. Il crut un moment que c'étaient les fleurs orange du festival, mais après en avoir saisi quelques-unes dans ses mains et retiré d'autres de ses cheveux, il reconnut l'odeur et la texture. Du sang. Des lambeaux de tissus maculés de sang. Peut-être ceux ayant servi pour la préparation du repas du soir. Le neuvième jour de Dasai, tout le monde au Népal mange de la viande. Le neuvième et dernier…

Une enfant lui bloquait le passage. Elle était mince et sale mais si jolie que pour un moment son discours intérieur, le tic-tac des noms de rues, les échos du guide, tous ces bavardages, cessèrent. Les yeux immenses de la gamine se posèrent sur lui. Il lui sourit et ébouriffa ses cheveux. Elle était vraiment très mince. Elle l'observait. Finalement, elle lui sourit et ça lui fit très plaisir, très chaud, comme un feu de plage dans la poitrine. Il souhaita sincèrement la conduire hors des rues achalandées, la protéger. «Sois prudente, lui dit-il, s'il te plaît», en pensant circulation et foules. Mais en mettant ainsi la fête en mots, en l'organisant en quelque sorte, un peu comme elle l'était dans le guide, sa préoccupation première —

Fin de festival

arriver au carré Durbar — se fit plus marquante. Il se demanda brusquement si la jeune fille mendiait. Il y a beaucoup de mendiants, ici, le guide le dit bien. Il fouilla dans sa poche pour y prendre un billet mais la fillette se mit à courir, libérant le passage, comme si elle avait senti chez lui cette impatience qui effectivement l'habitait. Il lui sourit, agita la main et se laissa emporter par la foule.

Un peu plus loin, quand il se retourna à nouveau pour la voir, la belle enfant avait disparu, noyée dans la foule de plus en plus dense à l'approche du carré Durbar. Au-dessus des têtes, sur la gauche, il remarqua une rangée de carcasses suspendues à la plus haute fenêtre d'une boucherie. «Des chèvres, pensa-t-il, ou des moutons.» Des torches lumineuses flanquaient les dépouilles et la chair miroitait, tournant lentement dans les airs, comme embrochée. Il était à la fois effrayé et captivé. Une sorte d'ivresse l'envahit, une sensation proche de l'accomplissement, une forme de plénitude dont il avait beaucoup entendu parlé, sur laquelle il avait beaucoup lu, mais qu'il n'avait jamais ressentie.

Quelqu'un l'agrippa par derrière. Il se retourna. Un jeune Népalais déposa un collier de pétales orangés sur ses épaules. Des pétales se détachèrent et se collèrent à ses cheveux et à sa barbe. Un autre étranger lui offrit une bouteille et le temps qu'il la porte à ses lèvres, l'homme avait disparu dans la foule.

Il but. La liqueur claire lui brûla le gosier et lui monta de suite à la tête. Un mot du guide prenait son plein sens: Rakshi. D'autres termes lui revenaient en mémoire, des mots essentiels en népali, les noms de certains dieux hindous, et puis Dasai, Dasai, Dasai. Un écran passa devant ses yeux. Il ne pouvait penser clairement. Il fut entraîné par le mouvement de plus en plus pressant et s'abandonna à la marée humaine. Une vague sembla fendre la foule. Des étrangers se pressaient contre lui: il serra le rakshi contre sa poitrine et sentit que son guide lui échappait, ou était déchiré, qu'importe. Les cithares poussaient leurs cris aigus dans un staccato étrange évoquant une voiture qui refuse de démarrer. Les battements de tambours devenaient plus frénétiques encore et son propre rythme cardiaque tonnait dans ses entrailles comme si son cœur voulait sortir, gonflé d'adrénaline, sur le point d'éclater. Mais la foule le rassurait. Il approchait du noyau de la ville qu'il n'avait vu que les jours de travail, quand c'était vide, occupé seulement par les commis prenant leur déjeuner, les touristes et les marchands de cartes postales. Ce soir, toute la ville serait là. Un seul corps. Ici. Il pouvait sentir le sang. Il écarta de son œil un pétale.

Voici pourquoi il était venu.

Pour être pénétré par l'esprit de ce festival, englouti, pour se perdre, se fondre, pour sentir en son corps les tambours. Le neuvième jour du festival de Dasai tout le monde au Népal. Il tourna un coin et le carré Durbar lui apparut enfin, myriade de feux de joie et de visages mouvants, saris, banderoles et mains levées captant la lumière des flambeaux. Sur le gradin supérieur du temple central, il vit un taureau s'effondrer sous un couperet. Il s'arrêta. Il n'aperçut le taxi qu'au dernier moment, une forme orange au coin de son œil, une lueur se mouvant à toute vitesse, qui le heurta.

LOUISE DUPRE
Ailleurs, New York

C'est son regard qui l'avait retenue, un regard dense, étranger, juif, avait-elle pensé alors qu'il s'approchait d'elle pour la féliciter, *une belle intervention vraiment, depuis combien de temps s'intéressait-elle au Moyen Orient?* Elle allait lui répondre qu'elle s'était retrouvée là par un curieux concours de circonstances, un invité s'était désisté à la dernière minute, l'organisatrice cherchait un spécialiste du droit international, elle l'avait convaincue de participer à ce colloque. Mais il détournait déjà la tête en direction d'un journaliste qui venait lui demander une entrevue.

Elle s'éloigna, froissée de se voir laissée pour compte. Elle prit une coupe sur un plateau qu'on lui tendait et avança vers un groupe dont elle avait rencontré plus tôt quelques participants. Elle resterait quelques minutes seulement et s'esquiverait, personne de toute façon ne remarquerait son absence. Cette réception l'ennuyait. Mécontente depuis le petit incident, un incident bien banal pourtant, c'est ce dont elle s'efforçait de se convaincre en formulant des réponses toutes faites à ses interlocuteurs. Elle aurait pu attendre que le journaliste ait terminé son entrevue, pourquoi s'être comportée comme une enfant? Mais lui, il lui avait posé une question par pure politesse, elle n'avait pas apprécié cette attitude, elle aurait aimé qu'il lui prête attention, quelques instants seulement, sentir qu'il ne la considérait pas comme une forme humaine de plus dans cette salle anonyme.

Elle se dirigeait vers le vestiaire quand il la rejoignit, ne pouvait-elle pas attendre un peu, le temps d'en finir avec cette entrevue, on pourrait manger ensemble dans un restaurant calme, parler tous les deux, sa vision l'avait passionné, il tenait à le lui répéter. Elle secoua la tête, il n'était plus temps de racheter ce qui entre eux était gâché, elle prétexta un rendez-vous, lui serra la main poliment, on se reverrait sûrement lors d'un futur colloque, on aurait d'autres occasions. Elle décida de marcher jusque chez elle pour retrouver sa sérénité. Elle se ferait un sandwich au jambon qu'elle avalerait en prenant un bain chaud, puis se blottirait dans son lit pour terminer le roman commencé la veille. Et éteindrait tôt.

Elle éteignit tôt en effet, après avoir avalé un somnifère et s'enfonça dans un sommeil sans rêves. C'est le téléphone qui la réveilla, elle lut huit heures trente sur sa montre et décrocha, l'esprit embrouillé encore. Elle mit quelques secondes avant de reconnaître la voix, il avait réussi à obtenir son numéro par l'organisatrice, il tenait absolument à la voir avant de rentrer dans son pays, il avait appuyé sur le mot absolument, est-ce qu'elle lui ferait le plaisir de passer la soirée avec lui? Elle accepta sans avoir eu le temps de réfléchir, après tout elle ne risquait rien, se dit-elle en raccrochant, au pire elle mourrait d'ennui. Elle se demanda pourtant ce qu'elle porterait, sa robe noire serait sans doute trop habillée, mieux valait la robe beige, elle n'aurait pas l'air de vouloir lui faire du charme.

Il arriva à sept heures, comme prévu. Elle proposa un apéritif, le temps de s'entendre sur un restaurant. Il s'assit dans le fauteuil de cuir et demanda un whisky. Elle resta interloquée. Quelle horreur, personne ne lui en avait jamais demandé, est-ce qu'il ne prendrait pas un martini, une bière ou un verre de rouge? Il éclata de rire. Aucun Québécois n'avait du whisky, pourquoi? Elle l'ignorait. Elle risqua une réponse, les consonances anglophones sans doute, mais il répliqua sur le gin, si populaire ici, et elle s'avoua vaincue, elle ne savait vraiment pas. On bavardait maintenant comme de vieilles connaissances, il était très heureux qu'elle ait accepté de le revoir, il y tenait beaucoup, affirmait-il en soutenant son regard. Encore une fois elle remarqua ses yeux, limpides, touchants, n'était-ce pas surprenant qu'ils soient si pâles? *Les yeux de mon père, voilà mon héritage*, c'est ce qu'il précisa, ému tout à coup.

L'apéritif était maintenant terminé et on n'avait pas encore choisi de restaurant, elle le mentionna, tout simplement, mais il suggéra un deuxième verre, pourquoi se déplacer immédiatement alors qu'on venait à peine de rompre la glace, *pourquoi en effet*, reprit-elle en riant, pourquoi ne pas manger ici, un repas qu'on improviserait, un plat de pâtes avec une salade, tiens, on ouvrirait une bouteille de vin et on continuerait à bavarder tranquillement. L'idée l'enchanta, deux semaines qu'il vivait à l'hôtel, cette intimité lui ferait le plus grand bien. On se dirigea vers la cuisine, elle sortit les casseroles, quelle soirée étrange, elle se retrouvait soudain en compagnie d'un inconnu qui lui offrait de couper les légumes comme s'il vivait là, elle le regardait relever les manches de sa chemise et enfiler un tablier. Étonnée vraiment, entre l'émotion et le fou rire, dire que l'après-midi même il n'était pour elle qu'un éminent politicologue.

Qu'est-ce qui vous fait sourire? demanda-t-il. Elle le lui mentionna le plus simplement du monde et il se mit à rire, lui aussi, *nous avons l'air d'un couple qui vient de rentrer après le travail.* Le mot couple la fit sursauter, métaphore innocente ou le mot portait-il son plein de sens, quel désir cachaient ces yeux d'eau? Et si la question se posait, comment réagir? Elle n'arrivait pas à répondre, elle observait à la dérobée les bras nus de cet homme, elle aimerait être tenue entre ces bras-là, elle le croyait du moins, mais pouvait-elle prévoir, est-ce qu'on est jamais sûre de l'effet que suscitera le glissement des mains sur ses épaules, le premier moment où les paumes se moulent à la courbe des hanches, le tout premier moment, celui où on ne sait pas encore si le corps acquiescera.

Il déposa le couteau sur la table et demanda s'il pouvait encore aider. Tout était prêt maintenant, répondit-elle, il n'avait qu'à se verser un verre de vin et à attendre les pâtes. Il demeura debout, appuyé contre le comptoir, il la regardait surveiller le feu, sa fourchette à la main, elle se sentait observée et, troublée, elle cherchait à montrer qu'elle était absorbée. Entre eux le silence insistait, il fallait essayer de revenir aux rires, mais elle n'arrivait pas à formuler la phrase qui aurait jeté dans la pièce une certaine désinvolture. L'impression de s'enfoncer dans un corridor sans issue. Il se décida à briser le silence. *Vous savez que vous paraissez inatteignable.* Il avait visé juste, elle se retourna brusquement, il le vit peut-être dans l'inquiétude de ses yeux, il lui rappelait ces mots qu'elle avait si souvent entendus, lointaine, inaccessible, énigmatique, mystérieuse, fallait-il se livrer pieds et poings liés à la première rencontre? Elle balbutia en forçant un peu la voix pour éviter qu'elle ne tremble *Inatteignable, non. Réservée tout au plus.* Il plissa les paupières et articula lentement, comme pour lui-même, *réservée, peut-être, peut-être bien après tout.*

Voilà, les spaghettis étaient maintenant al dente, trop heureuse de faire dévier la conversation, elle pouvait servir, est-ce qu'il apporterait les assiettes dans la salle à manger? On s'assit, on mangea, on mourait de faim, l'atmosphère s'allégeait, elle le questionna sur son enfance, il racontait, il s'emportait, le sujet l'intéressait, elle écoutait, elle se rendit compte qu'elle n'avait jamais imaginé la vie d'un enfant juif. La soirée prenait ses contours, ils étaient là tous les deux, l'un face à l'autre, ils trouvaient leur nom maintenant devant cette présence.

Il se tut tout à coup, la conversation pour lui n'avait peut-être plus d'importance, il porta la coupe à ses lèvres et la regarda comme s'il ne l'avait pas encore vue. *Étonnant, cette rencontre, dit-il, un Juif libanais et une Montréalaise...* Elle n'aurait pas su exprimer pourquoi elle approcha la main de la sienne, la caressa du bout de l'ongle sans prononcer une parole, entre eux une distance était en train de se franchir, elle en ignorait encore la portée. Ils restèrent ainsi, à s'effleurer seulement, jusqu'à ce qu'il pousse sa chaise et s'approche d'elle pour l'attirer à lui. *Nous n'aurons que quelques heures à nous,* dit-il. Elle n'osa pas lui préciser que, toute la journée durant, elle avait regretté d'avoir accepté ce rendez-vous, le monde tout à coup basculait, elle avait appuyé la tête contre l'épaule qui s'offrait, prise soudain dans son vertige, elle cherchait ses lèvres et l'entraînait vers la chambre.

Il parlait, il parlait en la déshabillant et son corps à elle le reconnaissait, lui, elle ne savait d'où, il savait les mots qui l'arrachaient à elle, elle répondait à sa voix, elle tanguait dans ses bras, elle s'abandonnait.

Silencieux maintenant, tandis qu'elle lui caressait les cheveux, tout avait été prononcé. Par la fenêtre entrouverte leur parvenait le bruit d'un Boeing, peut-être pour mieux les ramener à la réalité. Le reverrait-elle, elle ne se posait pas vraiment la question, seul importait le moment. On alla chercher des fruits et du vin. On parla de nouveau comme on parle après l'amour quand on distingue moins bien les limites entre les corps, on s'engageait dans l'univers de l'autre, on voulait tout connaître. Il avait recommencé à la caresser pendant qu'elle lui résumait la situation du Québec, il sourit en la sentant tressaillir, *très intéressant*, dit-il, visiblement ravi, *continuez*, mais ses hanches se cambraient et elle glissa contre lui, colla ses lèvres aux siennes. Il la prit plus violemment cette fois, il la débordait et elle devenait une femme qui se laisse déborder, qui se permet de crier, l'intuition que rien ne la menaçait.

Le soir les rejeta dans l'apesanteur, le temps filait, le lendemain à pareille heure on serait à des kilomètres l'un de l'autre, c'est lui qui aborda le sujet, pouvait-il passer cette dernière nuit avec elle? Elle fit non de la tête, elle se sentait incapable de préparer le café du matin à un homme qui s'apprêtait à disparaître de sa vie, mieux valait se quitter dans la légèreté que dans les larmes, ne trouvait-il pas? Il n'était pas d'accord, vraiment pas, mais il acceptait, de toute façon elle ne reviendrait pas sur sa décision, il n'avait pas le choix. En lui donnant un dernier baiser, il lui avoua *Vous allez me manquer, je crois*. Elle le regarda descendre les marches, s'enfoncer dans le taxi, puis se dissoudre dans le noir.

Alors elle revint lentement vers la salle à manger. Elle sourit en apercevant la salade, on l'avait oubliée. Elle rangea tout, retrouver la pièce intacte, conserver cette soirée dans une mémoire fictive, ne se la rappeler qu'au moment où on a besoin de se raconter des horizons impossibles. Elle s'endormit dans des draps frais qui sentaient la lavande, le monde était en ordre. De nouveau.

Elle se leva tôt le lendemain, elle travaillerait. Personne au bureau le samedi, on pouvait rattraper le temps perdu, et puis elle ne tenait pas à rester dans cet appartement vide. La journée se passa comme passent les journées quand on s'efforce d'oublier, à peine lui venait-il par moments une nostalgie voilée, les gestes qu'il avait eus pendant l'amour, et sa voix, sa voix. Elle se tournait alors vers la fenêtre et portait un regard distrait sur les buildings. Les autos circulaient, les passants traversaient les rues, la ville s'étirait, sans histoire, le jour baissait, bientôt il faudrait rentrer. De retour chez elle,

elle prit un bain presque bouillant, changea de vêtements. Particulièrement heureuse d'avoir accepté cette sortie au restaurant avec un vieil ami, surtout en la circonstance. Elle essaya de se rappeler le menu, elle choisirait des cailles à l'orange. Se faire plaisir.

Elle allait partir quand le téléphone sonna. Elle faillit ne pas répondre, mais se ravisa, une urgence peut-être. Dès la première phrase, elle le reconnut. Il s'embarquerait dans quelques minutes, elle lui manquait. Décontenancée, elle l'écoutait, il lui téléphonerait, promis, il lui écrirait, on se reverrait avant la fin de l'année, ici ou là-bas. Ou ailleurs, New York peut-être, aimait-elle cette ville? Autour les choses prenaient une épaisseur, chaque chose, elle avait le goût de croire au bonheur d'une rencontre. Il fallut bien raccrocher. Elle prit son sac et sortit. La nuit était tombée maintenant, l'air était doux, elle se sentait enveloppée. Elle marcherait. En passant devant une vitrine, elle aperçut sa silhouette dans un miroir. Elle s'arrêta pour s'examiner, se fit une longue grimace. Non, elle n'avait pas commencé à mourir.

LOUISE DUPRE

Elsewhere, New York

TRANSLATED BY
ANN DIAMOND

It was his look that struck her — intense, foreign, Jewish — or so she'd been thinking when he came up to congratulate her: *A fine contribution, really, how long had she been interested in the Middle East?* She was about to answer that she'd found herself there by a curious chain of circumstances, one of the invited speakers had canceled at the last minute; the organizer, a woman, needed a specialist in international law; she'd convinced her to participate in the conference. But he was already inclining his head toward a journalist who had asked for an interview.

She turned and walked away, offended at having been dropped like that. She accepted a cup from a tray which was offered her and drifted toward a group of people, some of whom she had met earlier. She stood with them for a few minutes and then slipped away, no one would notice her absence in any case. She was finding this reception boring. And she was feeling uneasy since that little incident which had really been quite banal, she told herself, as she formulated ready-made responses for her interlocutors. She ought to have waited till the journalist had finished his interview, why had she acted like a child? He had only spoken to her out of politeness, but his attitude had upset her, she would have liked to get his attention if only for a few seconds, to have felt that he saw her as more than just another human shape in this anonymous hall.

She was heading towards the coatroom when he caught up to her, couldn't she wait a bit, just the time to finish this interview, they could have dinner together in a quiet restaurant, just the two of them, her perspective had excited him, he'd like to hear about it again. She shook her head, too late to buy back what was spoiled between them, she pretended to have an appointment, she shook his hand politely, they would meet at some other conference, there would be other opportunities. She decided she would walk home to recover her calm. She'd make a ham sandwich to eat while she soaked in a hot bath, then curl up in bed and finish the novel she'd started the night before. And make an early night of it.

It was in fact very early when she drifted off, having taken a sleeping pill, after which she sank into a dreamless sleep. The telephone woke her, her watch said 8:30 as she picked up the receiver, her mind still chaotic. It took a few seconds to recognize the voice, he'd gotten her number from the organizer, he absolutely had to see her before going back to his country, he put great emphasis on the world "absolutely," would she give him the pleasure of spending the evening with him? She said yes without stopping to think, after all she had nothing to lose, she told herself as she hung up, at the very worst she might die of boredom. Nevertheless, she was wondering what to wear, her black dress would be too formal, better the beige one, it wouldn't make her seem to be trying to impress.

He arrived at seven, the time they'd agreed on. She offered him an apéritif, to give them a chance to decide on a restaurant. He sank down on the leather couch and asked for whiskey. She stood speechless. How awful, no one had ever asked for that before, would he settle for a martini, a beer or a glass of red wine? He burst out laughing. Quebecers never drank whiskey, why was that? She had no idea. She hazarded a guess, it was the English connection, but he said what about gin, very popular here, and she admitted she was stumped, she really hadn't a clue. They were chatting now like old friends, he was very happy that she had agreed to see him again, he had really hoped she would, he watched her steadily as he said this. Once again she noticed his eyes, limpid, warm, wasn't it strange that they were so light colored? *My father's eyes, they're my inheritance*, he explained with sudden emotion.

The drinks were finished and they hadn't chosen a restaurant, in all simplicity she pointed this out to him, but he suggested they have another drink. Why leave now when they'd hardly broken the ice, *yes, why?* she answered laughing, why not eat right here, improvise a meal, a plate of pasta and a salad, look, they'd open a bottle of wine and go on talking quietly. He loved that idea, for two weeks he'd been living in a hotel, the intimacy would do him good. They headed for the kitchen, she took out pots and pans, what a strange evening it was turning out to be, she'd suddenly found herself with a stranger who insisted on chopping vegetables as if he lived here, and she watched him roll up his shirtsleeves and put on an apron. She was astonished, really, caught between some strong emotion and a desire to burst out laughing, to think that only this afternoon he'd been nothing to her but a famous political scientist.

What are you smiling at? he asked. She blurted it out and he laughed, too: *We look like a couple who have just come home from work.* The word "couple" made her jump, maybe an innocent metaphor but, if he meant it with all its weight of meaning what desires was he hiding behind those eyes the color of water? And if the question did come up, how would she react? She couldn't bring herself to answer, but secretly she watched the bare arms of this man, she would have liked to be held in those arms, or so she thought, but could she tell before the fact, does anyone know how to react at the instant when someone's hands begin to slide along her shoulders, in the first moment when his palms begin to mold the curve of her hips, in that very first moment when one can't say for certain whether the body will acquiesce.

He put the knife down on the table and asked if he could help with anything else. Everything was ready, she said, all he had to do was pour himself a glass of wine and wait for the pasta. He stood leaning against the counter, and watched her at the stove, a fork in her hand, she felt his gaze and, confused, tried to look busy. The silence between them was oppressive, it had been better when they were laughing, but she couldn't find the words to restore that casual atmosphere. It was like entering a corridor without an exit. He took it upon himself to break the silence. *You know you seem unattainable.* He'd aimed it just right, she told herself in a flash, maybe he'd seen the confusion in her eyes, and now he was bringing back words she had heard so many times: distant, inaccessible, enigmatic, mysterious, was she supposed to give herself over, hand and foot, at the first encounter? She was stammering, forcing her voice a little to keep it from trembling. *Unattainable, no. Reserved at the most.* He crinkled up his eyes and spoke slowly, as if talking to himself, *reserved, maybe, maybe it's a good thing after all.*

There, the spaghetti was now *al dente*, she was feeling too happy to try to change the subject, she could do the serving, would he bring the plates into the dining room? They sat down, they ate, they were both dying of hunger, the mood relaxed, she asked about his childhood, he told her stories, got carried away, the subject actually interested him, she listened, realizing she had never really imagined the life of a Jewish child. The evening began to take form around the two of them, face to face, they were finding their own names in each other's presence.

Suddenly he fell silent, perhaps this conversation held no interest for him, he brought the glass to his lips and seemed to look at her as if for the first time. *Amazing, to meet like this, he said, a Lebanese Jew and a woman from Montreal...* She couldn't say why her hand touched his, caressed it with a fingertip, without her saying a single word, as if the distance between them was asking to dissolve, though exactly how she didn't know. They sat, barely touching, until he pushed back his chair and came to draw her against him. *We have only a few hours to ourselves*, he said. She didn't dare tell him that all day long she'd regretted having agreed to meet, suddenly everything was shaking, she put her head against his shoulder, overcome by dizziness, then fumbled for his lips and pulled him towards the bedroom.

He talked, he kept on talking, he was undressing and her body suddenly recognized him, this man, she couldn't say from where, he knew the words that could tear her away from herself, she responded to that voice, threw herself into his arms, and gave herself up.

In the silence, she stroked his hair now that everything had been said. Through the half-open window came the noise of a 747, bringing them back to reality. Would she see him again, she wasn't really asking, the only thing that mattered was this moment. They went out to buy fruit and wine. They spoke again as people talk after love when they have trouble telling the distances between bodies, when each is still lost in the universe of the other and wants to know everything. He began touching her again while she explained the situation in Quebec, he smiled to see her shudder, *very interesting*, he said, she could see he was fascinated, *go on*, but she arched her thighs and slid toward him, pressing her lips to his. This time he made love to her more forcefully, he pushed her to the edge and she became a woman who lets herself be pushed, who lets herself cry out knowing there was nothing to threaten her here.

    The evening threw them back into weightlessness, time was running out, tomorrow at this hour they would be miles apart, he was the one to say it, could he spend this last night with her? She shook her head no, how could she make coffee in the morning for a man who was about to disappear from her life, better to leave each other in lightness than in tears, didn't he think so? He didn't think so, not at all, but he gave in, in any case she wasn't about to change her mind, he had no choice. Kissing her for the last time, he said, *I think I'm going to miss you.* She watched him descend the stairs, watched him sink into a cab and dissolve in the dark.

    She walked slowly towards the dining room. She smiled when she saw the salad, they'd forgotten all about it. She put everything away, so that things would be back in order, to preserve their evening together as a fiction, a memory, filed away until she needed a reminder of impossible horizons. She fell asleep between fresh, lavender-smelling sheets, the world was back in place. Once again.

    She got up early the next morning, prepared for work. There was no one at the office on Saturday, she could make up lost time, and besides, she hated the thought of staying in that empty apartment. The day passed as days pass when there is something one is trying to forget, there were only one or two moments when she felt a veiled nostalgia, remembered his movements while making love, and his voice, his voice. She turned toward the window and let her gaze stray over to the buildings opposite. She saw traffic, people crossing streets, the city stretching on, without history; the day was ending, soon she would go home. Back at her apartment, she took a steaming bath and changed her clothes. And felt pleased with herself for having made a dinner appointment with an old friend, the best thing under the circumstances. She tried to visualize the menu, she would order the quails in orange sauce. It would be . . . fun.

She was just leaving when the telephone rang. She was about to let it ring, then changed her mind, what if it were urgent? At the first sentence she recognized him. He had only a few minutes before boarding the plane, he missed her. She listened, disconcerted. He would telephone, he promised, he would write to her, they would see each other before the year was out, either here or over there. Or somewhere else, maybe New York, did she like that city? Around her, objects seemed to be growing thicker, jumping out at her, she was beginning to believe in the magic of encounters. It was time to hang up now. She picked up her bag and went out. Night had fallen by this time, the air was mild, enveloping. She strolled along; passing a window, she caught sight of her silhouette in a mirror. She stopped to look, made a face at herself. No, she had not yet begun to die.

THOMAS KING
States To Avoid

Avoid Utah.

Laura and I were living in Yuba City, and I told her I was willing to stay, that Yuba City was dull but in a nice, ordinary way, and staying wouldn't be a disaster like Vacaville or Modesto. But Laura said, no, let's do what you want to do. You can't be afraid of change, she told me. You've got to follow your dream. And, I could see her point, you know, I could see that things would be better this time.

So I said, all right, let's go.

We packed our apartment, sold the stereo and the hide-a-bed, and said goodby to our friends and the big valley oak in the back yard.

"You know what I miss most?" Laura asked me.

"The tree?"

"No."

"The apartment?"

"No."

It was Laura's plan to move. Well, not to move out of Yuba City. That was the both of us. But *how* to move to Utah, that was Laura. She got a piece of cardboard and drew a diagram of the trip with colored pens. I would drive the moving truck, and, since it was slower, I would have to leave earlier. Laura would follow in the car. The truck was a purple line. The car was a yellow line. The mileage from town to town was in green, and the rest stops — gas, lunch, coffee — were indicated in red. The motel where we were to stay in Elko the first night was a big blue dot.

"David and Sheila?"
"No."
"Helen and Tom?"
"No."

The night before we left, Helen and Tom and David and Sheila and Brad Glick, who worked with me at the office, came by to help us pack. Brad was in a jolly mood.

"Damn, I envy you guys," he said. "What an adventure. Just pulling up stakes and starting over again. Wish I could do that."

Helen and Tom and David and Shelia weren't as happy and said that they would miss us, and they hoped things would work out.

"You guys will look back on this," Brad said, as we walked a table out to the truck, "and wonder why you didn't do it sooner."

The next morning, I left at six o'clock, and I have to say this for Laura's schedule, it was accurate. I was ten minutes early getting into Auburn, twenty minutes late getting out of Reno, and only five minutes late getting into Elko.

The Desert Flamingo was not as luxurious as the advertisement in the travel guide, but it had easy access to the highway and a wonderful pool that was teal blue and shaped like a pork chop with vinyl fish — sharks, catfish, swordfish, dolphins, and whales — stuck to the side. One of the sharks was beginning to peel. That first evening of our move to Utah, while I waited for Laura, I floated in the pool until the fog began to drift in off the desert.

By eight o'clock, I was hungry. The man at the desk told me about a good restaurant, and I told him about the vinyl shark. He thanked me and said he'd tell Laura where I was when she arrived.

"The stereo?"
"No."

"The hide-a-bed?"
"No."

I had the meatloaf. The waitress recommended it. Her name was Fay, and she was Paiute from the Reno area, and you could see she wasn't lying. All the white guys like the meatloaf, she told me. It was the chef's special, made with chopped red peppers, garbanzo beans, pine nuts, and raisins, not the kind of thing you find in a cookbook.

"The raisins keep it from going dry."

Fay had been married four times and was currently going through a divorce. She said most men were pigs, and she was always surprised to see a couple who had stayed married.

"Sometimes I think it's unnatural for two people to live together for more than five years," she said.

"Laura and I have been married eleven years."

"You got kids?"

"No."

"I got six. That's why I work here."

"For the kids?"

"For the money."

Fay was an interesting person. I enjoyed talking to her, and she was right about the raisins. When I got back to the motel, Laura still hadn't arrived.

I watched television for a while, and, at ten o'clock, I called the highway patrol. Then I called the hospitals in Reno. Then I called Brad to see if Laura had gotten off on schedule.

When Laura answered, I was greatly relieved, I can tell you that.

"Boy, am I glad to hear your voice," I told her.

"How did you find me here?"

"I called the highway patrol and the hospitals. What happened? The Dodge break down?"

"No."

"The battery, right? Damn, I knew it wouldn't last much longer. Was it the battery?"

"I didn't leave."

"Okay, just so long as you're safe. I'm in Elko. I'll wait until you get here. What's wrong with the car?"

"Nothing is wrong with the car."

My room faced the highway. I could hear the big trucks rumble by in the fog. The ones going east were headed to Utah, just like me.

"So," I said, "when do you figure you'll get here?"

"I'm not coming."

I had never thought of fog in the desert. Yuba City had lots of fog, really dense stuff, but I guess I expected the desert would be clear. Just one of those little surprises in life. I could barely see across the parking lot.

"Utah isn't that bad, honey."

"It's not Utah."

"There's good skiing in the mountains, and Salt Lake City is supposed to be very progressive."

"It's not Utah."

"Hey, you'll never guess what the weather is like here in Elko. Fog. You believe that?"

We talked for a while, and I remember her sounding tired as though she had driven for hours. But, of course, she hadn't. Finally she sighed as if the air was slowly being pulled out of her.

"Here," she said. "Why don't you talk to Brad."

I talked to Brad who said he was glad I had made it to Elko safely, and that driving in fog was a dangerous thing at best. I told him about the meatloaf and the raisins, and he said he'd have to try it. He told me a funny joke about truck drivers and rabbits, and said I should call back tomorrow when Laura wasn't so exhausted.

"Okay, I give up. What are you going to miss most?"

"Think about it for a minute. Just think about it."

When I returned to the restaurant, Fay was still behind the counter. I sat on a stool.

"Hi," I said.

"Coffee?"

"Sure."

"You want to see a menu?"

"I just ate. I had the meatloaf. Remember, we talked about marriage."

Fay smiled. "I must have been drunk. Leroy's party, right?"
"What?"
"Did Leroy put you up to this?"
"Who's Leroy?"
"Well," she said, pulling at the pen in her apron, "I'm not going to marry you. The meatloaf is good tonight."
"I had the meatloaf. Remember me. I'm the guy from Yuba City. My wife and I are moving to Utah."

She said, sure, she remembered, and I ordered some coffee and a piece of pie and a large order of french fries. We talked in between customers, and, after a while, we got to be friends.

"I get off at two. Why don't you come by my place. I got some pizza I can throw in the microwave. I want to hear more about this Brad guy."

Fay lived in a single-wide trailer. I had always thought of trailers as those little silver things that looked like metal sow bugs, but Fay's place was almost spacious. I mean, it was skinny, but it was also long. I told her I liked it, and she told me she was renting it from the guy who owned the restaurant.

"So this guy named Brad has been fooling around with your wife."
"No, that's not it. She's just trying to find herself."
"Seems to me, she has."
"I'm going to call her tomorrow. She's upset that we had to move. What do you think I should say."
"Probably just as well you don't have any kids."

The pizza was chewy but good. Fay had some beer in the refrigerator, and it helped wash the pizza down.

"Not to be crude or anything, but he's probably banging her right now, you know."
"It's not like that at all."
"You white guys are dumb as hell."

I liked Fay, you know. She spoke her mind. I always had to guess what Laura was thinking, and she kept things in her. Fay just said whatever came to mind. She told me about her latest husband, and how she had caught him in bed with one of the other waitresses.

"In this trailer?"
"Where else did you think he'd go?"

"What about the kids?"

"I just say that for the tips."

Around four in the morning, I had my heart attack. It started out as a burp, and then the pain came. Fay helped me out to her car.

"Hang on, honey," she said, which made me feel loved in a nice way. "You want me to give your wife a call. Women are suckers for heart attacks. I flew all the way to San Diego when my second husband had his first heart attack."

Fay drove me to the hospital, and they strapped me up to a couple of machines. Fay ran around yelling at people as though she owned the place.

"The man's dying, for christ's sake. How about some service?"

I would have guessed that, if you knew you were dying, you would spend your time thinking about the people you loved and how much you would miss them and how much they would miss you. But lying on that table with all those people running around me, all I could think about was the truck and whether I should go on to Utah or go back to Yuba City.

Fay was there the whole time. She got one of those large styrofoam cups of coffee, pulled up a chair near the bed, and told me about each of her four husbands. And, after a while, my chest didn't hurt so much.

As it turned out, it wasn't a heart attack. All the tests were normal, and the doctor said it was probably a bad case of heartburn or the symptoms of a possible hiatal hernia, and, that if it happened again, I should get it checked out.

"What did you have for dinner?"

"Meatloaf and pie."

"Anything fatty or greasy?"

"Some french fries."

"You drink coffee?"

"Couple of cups."

"Anything else?"

"Pepperoni pizza."

"You can still digest that stuff?"

"My wife just left me, too."

"You're kidding. Pepperoni?"

"So, it's not a heart attack?"

States To Avoid

The doctor gave me a short lecture on the dangers of stress and how I should try to avoid it. She also gave me a list of foods I should avoid eating, especially late at night.

By the time we got out of the emergency room and Fay droppped me off at the motel, it was after eight.

"Don't lose sleep over what's-her-name," said Fay. "She's probably still in bed with a smile on her face."

"We'll get things worked out," I told her.

"You and all the King's horses and all the King's men."

The truck was still in the parking lot. The fog was gone, and the air was cold. I was starting to shake. "Thanks for taking me to the hospital and staying with me," I said. "I owe you one."

Fay smiled and blew me a kiss and shook her head. "Humpty Dumpty." And she rolled up the window and drove away.

All things considered, I think lying is a bad idea. People will argue with you about this, but my feeling is that if you lie and you are believed, then you have to continue the lie, which is difficult, and that if you are not believed, then you feel foolish. When I told Laura about my heart attack, she sounded concerned.

"It wasn't major," I told her. "Just a small one."

"My God," she said. "Shouldn't you be in the hospital?"

"I was there most of last night. They said I could go home, but that I shouldn't drive or go anywhere for a week or so."

"You only have the truck for six days."

"I know."

She was concerned. You could hear it in her voice. In my defense, I have to say that I thought it was a heart attack. Now that's the truth.

"What are you going to do?"

I told Laura that the heart attack had given me a new view of life, that there were important things and unimportant things. The truck was unimportant. Relationships were important.

"What's important is us," I said. "I can come home or we can go to Utah. As long as we love each other."

Laura didn't say anything, but I could hear her breathing into the phone.

"Don't cry," I said.

"I'm not crying."

"Do you think we can still get the apartment back?"

"Here," said Laura. "Maybe you should talk to Brad."

I slept most of the day. By the time I got up, I was hungry. The guy at the motel was cleaning the pool. He waved at me and asked if my wife had arrived yet. The restaurant was almost empty.

"You again," said Fay. "How's what's-her-name?"

"She's fine."

"What'd you do to make her so angry?"

"I didn't do anything."

"That will do it every time. You tell her about your heart attack?"

"It wasn't really a heart attack."

"Okay, so shoot me."

Fay recommended the french dip sandwich, and she said she'd substitute cottage cheese for the fries.

"So, what are you going to do?"

"I thought I'd go home."

"That's real smart."

"Well, I can't stay here."

"That's for sure. I've got enough troubles already."

That night, I went home with Fay, and we made love. "There are four things you should avoid in life," Fay told me afterwards.

"I've never done this before, but it was nice."

"I don't have to tell you the first one."

"Actually, it was great."

"And number two is pretty obvious."

"I really mean it."

"You can guess what three and four are."

"It sort of reminded me of when Laura and I were first married."

"So, don't get any funny ideas. Think of it as therapy."

"Thank you."

"Not for you. Christ. For me."

When I woke up in the morning, Fay was gone, but she left me a note that said she had the next two days off and that she was going to visit her daughter in Reno. Lock the door, the note said, good luck.

I went back to the motel and phoned Laura, but there was no answer.

"So, what are you going to miss most?"
"If you knew, you wouldn't have to ask."

The vinyl shark had come loose and was floating in the pool. The guy at the desk said he'd tell the maintenance people. "Your wife ever show up?"
"She was delayed."
"Happens a lot around here."
"How far is it to Utah?"
"Is that where you're heading?"
The waitress' name was Terri. She recommended the stew. It came with steamed vegetables and mashed potatoes and a dinner roll. I told her I was a friend of Fay's, and that my wife and I were moving to Utah. She said she had never been to Utah and had never been married, for that matter, but she had heard it was a nice state to be in.

THOMAS KING

Etats d'âme

TRADUIT PAR
LOUIS JOLICŒUR

L'Utah est un Etat à éviter. Laura et moi habitions Yuba City, je lui disais que j'étais prêt à rester, que Yuba City n'était pas une ville très drôle mais qu'elle avait son charme tranquille, et que c'était tout de même mieux que Vacaville ou Modesto. Mais Laura m'a dit non, faisons comme tu veux. Il ne faut pas avoir peur du changement. Tu dois suivre tes rêves. Et je voyais ce qu'elle voulait dire, je savais que cela se passerait mieux cette fois.

Alors je lui ai dit c'est bon, partons.

Nous avons vidé l'appartement, vendu la chaîne stéréo et le sofa-lit, salué nos amis et le grand chêne dans la cour.

— Tu sais ce qui va me manquer le plus? m'a demandé Laura.
— L'arbre?
— Non.
— L'appartement?
— Non.

C'était Laura qui avait eu l'idée du déménagement. C'est-à-dire, pas de quitter Yuba City. Ça c'était notre idée à tous deux. Mais c'est elle qui avait décidé *comment* nous allions déménager en Utah. Elle a pris un morceau de carton et y a dessiné un plan du voyage avec des crayons de couleur. Je conduirais le camion de déménagement et, comme il était plus lent, je partirais plus tôt.

Laura suivrait avec la voiture. Le tracé du camion était en mauve. Celui de la voiture, en jaune. Les milles entre les villes étaient indiqués en vert et les haltes — essence, repas, café —, en rouge. Le motel où nous devions nous arrêter à Elko, la première nuit, était un gros point bleu.

— David et Sheila?
— Non.
— Helen et Tom?
— Non.

Le soir avant notre départ, Helen et Tom, David et Sheila, puis Brad Glick, qui travaillait avec moi au bureau, sont venus nous aider à faire des boîtes. Brad était d'excellente humeur.
— Je vous envie, vous savez. Quelle aventure! On ramasse tout et on recommence à zéro. J'aimerais pouvoir faire ça.

Helen et Tom, et David et Sheila avaient la mine moins réjouie et nous disaient que nous allions leur manquer et qu'ils espéraient que tout se passerait bien.
— Dans peu de temps, dit Brad en m'aidant à porter une table au camion, vous allez penser à tout ça et vous demander pourquoi vous ne l'avez pas fait avant.

Le lendemain matin, je suis parti à six heures. Je dois dire que le programme de Laura était précis. Je suis entré à Auburn avec dix minutes d'avance, à la sortie de Reno j'avais vingt minutes de retard, et je suis arrivé à Elko seulement cinq minutes passé l'heure prévue.

Le Desert Flamingo n'était pas aussi luxueux que sur le feuillet touristique, mais il était près de l'autoroute et avait une superbe piscine bleu-vert en forme de côtelette de porc, avec, colles au bord, des poissons en vinyle — requins, poissons-chats, espadons, dauphins et baleines. Un des requins commençait à se détacher. Ce soir-là, pendant que j'attendais Laura, je me suis laissé flotter dans la piscine jusqu'à ce que le brouillard du désert commence à tomber.

À huit heures, j'avais faim. L'homme au comptoir m'a indiqué un bon restaurant et je lui ai dit pour le requin en vinyle. Il m'a remercié et m'a dit qu'il dirait à Laura où j'étais quand elle arriverait.

— La chaîne stéréo?
— Non.
— Le sofa-lit?
— Non.

J'ai pris le pain de viande. La serveuse le recommandait. Elle s'appelait Fay, elle était Paiute, de la région de Reno, et on voyait qu'elle ne mentait pas. Tous les Blancs aiment le pain de viande, m'a-t-elle dit. C'était le spécial du chef, préparé avec du piment rouge, des pois chiches, des pignons et des raisins, pas le genre de plat qu'on trouve dans un livre de recettes.

— Les raisins l'empêchent de sécher.

Fay s'était mariée quatre fois et elle était sur le point de divorcer. Elle disait que la plupart des hommes étaient des salauds, qu'elle était toujours étonnée de voir un couple encore uni après des années de mariage.

— Parfois, je trouve qu'il est contre nature pour deux personnes de vivre ensemble plus de cinq ans, m'a-t-elle dit.

— Laura et moi, nous sommes mariés depuis onze ans.
— Des enfants?
— Non.
— J'en ai six. C'est pour ça que je travaille ici.
— Pour les enfants?
— Pour l'argent.

Fay était une personne intéressante. J'aimais bien parler avec elle, et elle avait raison à propos des raisins. Quand je suis retourné au motel, Laura n'était toujours pas arrivée.

J'ai écouté la télévision pendant un moment, et à dix heures j'ai appelé la police. Ensuite j'ai appelé les hôpitaux de Reno. Enfin j'ai appelé Brad pour savoir si Laura était partie à l'heure.

Lorsque Laura a répondu, j'ai été grandement soulagé, vraiment.

— Ça alors, je suis bien content d'entendre ta voix, lui ai-je dit.
— Comment m'as-tu trouvée ici?
— J'ai appelé la police et les hôpitaux. Qu'est-il arrivé? La Dodge est tombée en panne?
— Non.
— La batterie, c'est ça? Je savais qu'elle ne durerait pas. C'était la batterie?

— Je ne suis pas partie.
— D'accord, l'important c'est que tu sois saine et sauve. Je suis à Elko. Je vais t'attendre ici jusqu'à ce que tu arrives. Que s'est-il passé avec l'auto?
— Rien.

Ma chambre était située juste devant l'autoroute. Je pouvais entendre les gros camions siffler au milieu du brouillard. Ceux qui se dirigeaient vers l'est allaient en Utah, comme moi.

— Bon, et quand penses-tu arriver?
— Je n'y vais pas.

Je ne pensais pas qu'il pouvait y avoir du brouillard dans le désert. Yuba City a beaucoup de brouillard, très dense, mais je m'attendais à ce que l'air du désert soit clair. Une autre surprise dans la vie. Je voyais tout juste de l'autre côté du stationnement.

— L'Utah n'est pas si mal, chérie.
— Ça n'a rien à voir avec l'Utah.
— Il y a de beaux centres de ski dans les montagnes, et on dit que Salt Lake City est une ville très vivante.
— Ça n'a rien à voir avec l'Utah.
— Eh! Tu n'as pas idée du genre de température que l'on a ici à Elko. Du brouillard. Ça t'étonne, non?

Nous avons bavardé un moment, et je me souviens qu'elle donnait l'impression d'être fatiguée comme quelqu'un qui vient de conduire pendant des heures. Mais, bien sûr, ce n'était pas le cas. Après un moment, elle a soupiré comme si on la vidait lentement de son air.

— Ecoute, parle donc à Brad.

J'ai parlé à Brad qui m'a dit qu'il se réjouissait que je me sois bien rendu à Elko, qu'avec le brouillard sur la route, il fallait être prudent. Je lui ai raconté le pain de viande et les raisins, il m'a dit qu'il allait l'essayer. Il m'a raconté une bonne blague à propos de camionneurs et de lapins, puis il m'a demandé de rappeler le lendemain, quand Laura serait moins fatiguée.

— Bon, je donne ma langue au chat. Qu'est-ce qui va te manquer le plus?
— Réfléchis une minute. Juste une minute.

Quand je suis retourné au restaurant, Fay était toujours derrière le comptoir. Je me suis assis sur un banc.

— Bonjour, lui ai-je dit.
— Café?
— Volontiers.
— Vous voulez voir le menu?
— Je viens de manger. Le pain de viande. Vous vous rappelez? nous avons parlé de mariage.

Fay a souri.

— Je devais avoir trop bu. C'était pendant la fête de Leroy?
— La fête de qui?
— C'est Leroy qui a manigancé tout ça?
— Leroy?
— Ecoute, a-t-elle dit en sortant une plume de son tablier, je n'ai pas envie de me marier. Tu prends le pain de viande? Il est bon ce soir.
— J'ai déjà pris le pain de viande. Vous ne vous rappelez pas? Je suis le type de Yuba City. Ma femme et moi nous déménageons en Utah.

Elle a dit bien sûr, elle se rappelait, et j'ai commandé du café et un morceau de tarte avec un gros plat de frites. Entre deux clients nous avons bavardé, et après un moment nous étions amis.

— Je finis à deux heures. Tu veux venir chez moi? J'ai de la pizza que je peux mettre dans le four à micro-ondes. J'aimerais que tu me parles encore de ton ami Brad.

Fay habitait dans une roulotte. J'avais toujours imaginé les roulottes comme dés dés à coudre, mais celle de Fay était presque spacieuse. C'est-à-dire qu'elle était étroite, mais assez longue. Je lui ai dit que j'aimais bien sa roulotte, et elle m'a dit qu'elle la louait du propriétaire du restaurant.

— Alors ce Brad s'est bien payé ta tête avec ta femme.
— Non, ce n'est pas ça, elle se cherche.
— J'ai l'impression qu'elle s'est trouvée.
— Je vais l'appeler demain. Le déménagement l'a ébranlée. Qu'est-ce que je devrais lui dire?
— Bonne chose que vous n'ayez pas d'enfants.

La pizza était dure mais bonne. Fay avait de la bière au frigo, ça faisait passer la pizza.

— C'est pas que je veuille te blesser, mais à l'heure où on se parle, il est probablement en train de se la faire, tu sais.
— Ce n'est pas ça du tout.
— Vous, les Blancs, vous êtes vraiment bêtes.

J'aimais bien Fay. Elle disait ce qu'elle pensait. Avec Laura, il fallait toujours que je devine. Fay disait tout ce qui lui venait à l'esprit. Elle m'a parlé de son dernier mari, de comment elle l'avait trouvé dans son lit avec une des serveuses.

— Dans cette roulotte?
— Où voulais-tu qu'il aille?
— Et les enfants?
— Je raconte ça pour avoir des pourboires.

Vers quatre heures du matin, j'ai eu ma crise cardiaque. Au début, j'avais seulement envie de vomir, puis la douleur est apparue. Fay m'a porté jusqu'à sa voiture en me disant accroche-toi, mon grand, et ça m'a fait me sentir aimé d'une belle façon.

— Tu veux que j'appelle ta femme? Les femmes craquent toujours quand leur mari fait une crise cardiaque. J'ai couru jusqu'à San Diego quand mon deuxième mari a fait sa crise cardiaque.

Fay m'a conduit à l'hôpital, et ils m'ont branché à quelques machines. Fay courait dans l'hôpital comme si elle était chez elle.

— Il est en train de mourir, nom de Dieu! et personne ne peut nous donner un coup de main?

Il me semblait qu'au seuil de la mort, on devait penser aux gens qu'on aime, au fait qu'ils vont nous manquer, et qu'on va leur manquer. Mais, couché sur cette table, avec ces gens qui couraient autour de moi, je ne pensais qu'au camion, et à si je devais continuer vers l'Utah ou retourner à Yuba City.

Fay est restée avec moi tout le temps. Elle est allée se chercher une grande tasse de café, s'est approché une chaise et s'est mise à me raconter l'histoire de chacun de ses quatre maris. Après un moment, ma poitrine me faisait moins souffrir.

Finalement, ce n'était pas une crise cardiaque. Les examens étaient tous normaux, et le médecin a expliqué que c'étaient probablement des brûlures d'estomac, ou les symptômes d'une hernie hiatale, et que si cela se produisait de nouveau, il faudrait y voir.

— Qu'avez-vous mangé ce soir?
— Un pain à la viande.

— Rien de gras ?
— Des frites.
— Du café ?
— Quelques tasses.
— Rien d'autre ?
— Une pizza au pepperoni.
— Et vous arrivez à digérer ça ?
— Il y a aussi ma femme qui m'a quitté.
— Ah ! Pepperoni, vous dites…
— Alors, ce n'est pas une crise cardiaque ?

Le médecin m'a donné un cours sur les dangers du stress et les moyens de le combattre. Elle m'a aussi donné une liste d'aliments à éviter, surtout tard le soir.

Nous avons quitté la salle d'urgence et quand Fay m'a laissé au motel, il était passé huit heures.

— Ne t'empêche pas de dormir pour elle, m'a dit Fay. Elle est probablement encore couchée avec un sourire sur le visage.

— Nous allons trouver une solution, lui ai-je dit.

— Toi et tous les autres hommes de la cour…

Le camion était toujours dans le stationnement. Le brouillard s'était évaporé, l'air était frais. Je commençais à trembler.

— Merci de m'avoir conduit à l'hôpital et d'être restée avec moi, lui ai-je dit. Je t'en dois tout une.

Fay a souri, elle m'a soufflé un baiser et a secoué la tête. Avant de fermer la fenêtre et de démarrer, elle m'a dit pauvre ami.

Tout bien considéré, je trouve que mentir n'est pas une bonne idée. Certains ne seront peut-être pas d'accord, mais si vous mentez et on vous croit, alors il faut continuer à mentir, ce qui est difficile, et si on ne vous croit pas, vous avez l'air idiot.

Quand j'ai raconté ma crise cardiaque à Laura, elle a semblé inquiète.

— C'était une petite crise, lui ai-je dit, rien de grave.

— Mon Dieu ! a-t-elle dit, tu n'es pas à l'hôpital ?

— J'y ai passé une bonne partie de la nuit d'hier. Ils m'ont dit que je pouvais rentrer chez moi, mais que je ne devais pas conduire ni aller où que ce soit pendant une semaine.

— Tu n'as le camion que pour six jours.

— Je sais.

Elle était inquiète. Ça paraissait dans sa voix. Pour ma défense, je dois dire que je pensais que c'était une crise cardiaque. C'est vrai.

— Qu'est-ce que tu vas faire?

J'ai dit à Laura que la crise cardiaque m'avait donné une nouvelle vision de la vie, qu'il y avait des choses importantes et des choses non importantes. Les relations humaines, c'était important.

— Ce qui est important, c'est nous, lui ai-je dit. Je peux rentrer à la maison, ou nous pouvons aller en Utah. L'important, c'est qu'on s'aime.

Laura n'a rien dit, mais je l'entendais respirer.

— Ne pleure pas.

— Je ne pleure pas.

— Penses-tu que nous pouvons reprendre l'appartement?

— Ecoute, m'a dit Laura, je pense que tu devrais parler à Brad.

J'ai dormi une bonne partie de la journée. Quand je me suis levé, j'avais faim. L'homme du motel nettoyait la piscine. Il m'a salué de la main et m'a demandé si ma femme était arrivée. Le restaurant était presque vide.

— Encore toi? m'a demandé Fay. Comment est-elle?

— Elle va bien.

— Qu'as-tu fait pour l'irriter à ce point?

— Rien.

— C'est toujours ce qu'on dit. Tu lui as parlé de ta crise cardiaque?

— Ce n'était pas tout à fait une crise cardiaque.

— Vraiment?

Fay m'a recommandé le sandwich à la sauce française, avec du fromage au lieu des frites.

— Alors, qu'est-ce que tu vas faire?

— Je pensais rentrer chez moi.

— Quelle bonne idée!

— Je ne peux quand même pas rester ici.

— Tu as raison, j'ai assez d'histoires comme ça.

Ce soir-là, je suis rentré avec Fay, et nous avons fait l'amour.

— Il y a quatre choses qu'il faut éviter dans la vie, m'a dit Fay.

— C'est la première fois que je fais ça, mais c'était bien.

— Je n'ai pas besoin de te dire la première.

— C'était même très bien.

— La deuxième est assez évidente.
— Je te parle sérieusement, tu sais.
— Tu peux deviner la troisième et la quatrième.
— Ça me rappelle un peu quand Laura et moi nous sommes mariés.
— Ne te fais pas d'idées. Vois ça comme une thérapie.
— Merci.
— Pas pour toi, merde, pour moi.

Quand je me suis réveillé le matin, Fay était partie. Elle avait laissé une note qui disait qu'elle avait deux jours de congé et qu'elle allait rendre visite à sa fille à Reno. Ferme la porte à clé, disait la note, bonne chance.

Je suis retourné au motel et j'ai appelé Laura, mais il n'y avait pas de réponse.

— Alors, qu'est-ce qui va te manquer le plus?
— Si tu le savais, tu n'aurais pas à me le demander.

Le requin en vinyle s'était détaché du bord de la piscine et flottait au milieu de l'eau. L'homme au comptoir m'a dit qu'il en parlerait à l'homme de service.

— Votre femme n'est toujours pas arrivée?
— Elle a eu un empêchement.
— Cela arrive souvent par ici.
— Nous sommes à quelle distance de l'Utah?
— C'est là que vous allez?

Le nom de la serveuse était Terri. Elle m'a recommandé le ragoût. Servi avec des légumes et une purée de pommes de terre, avec un morceau de pain. Je lui ai dit que j'étais un ami de Fay et que ma femme et moi allions déménager en Utah. Elle m'a dit qu'elle n'était jamais allée en Utah et qu'elle ne s'était jamais mariée, mais qu'on racontait que c'était là un Etat agréable.

ANDRE CARPENTIER

L'ondoyé de poussière

[...] on en arrive parfois à penser que tout ce que nous vivons n'est que fragments détachés et détruits d'un Tout ancien que l'on aurait mal restauré.
ROBERT MUSIL

Ce n'est pas le genre qui demande son chemin, surtout dans la paroisse endormie de l'enfance, aux premières lueurs du jour. Son nom importe peu, son surnom ici renferme plus de sens. Vers le milieu du primaire, alors qu'il fréquentait ce qu'on appelait dans le quartier l'école rouge, un professeur l'a baptisé Laurel, parce qu'il agissait en tout temps comme le pendant léger d'un certain Hardy à la grosse figure. Mais Laurel ne se souvient ni des événements ni du professeur et à peine du gros Hardy. Comme il ne se rappelle pas directement, sans l'aide du récit qui lui en a été fait et répété, qu'enfant, ses yeux noirs lui méritaient d'être harcelé de taquineries par des femmes surtout, qui le priaient d'aller se laver les yeux. Et qu'un jour il l'a fait...

Chargé d'un sac rond, le visage bouffi par le manque de sommeil, Laurel marche à l'aveugle, convaincu que tôt ou tard l'école rouge, qu'on entreprend de démolir ce matin même, surgira de l'ombre. Un enfant l'accompagne, qui marche à côté, l'air distrait sous ses lunettes épaisses.

Malgré qu'il déambule dans ces rues pour la première fois depuis trente ans, Laurel a l'impression de refaire un itinéraire de la veille, qu'il connaît par cœur, certes, mais mécaniquement, et sans du tout s'en remémorer les détails. Car s'il reconnaît ce paysage urbain, il ne peut cependant l'éprouver comme ayant été saisi par la pensée de l'enfance. Tout a changé, les devantures de maisons ont été rafraîchies, les terrains vagues comblés, les automobiles ne sont plus les mêmes, les poteaux et fils électriques ont disparu; seuls les écoliers de ce temps nouveau doivent avoir le même remous blafard monté au visage, mais il lui faudrait vérifier cela.

Laurel s'absorbe dans la cadence de leurs pas, qui en évoquent d'autres en lui, faits ailleurs et autrefois, avec son père, quand il n'était presque plus enfant, des pas qui les avaient menés vers la maison natale du père, et au spectacle de sa démolition. Ç'avait été une journée... il ne sait plus de quelle sorte, car sa mémoire ne s'est jamais mise en possession des images de l'enfance, une journée, en tout cas, que celle-ci devrait faire lever des bas-fonds de l'oubli. De fait, il entre dans son programme de trouver dans l'école rouge matière à faire revivre d'assez anciennes émotions qu'il n'a pas su saisir sur le vif ni recapter plus tard avec assez de pénétration pour en sonder le chaos et le mettre à profit. Laurel cherche à faire ressurgir des souvenirs demeurés jusqu'ici impossibles à ranimer, qui ont usé en lui l'enfance.

Dans l'espoir de faire revivre certaines scènes restées non cataloguées, Laurel s'est fait accompagner d'un enfant qui a l'âge qu'il avait lui-même le jour de la démolition de la maison paternelle, et lui celui de son père. Il compte sur cette conjonction pour forcer le blocage général de la mémoire. Car lui qui dans le métier de cinéaste n'a toujours parlé que de lui-même, ne renonçant jamais à prendre ses héros pour sa personne et à mettre à l'écran tout ce qu'il s'imaginait penser, depuis quelques mois, il ne parvient plus à développer des idées pour scénariser. Pour une fois qu'il cherche à sortir de ses films érotiques et à commencer enfin cette grande œuvre cinématographique qu'il se promet depuis longtemps, et qu'il voudrait nourrir au sel de l'évocation ressuscitée, il se trouve bloqué par les rapports à l'enfance de son héros, qu'il a maladroitement appelé Charlot.

Au moment où Laurel se croit perdu, l'école surgit tout à coup de l'ombre, rendue par l'aube indécise presque aussi massive que dans le souvenir, mais plus délabrée. Il évite d'aller se cogner contre la porte qu'il devine barricadée, mais à côté, un contre-plaqué obstruant une fenêtre ne résiste pas au monseigneur. Laurel et l'enfant se faufilent aisément, suivant le jet d'une lampe de poche, et sont aussitôt accueillis par une noirceur poudreuse. On dirait que la poussière qu'on a fait lever la veille en démeublant s'obstine à danser dans l'air, comme pour annoncer l'ouverture d'une célébration.

Laurel feint de savoir où il va, mais en réalité il suit l'enfant à travers une salle qu'il croyait plus grande, avant de s'engager dans un bout de corridor, puis dans une cage d'escalier. Sur une marche palière, entre deux volées aux degrés creusés par des générations d'écoliers ayant suivi le rang ou couru à la récréation, il partage avec l'enfant inattentif un petit déjeuner qu'il a préparé, plutôt une collation qu'ils avalent presto, tandis qu'une fenêtre offre en spectacle le lever du soleil. C'est la première fois qu'ils voient cela ensemble, pense Laurel, qui voudrait se rappeler qu'il avait fait la même remarque à son père le matin de la démolition de la maison paternelle, mais rien n'est moins certain.

L'enfant paraît pressé; ils reprennent donc leur marche, abandonnant le sac rond derrière eux, et vont arpenter des corridors. C'est là que l'attention de Laurel est distraite pour la première fois par des fragments de murmures qui disparaissent aussitôt remarqués. Laurel croit reconnaître un chant choral du mois de Marie produit dans le lointain par des garçons proches de la mue. Ils accélèrent le pas.

Laurel et l'enfant longent des locaux vides. Du côté du soleil, la lumière vient s'échouer comme dans un coussin de poussière; de l'autre, il faut l'aide de la lampe de poche pour finalement n'apercevoir que le vide, car les salles de cours ne sont plus que des places dépouillées. Puis de nouveaux susurrements modulés viennent peupler ces lieux abandonnés. Ça vient de loin et de proche à la fois, ni d'un bout ni de l'autre du corridor, mais comme du fond de l'espace. La puissance d'attraction de la rumeur le fascine déjà trop, Laurel ne songe à s'engager dans aucune de ces classes.

Comme il a détesté l'école! ça lui revient tout à coup, et par la suite tout ce qui avait fonction de l'engluer dans des rassemblements. Il n'a jamais su vivre à plus de deux. Dans les groupes, sa sensibilité sombrait sous une apparente froideur, et ça exténuait sa vivacité. Il a toujours ressenti le besoin de se ressourcer dans une relative solitude, alors que l'école l'obligeait à s'engager dans les jeux des autres. L'arrimage à ceux-là, d'ailleurs, était si laborieuse qu'il en développait toutes sortes de dysfonctionnements, des troubles de sommeil, une agitation excessive, surtout, qui concourait à retarder son intégration. De là est venu qu'on l'a tôt considéré dans son milieu comme un artiste, et qu'il s'est pris de passion pour cette illusion, jusqu'à le devenir.

À l'autre bout du corridor, toujours suivant la piste des voix, Laurel et l'enfant empruntent l'escalier vers l'étage supérieur. Là, la lumière est un peu mieux distribuée. On distingue les enfilades de cases au vernis écaillé qui bordent le corridor, et au-dessus, les fenêtres qui commencent de transmettre en partie l'ensoleillement des salles de cours. Le plafond est décoloré, mais a-t-il déjà été moins fade? Les lames du parquet à coupe perdue craquent sous les pas et gâchent la réception du filet de voix blanches. Des lustres ronds flottent comme des pendus devant les portes de classes.

Laurel, suivi de l'enfant, s'engage au hasard dans l'une de ces classes, peut-être la sienne, mais c'est peu probable. De toute façon, il est trop rentré en lui-même pour s'identifier à un lieu, surtout présenté dans un tel état de dépouillement; même le décor transmis par les fenêtres ne lui rappelle rien, sinon, peut-être, ces courts chevrons, plus précisément des V ouverts représentant des oiseaux vers le haut de paysages dessinés par lui à la craie de cire... Laurel tient les yeux levés vers le ciel pour s'absorber comme autrefois dans la contemplation du vol des V évasés, mais rien ne bouge. Le ciel est sans présence. Le jour, saturé de photons, l'éblouit.

La montre de Laurel reçoit des éclats de soleil qu'elle renvoie au hasard dans le local. Il entreprend de s'amuser à diriger des reflets irisés vers les pupitres manquants, comme s'il souhaitait attirer l'attention d'enfants imaginaires, dont il croit, de fait, entendre la rumeur de voix égrenées. Au bout d'un temps de cet amusement infertile, il se débarrasse de la montre en la lançant vers la chaise fictive du professeur; elle va s'échouer en morceaux sous le tableau. Alors il s'empare d'une craie et commence d'abouter sur le noir des signes ressemblant à des lettres, mais qui n'en sont pas vraiment. Parfois, il se donne du recul en penchant le corps vers l'arrière et rajoute aussitôt des accents et des barres, feignant de composer une phrase au bout de laquelle il enfonce un point terminal qu'il grossit exagérément. Enfin, il met dessous une signature, à moitié dans son langage inventé, comme s'il refusait à l'enfant qui l'accompagne de

L'ondoyé de poussière

l'appréhender complètement. En clair, cela se lirait comme suit: «Laurel-le-faux-fin, avec les cheveux en coque et des fonds de bouteilles sur le nez.» Quelque chose chez Laurel vient de vibrer, qui désengourdit un coin d'image jamais évoquée. C'est comme une ombre en contre-jour, mais ça fuit aussitôt...

Soudain, l'œil et l'oreille de l'enfant, puis de Laurel, sont attirés par des planches du lambris mal jointoyées, près du tableau, qui laissent échapper des lames de lumière gonflées de poussière, en même temps que ces fredons à peine voilés de tout à l'heure, que la proximité de la source semble avoir amplifiés. L'enfant fonce vers la salle d'à côté en faisant le tour par le corridor, suivi de Laurel.

De l'embrasure de la porte, Laurel aperçoit une classe de garçonnets aux genoux lisses qui chantent dans une langue qui ne paraît pas en être une. Ce n'est ni du français ni de l'anglais et pas même du latin. L'enfant qui le précédait s'assoit à un pupitre près de la fenêtre, qui semble être sa place, et entre machinalement dans la chorale... Laurel a le sentiment que quelque tragique expérience du monde s'apprête à mettre en péril une part essentielle de lui-même. Sa vie s'étale devant ses yeux, comme il l'a parfois entendu raconter, mais sans défiler par épisodes, plutôt comme un tout, comme un petit lot sur lequel il pourrait mettre un qualificatif, comme dérisoire ou négligeable.

Ici plus qu'ailleurs dans l'école, la poussière ambiante, éclairée par une luminescence faible, forme un halo blanchâtre autour des choses et des êtres. Les enfants, bien mis, gominés, assis à des pupitres, suivent du regard les gestes cadencés d'une femme à chignon, à l'âge imprécisable. Laurel s'engage dans la classe et promène son regard opalisé par la peur sur les moindres détails, les cartes géographiques, le crucifix, les livres sur les pupitres, mais sans les enregistrer vraiment. Il ne remarque qu'un enfant blond qui multiplie les pitreries pour faire rire le retardataire aux lunettes épaisses et aux cheveux en coque. Mais celui-ci a déjà fui du regard par les fenêtres. Laurel voudrait se faire fortune de cette scène, mais rien ne bouge dans l'écho de l'instant.

De fait, Laurel ne reconnaît rien de ce qu'il voit. Il aurait voulu que les choses de l'enfance soient toujours aux mêmes places, à l'attendre. Cette immuabilité tempérerait l'angoisse du grand effacement du monde dont les sermons le menaçaient autrefois, pense-t-il, et qui l'effraient encore. Mais il n'a devant lui qu'une carte postale aux couleurs forcées qui obstrue les voies de la mémoire. Il ne veut songer qu'à ce qu'il ne voit pas; aussi bien, il ne saurait en être autrement, car il ne voit que ce à quoi il ne pense pas. Il cherche la maison du père, il aperçoit tout autre chose...

Cette obsédante maison paternelle, Laurel a eu beau parcourir les albums de photos, elle n'y est jamais représentée de l'extérieur que sous un fatras d'arbres, et de l'intérieur que par fragments résistant à toute tentative de totalisation. Il ne parvient pas à la retracer en souvenir, encore moins les détails de l'épisode de sa démolition. Ce qui lui revient, cependant, ce sont des images du chantier de construction d'une maison que son père avait fait ériger, vers les années de la démolition de sa maison natale, tout près d'où ils habitaient alors, dans un autre quartier. Il courait en équilibre sur les solives du plancher, se pendait aux étais, faisait l'enfant, pense-t-il. Sans doute s'était-il foulé la cheville en sautant dans le fond de terre de l'excavation, au tout début des travaux, et plus tard le poignet en tombant de la structure de la galerie, mais il ignore s'il sait cela de lui-même ou s'il le tient des autres... De la maison paternelle, Laurel ne retrace aucune image bougée; ne lui restent que quelques photos insaisissables, comme autant d'éclairs de magnésium morts sous une couverture. Même la deuxième maison, qu'il a habitée longtemps, il ne s'en souvient qu'en construction. Après, ça n'a plus été pareil. Elle a pris les allures de toutes les autres maisons, et la vie, de toutes les vies... Il a bien quelques autres scènes en tête, surtout celles de la découverte de la sexualité, mais celles-là, il les connaît par cœur; il les a racontées à satiété dans ses films jusqu'à ne plus pouvoir en douter.

Laurel se décide à circuler dans l'univers des enfants, mais il n'a pas fait trois pas dans la salle qu'un hourvari de lumière éclate devant ses yeux et emporte momentanément sa conscience. Il vacille, roule sur lui-même et heurte le front et la cage thoracique contre le plancher. Il reste un temps par terre, secouant la tête comme en signe de refus. Il ne cède qu'un instant à l'indifférencié des perceptions et des sensations.

Laurel a traversé le local en roulant par terre, comme s'il était passé à travers les pupitres et les enfants. Les chants ont cessé, la maîtresse parle, au lieu, dans une langue toujours inabordable.

L'ondoyé de poussière

Laurel se trouve par terre sous une fenêtre, près de l'enfant aux cheveux en coque. Il replonge dans la boue de la mémoire. Il voudrait faire remonter quelques souvenirs à l'esprit de façon à reconnaître dans leur arrangement improvisé une représentation de lui-même vers les années de l'école rouge, représentation qui est restée sans culture en lui depuis ce temps. Tout, n'importe quoi pour dormir le poing dans la bouche, a-t-il déjà fait dire à un personnage… Mais il n'y a que la poussière qui lève.

De fait, sans raison apparente, la poussière se tend contre la face de Laurel. La classe s'estompe presque complètement sous des paupières de brouillard. Tout est emporté dans l'introuvable. Seul l'enfant aux lunettes, toujours égaré dans le paysage, résiste à l'effacement. Laurel se sent tout à coup pris de dessaisissement, abandonné à une part déconcertante de lui-même.

Au bout d'un temps, des effets fondus de lueurs commencent de tracer une silhouette devant lui. On dirait la maîtresse d'école qui émerge du remous de poussière et s'approche de Laurel en tournant le dos à l'enfant aux lunettes, qui se tient toujours à sa place. Elle fait tomber son chignon d'un geste, ses vêtements d'un autre, puis monte sur Laurel en collant sur la sienne la pelure rouge qui lui sert de bouche. Aussitôt, le plaisir d'enflammer la figure de Laurel, qui écarte les cuisses en dessous de la maîtresse. Les lèvres bayent, il se sent pénétrer dans l'obscurité de l'épiphanie. Peu après, il la renverse et s'emballe en laissant percer un gémissement, puis d'autres dissemblables, au milieu d'une caravane de torsions. À cet instant, Laurel est traversé par une idée qui n'avait jamais creusé sa voie jusqu'à lui: il mourrait bien ici, maintenant. Ça lui conviendrait d'arrêter presque au bout d'une scène amoureuse, comme un chanteur de charme durant les rappels. Il ne songe même pas à jouir davantage de son désir. Il est trop pressé d'arriver à l'effet de foudre: il lance hors de lui-même sa substance… qui met sur sa main agitée une viscosité chaude et opaline.

Quand il rouvre les yeux, la classe a retrouvé ses échappées de clarté; des traînées lumineuses s'entrechoquent ici et là dans l'espace vague. La maîtresse, les garçons, les cartes, les livres, le crucifix, tout a coulé dans l'aube lumineuse, comme si ça s'était échappé de la fantaisie de Laurel. Il n'y a plus, braqués sur sa main engluée, que les charbons noirs sous lunettes de l'enfant aux cheveux en coque, qui est resté assis à sa place, toujours impassible.

Presque aussitôt, l'enfant replonge du regard dans la fenêtre au-dessus de Laurel. Or, ça, Laurel ne peut le supporter. Pas l'indifférence! Il se met debout pour rencontrer le regard de l'enfant, mais celui-ci se détache de son socle, contourne Laurel et se hisse debout sur le rebord de la fenêtre. Laurel s'agite sans colère mais hurle des paroles aussi heurtées qu'abondantes sans trop savoir ce qu'il dit, car il ne reconnaît pas les mots qu'il s'entend proférer. À cet instant, l'enfant aux lunettes met pour la première fois son regard dans celui de Laurel, à ses pieds; mais comme l'enfant se trouve à contre-jour, Laurel ne s'aperçoit de rien. Il donne à son tour, sans s'en rendre compte, le spectacle de l'indifférence. Alors l'enfant tourne sur lui-même et fait face à l'autre monde, celui des V évasés...

Laurel a un mouvement de recul jusque vers une empreinte de soleil en forme de pyramide tronquée au milieu de la salle de cours. Mais aussitôt il se trouve, au milieu de cet enclos lumineux, figé dans une position inconfortable dont il ne peut se déprendre. S'il s'apercevait à distance, du rebord de fenêtre par exemple, Laurel verrait que l'ombre de l'enfant, comme le faisceau négatif d'un projecteur, se profile exactement sur lui, et l'habille comme d'une camisole de force. De fait, Laurel est contraint par la découpe de l'ombre; lorsque la silhouette de l'enfant lève les bras, Laurel les hausse aussi, quand elle disjoint les jambes, il les écarte...

Soudain, la fenêtre s'assombrit derrière l'enfant. Une seconde après, les vitres partent en éclats, en même temps qu'un bout de mur entre deux fenêtres s'arrache de la structure; le plancher vibre, la poussière réoccupe le territoire. Une énorme boule de fonte vient s'arrêter au bout du nez de Laurel, puis, juste retour du balancier, ressort par où elle est entrée.

L'enfant a disparu sans laisser de traces, il manque décisivement à l'appel dans l'imaginaire de Laurel, qui demeure un temps statufié au milieu de la classe, ondoyé de poussière. Au troisième passage de la boule des démolisseurs, juste avant que le toît ne commence de s'écrouler, Laurel se résout à quitter le lieu sans se retourner, et sans escorte. Il va se dandinant d'une jambe sur l'autre, on dirait d'une démarche de Charlot.

ANDRE CARPENTIER

Baptised by Dust

TRANSLATED BY
MATT COHEN

Sometimes we come to think the world we experience is only the detached and ruined fragments of a former Whole that has been badly restored.
ROBERT MUSIL

He is not the type to ask his way, especially at daybreak in the sleepy parish of his childhood. Here his name is unimportant, his nickname makes more sense. When he was part way through grade school, at what people in his neighborhood called "the red school," a teacher christened him Laurel because he was always acting like the skinny sidekick of a certain rotund Hardy. But Laurel remembers neither the events, nor the teacher, nor even the overweight Hardy. Just as he does not recall, except with the help of the story he has often been told, that as a child he used to be teased and teased — especially by women — because of his black eyes which, they always said, he should go and wash clean. And one day he did... Face swollen by lack of sleep, carrying his sports bag, Laurel continues blindly on his way, convinced that sooner or later the red school, which is to be demolished this very morning, will appear out of the shadows. A child accompanies him, looking distressed behind his thick glasses.

Although he is walking these streets for the first time in 30 years, Laurel feels as though he is retracing a path he took the day before, one that he knows by heart, but mechanically and without any memory of the details. For although he recognizes this city landscape, it doesn't make him feel the way it used to. Everything has changed. The houses have been renovated, the vacant lots filled, the cars are no longer the same, the hydro poles and their wires have disappeared. Only the schoolchildren of this new era will have the same pale nervous faces — but that remains to be seen.

Laurel is absorbed in the rhythm of their footsteps. They remind him of other footsteps in other times, other places, with his father when he was hardly more than a child, steps taking them towards the house where his father was born, and the spectacle of its demolition. That had been a day...he no longer knows what kind because his mind does not really possess images from his childhood. Anyway, it had been a day, one which this day should pull out from the depths of his memory. In fact his plan is to find, in the red school, the necessary material to revive the old feelings he had been unable to really grasp at the time, or to recall later with enough understanding to make sense of them and somehow use them. Laurel's plan is to bring back to life those events that until now have been inaccessible, the memories whose absence have robbed him of his childhood.

In the hope of bringing back to life certain scenes that he hasn't been able to remember, Laurel has brought along a child of the age he was the day his father's house was torn down. Laurel is now the same age his father was then, and he is counting on the force of this conjunction to unlock his memory. Laurel, a film-maker, has always been his own subject, has always insisted on creating his heros in his own image and on exploring his whole consciousness on film. But for several months he has been unable to think of ideas for scripts. For once he is trying to do something different from his erotic films. He is ready to begin, finally, the great cinematic work he has long promised himself, a masterpiece to be inspired by the evocation of the past. But he finds himself blocked when it comes to the childhood of his hero, to whom he has given the clumsy name of Charlot.

Just as Laurel thinks he is lost, the school suddenly emerges from the shadows. In this first indeterminate light of day, the school is almost as massive as in his memory, but now it is falling apart. He doesn't bother trying to force the door, which he thinks will be barricaded. The boarded window, beside it, gives way to his crowbar. Laurel and the child slip inside, their way lit by a pocket flashlight. The air is dark and dusty. You would think the dust raised yesterday, when the furniture was being removed, is still dancing in the air, as though to announce the celebration to come.

Laurel pretends to know where he is going, but in fact he follows the child across a room he thought larger, before entering a hall, then a stairwell. On a landing between two flights of stairs worn away by generations of students making their orderly way from class to class or running out for recess, he and the distracted child gulp down the breakfast he prepared, while through a window they watch the sun rise. It is the first time they have seen this together, Laurel thinks; he would like to remember saying the same thing to his father the morning his father's house was demolished, but nothing could be less certain.

The child seems to be in a hurry. They move on, leaving the sports bag behind, and proceed to walk along the corridors. Here Laurel notices bits of sound that disappear as soon as he tries to focus on them. Laurel thinks he recognizes a choral chant, a hymn to the Virgin Mary sung in the distance by boys whose voices are about to change. They walk more quickly.

The classrooms beside them are empty. On the sunny side, the light breaks apart in the dust; on the other, they need their flashlight to see, finally, nothing, because the classrooms are just places that have been stripped bare. More fragments of song drift in. They come from close by and far away at the same time, from neither one end nor the other of the corridor, from the depths of the building. Caught in the spell of the sound, Laurel feels unable to enter any of the classrooms.

How he hated school! It all comes back at once. And the way school always forced him to be surrounded by people. He has never known how to be with more than one person. In groups he felt only half-alive, and acted cold and distant. He has always needed solitude to be at his best, but in school he always had to play other people's games. Dealing with that was so vexing he had developed problems; unable to sleep properly, excessively anxious, he had been slow to mature. And so he had been thought, from an early age, to be artistic; he liked this illusion so much that he became one.

At the other end of the corridor, still following the voices, Laurel and the child go up the stairs towards the next floor. Here the light is a bit better. They can see the rows of lockers, their varnish chipped, that line the corridor. Above them are windows filtering sunlight from the classrooms. The floor is discolored, but was it ever less faded? The floorboards creak under their feet and make it impossible to follow the thin sound of the voices. In front of the classroom doors, round lights float like hanged men.

Laurel, followed by the child, wanders into one of the rooms, perhaps his own, though it's unlikely. In any case, he has withdrawn too far into himself to identify with a place, especially one that has been stripped bare this way; even the decor seen through the windows reminds him of nothing except, perhaps, the small herringbone pattern he once drew with a crayon, open Vs that were supposed to represent birds flying above the countryside. Laurel raises his eyes to lose himself, the way he used to, in the flight of these escaped formations. But nothing stirs inside him. The sky is empty. He is dazzled by the day, the luminous particles of light.

Reflected by Laurel's watch, beams of sunlight bounce randomly through the room. He tries to entertain himself by sending the iridescent beams towards the missing desks, as though he wanted to attract the attention of imaginary children; he still believes he can hear them saying their rosaries. When he tires of this game, he throws the watch to the front of the room where the teacher would be sitting. It shatters beneath the blackboard. Then he takes a piece of chalk and on the blackboard begins to scrawl signs which resemble letters but aren't. Sometimes he steps away and leans back, then adds accents and dashes, pretending he has made a sentence at the end of which he punches an exaggerated period. Finally, he signs his name at the bottom, half in his invented language, as though he was refusing to allow the child who was with him to understand completely. Had it been comprehensible, it would have said: "Laurel-the-fake-connoisseur with his greasy ducktail and his thick glasses sliding down his nose." Something in Laurel had just twinged, hinting at something he had never been able to remember. Like a shadow seen against the glare of the sun, fleeting…

Suddenly the child, then Laurel, notice that the paneling near the blackboard is beginning to separate and let in blades of light swollen with dust; at the same time the murmurs they could barely hear before seem to have grown louder and closer. The child runs into the corridor, then towards the next room, followed by Laurel.

From the doorway Laurel sees a class of smooth-kneed young boys singing in a language whose words he cannot make out. It is not French, English or even Latin. The child who preceded him sits at a desk near the window, it seems to be his, and automatically joins in the singing. Laurel has the feeling that he is about to learn something tragic about the world, something that will endanger an essential part of himself. He sees his life spread out before him, the way he has sometimes heard people describe it; his life presents itself not as a series of episodes but as a whole, a small piece of fate that was, you might say, pathetic. An unimportant detail.

Here, more than elsewhere in the school, the dusty air illuminated by the weak light makes whitish halos around everyone and everything. The well-dressed children, their hair plastered down, are sitting at their desks and following the rhythmic gestures of their conductor, a vaguely middle-aged woman with her hair in a bun. Laurel comes into the classroom. Though his vision is blurred by fear, he surveys all the details — the maps, the crucifix, the books on the desk. But they don't really register. He notices only a blond child who keeps fooling around in order to amuse the idiot with the thick glasses and the greasy ducktail. But that one has already turned away and is looking out the window. Laurel feels he should be able to benefit from this scene, but for the moment, nothing stirs.

In fact, Laurel doesn't recognize anything he is seeing. He would have liked the world of his childhood to have remained in the same place, waiting for him. That would have consoled him about the ephemeral nature of worldly things with which sermons used to threaten him, and which still terrifies him. But in front of him he has nothing but an imaginary postcard painted in fake colors, which only blocks the paths to his memory. He only wants to think about what he isn't seeing; just as well, he wouldn't know how to be any other way, because he only sees what he isn't thinking about. He is looking for his father's house, he sees something else entirely…

This obsession with his father's house. Despite the fact he has looked through all the photo albums, he has never seen it from the outside except behind a jumble of trees; and from the inside are given only fragments that can never be assembled into a whole. He is unable even to remember what it looked like, much less the details of its demolition. What comes back to him, however, are images of the construction site of a house his father had built, around the time of the destruction of the house he was born in, close to where they were living at the time, in another district. He balanced and ran along the floor joists, he hung from the jacks, he acted like a child, he thinks. He is certain he twisted his ankle jumping into the excavation pit when the project was just beginning; and later he had sprained his wrist falling from the framework of the deck. But he doesn't know if these are his own memories or those someone told him.

Laurel retains no living memory of his father's house, just a few elusive photographs, like so many flashes invisible behind a curtain. Even of the second house, where he lived a long time, he remembers only the construction. Afterwards, things weren't the same. The house took on the look of all the other houses, and his life, the look of all the other lives. He does have some scenes he can remember, especially those of his discovery of his sexuality, but he knows these by heart; he has retold them so often in his films that he can no longer doubt them.

Laurel decides to explore this child's universe, but he has hardly stepped into the classroom when a storm of light explodes in front of his eyes. Momentarily unconscious, he wobbles, trips over himself and falls to the floor, hitting his head and chest. He lies there, shaking his head as though saying no, and only briefly gives in to feeling jumbled and confused.

Laurel has crossed the room, rolling on the floor, as though he had passed straight through the desks and the children. The singing has stopped. Instead the teacher is speaking, still in a language he cannot understand. Laurel finds himself on the floor under a window, near the child with the ducktail. He plunges back into the mud of his consciousness. He wishes he could raise a few memories that would release an image of himself during the years of the red school, an image that has been dormant in him ever since.

Baptised by Dust

Anything, whatever is necessary to sleep well at night, as he has already had a character say... But only the dust is raised.

In fact, for no apparent reason, the dust is pressing against Laurel's face and eyes. It works its way beneath his eyelids and the room blurs. Everything is carried away into the unfindable. Only the child with glasses, still lost in his daydreaming, resists. Laurel suddenly wants to give up, to yield to some confusing part of himself.

After a while the blurred lights begin to form a silhouette in front of him. It is the school mistress emerging from the swirls of dust and coming towards Laurel while turning her back on the child in glasses, who is still in his seat. With one movement she releases her hair, with another lets fall her clothes, then climbs onto Laurel pressing the red peel she is using as a mouth against his. Laurel's face flushes with pleasure, he spreads his thighs below the teacher. Her lips gape, he feels himself penetrating into the darkness of his apparition. Then he rolls her over and lets himself be carried away, giving out a piercing moan, then a series of cries while his body twists and turns. At this moment an idea comes to Laurel that he has never had: he is going to die, here and now. How appropriate it would be for him to go as he neared the end of a sex scene — like a crooner dying during his encores. He no longer thinks of prolonging his desire. He is too eager to arrive at the climax; he ejaculates, covering his moving hand with a warm opalescent stickiness.

When he opens his eyes, the darkness has lifted from the classroom and beams of light crisscross through the empty space. The mistress, the boys, the maps, the books, the crucifix — all have flowed into the luminous dawn, as though they had fled from Laurel's fantasy. Meanwhile, the staring coal-black bespectacled eyes of the child with the ducktail are fixed on Laurel's sticky hand. The child, impassive, has stayed in his seat the whole time.

Almost immediately, the child turns back to look out the window above Laurel. That, Laurel cannot bear. Anything but indifference! He stands, to place himself in front of the child, but the child detaches himself from his base, brushes past Laurel and lifts himself up onto the window ledge. Laurel moves about, screaming out random words without knowing what he is saying because he doesn't recognize the sounds he hears himself making. Then, for the first time, the child in the glasses looks straight into Laurel's eyes. Laurel is at the child's feet, but since he is looking into the light he can see nothing. Now it is his turn, though he doesn't realize it, to seem indifferent. Then the child turns away to face the other world, the world of the birds that have escaped...

Laurel moves back towards a patch of sunlight shaped like a pyramid in the center of the classroom. Suddenly he finds himself in the middle of a luminous cage, fixed in an uncomfortable position from which he can't move. If he were to see himself from a distance, from the window ledge, for example, Laurel would see that the shadow of the child, like the shadow thrown back by a projector, has fitted itself exactly around him, and that he is wearing it like a straitjacket. In fact, Laurel is trapped within the shadow's edges; when the child's silhouette raises its arms, Laurel raises his also, when it spreads its legs, so does Laurel...

Suddenly the window behind the child grows dark. A second later the panes shatter. At the same time a piece of wall between two windows is pulled away; the floor vibrates, dust reoccupies the territory. An enormous wrecking ball has stopped right at Laurel's nose; then, the swing of the pendulum, it leaves the same way it entered.

The child has disappeared without a trace. Laurel is now completely unable even to imagine him. For a moment he remains rigid in the middle of the classroom, baptized by dust. After the third passage of the wreckers' ball, just before the roof caves in, Laurel resolves to leave without looking back, and without escort. He moves off clumsily, swaying from side to side, stiff-legged, you would say, walking like Charlie Chaplin.

DIANE SCHOEMPERLEN
THE ANTONYMS OF FICTION

> *Characters and voices in these stories began in what is real, but became, in fact, dreams. They bear no relation to living persons, except that love or loss lends a reality to what is imagined.*
> JAYNE ANNE PHILLIPS, *BLACK TICKETS*

Fact

The facts of the matter are these:

When I was twenty-one years old, I met and fell in love with a man named Jonathan Wright. We met at a Christmas party given by a mutual friend and two months later he moved in with me. We made a lot of jokes about him being "Mr. Right." Two years later he moved out. After a brief but intensely unpleasant period of accusations, hysterics, and the odd suicide threat, it became what is fondly referred to as "an amicable separation" and then we made a lot of jokes about him being "Mr. Not-So-Right-After-All." We remained (or should I say, "We became") friends, suggesting that maybe someday, maybe ten years from now, who knows, maybe then we would get back together again and get it right. This led to another batch of bad jokes about him being "Mr. Not-Right-Now." All of this happened ten years ago.

Some time later, I moved away, two thousand miles away in fact, back to the city I'd come from in the first place. For a while Jonathan and I kept in touch with birthday cards, Christmas cards, and the occasional phone call for no good reason. Neither one of us was much good at writing real letters.

Eventually, as so often happens over distance and the passage of time, our sporadic attempts at maintaining communication petered out and we lost track of each other's lives. I can't remember now the last time I heard from Jonathan. I also can't remember the last time Jonathan and I made love. I can remember the first time very clearly but not the last because, as so often happens, I didn't know it was to be the last time at the time and so I was not paying as much poignant attention as I might have been.

Last Sunday morning at ten o'clock, I had a phone call from a woman named Madeline Kane, a woman I hadn't heard from in years and who was, in fact, the mutual friend who'd given the Christmas party at which Jonathan and I first met. Madeline was calling Sunday morning to tell me that Jonathan was dead. She said she thought I would want to know. She said she thought I would want to know the truth. But as it turned out, she knew nothing, nothing but the facts.

Truth

According to *The Concise Oxford Dictionary of Current English*, truth is "the quality or state of being true or accurate or honest or sincere or loyal or accurately shaped or adjusted."

There were at least forty people at Madeline Kane's Christmas party that year. It was a small friendly town and many of the residents, like myself, had moved there from other places and so did not have family handy for such festive occasions. We tended to gather frequently for these pot-luck parties, bearing from one house to another hearty steaming casseroles, salad in wooden bowls the size of wagon wheels, and many jumbo bottles of cheap wine.

At Madeline Kane's Christmas party, there was a big Scotch pine tied to the wall so it wouldn't topple over and we all helped decorate it before dinner, stringing popcorn and cranberries, arguing amiably about the proper way to put on the tinsel: the one-strand-at-a-time advocates versus the heave-a-whole-handful-with-your-eyes-closed contingent.

After dinner, we brought out the guitars and sang for hours.

Jonathan Wright sang that Kenny Rogers song, *Don't Fall in Love With a Dreamer*. And so of course I did.

After the party, he came home with me. After we got undressed and climbed into my bed, I said, "I just want to sleep with you, I don't want to make love," and he said, "That's okay, I just want to be close to you tonight."

In the morning we made love for a long time. In fact, we stayed in bed all day which was something I had never done before.

Jonathan Wright and I loved each other suddenly and, in reality, we were very happy for a while.

Reality

According to *The Concise Oxford Dictionary of Current English*, reality is "the property of being real." According to *The Concise Oxford Dictionary of Current English*, real is "actually existing as a thing or occurring in fact, objective, genuine, rightly so called, natural, sincere, not merely apparent or nominal or supposed or pretended or artificial or hypocritical or affected."

In fiction we are accustomed to encountering people driven to extremes, people brought to their proverbial knees by love and loss and other such earth-shaking heart-stopping soul-shifting events, people who are thrashing around inside their lives instead of just living them. In reality these extremes are merely the end points of the continuum. In reality it is all the points in between, cumulative and connected, if not downright boring, which are the important part. In real life it is all the points in between which comprise the real life we are really living. In real life people driven repeatedly to the limit are very hard to take. The friends of such people (if they have any friends left) suspect they are crazy, emotionally disturbed, mentally unbalanced, manic-depressive, but mostly just plain foolish. In reality people who go from one extreme to the other (and back again) on a regular basis are more fun to read about than to know.

Jonathan Wright and I loved each other suddenly and, in reality, we were very unhappy after a while.

Diane Schoemperlen

Non-Fiction

On the phone last Sunday morning, Madeline Kane took down my current address and sent me the newspaper clipping and the obituary, which arrived in the mail today. It was unlikely that Jonathan's death would be noted in the newspaper here two thousand miles away. It would be considered local news.

Both these versions of the story are very short and to the point. As if there was a point. As if the truth could really be known.

The newspaper clipping said:

> Jonathan Wright, 38, was shot to death in his apartment on Saturday night. An eyewitness, unidentified for her own protection, told police that when Mr. Wright answered a knock at the door at approximately 3 a.m., a lone gunman shot him twice in the head and then fled on foot. Police have neither confirmed nor denied the many rumors surrounding the case. Investigation continues.

The obituary said:

> **WRIGHT, Jonathan Lawrence** — Suddenly at his residence on Sunday, August 5, 1991, Jonathan Lawrence Wright in his 38th year, beloved son of David and Elizabeth Wright, dear brother of Patricia and Susan, sadly missed by several aunts and uncles. Resting at Goodman Funeral Home. Friends will be received on Wednesday, 7–9 p.m. Funeral Service will be held in the Chapel, Thursday, August 9 at 2 p.m. Interment Landsmere Cemetery.

Poetry

I never expected to see you again / but I never expected you to die either. / I hadn't seen you in so many years: / it was as if you were already dead / or / it was as if you would never die / would just go on living somewhere else / two thousand miles away / while I was still here / going on about my business / never giving you a second thought. / Unless a stranger in the street happened to have / a jacket, a walk, a smile / or a receding hairline just like yours. / Unless I happened to be cooking your favorite meal / for another lover (pork chops, green beans, mashed / you called them "smashed" / potatoes) and it turned out he didn't like pork. / Unless I surprised myself / looking through the old photo album / and weeping. / If this were a poem / I would have had a premonition / a cold-sweat shiver down my spine / at the very moment you died. / If this were a poem / I would still be able to see your face / your real face / not your other face, shot to pieces / exploding all over the wall / like the time we were splitting up / I was crying / you were drunk and raging / threw a whole plate of spaghetti across the room / and nobody cleaned it up for a week. / If this were a poem / I would be able to remember everything / including the weight of your body on mine / and how it felt to love you./ If this were a poem / the truth would be known.

Fiction

But the truth of the matter is: this is fiction.

Pure fiction.

Pure: "mere, simple, sheer, not corrupt, morally undefiled, guiltless, sincere, chaste."

Fiction: "feigning, invention, conventionally accepted falsehood."

Pure fiction: a convenient literary device which allows me to say that I never knew a man named Jonathan Wright, there was no Christmas party at Madeline Kane's house ten years ago, no Scotch pine, no tinsel, no Kenny Rogers song, no dreamers falling fast into love, and no bad jokes. Which allows me to say that I never cried into your angry arms, there was no spaghetti splattered on the wall, and I never ever missed you.

If the truth were known, this is fiction, a valuable revisionist device which allows me to say there was no man at the door with a gun.

DIANE SCHOEMPERLEN
Entre le fictif et le réel

TRADUIT PAR
HELENE RIOUX

> *Les personnages et les dialogues de ces histoires débutent par ce qui est réel, mais deviennent, en réalité, des rêves. Le seul rapport qu'ils ont avec des personnes vivantes réside dans le fait que l'amour ou la perte prête une réalité à ce qui est imaginé.*
> JAYNE ANNE PHILLIPS, *Black Tickets*

Les faits

Les faits sont les suivants.

À vingt et un ans, j'ai rencontré un homme qui s'appelait Jonathan Meilleur. Nous avons fait connaissance chez une amie commune, lors d'une fête donnée à l'occasion de Noël; deux mois plus tard, il emménageait chez moi. Pour plaisanter, nous disions alors qu'il s'appelait «M. Pour-Le-Meilleur-Et-Pour-Le-Pire». Deux ans plus tard, il me quittait. Après une période brève mais extrêmement pénible d'accusations et de scènes, entrecoupées de menaces de suicide, nous sommes parvenus à ce qu'on appelle gentiment une «séparation à l'amiable». C'est alors que nous avons commencé, toujours en plaisantant, à le surnommer «M. Plutôt-Pire-Que-Meilleur». Nous sommes restés (ou devrais-je plutôt dire «devenus») de bons amis, supputant qu'un jour, dans une dizaine d'années peut-être, qui sait, nous nous retrouverions et que tout s'arrangerait. Ceci suscita une nouvelle série de calembours douteux sur son nom qui devint «M. Meilleure-Chance-La-Prochaine-Fois». Tout ceci se passait il y a dix ans.

Quelque temps plus tard, je suis retournée vivre dans ma ville natale, à deux mille milles de là. Pour commencer, Jonathan et moi sommes restés en contact en nous envoyant des cartes de souhaits à notre anniversaire et à Noël et en nous téléphonant à l'occasion sans motif particulier. Ni lui ni moi n'avions beaucoup de goût pour l'art épistolaire.

À la longue, comme cela se produit souvent lorsque deux personnes sont trop longtemps loin l'une de l'autre, nos efforts épisodiques pour maintenir la communication ont tourné court et nous avons perdu la trace l'un de l'autre. Je n'arrive plus à me souvenir de la dernière fois où j'ai eu de ses nouvelles, ni même de la dernière fois où nous avons fait l'amour ensemble. Si je me rappelle clairement la première, j'ai oublié la dernière parce que, comme c'est souvent le cas, j'ignorais alors que c'était la dernière et n'y accordai donc pas une attention aussi intense.

À dix heures dimanche dernier, j'ai reçu un coup de téléphone de Madeline Kane, une femme dont je n'avais pas entendu parler depuis dix ans et qui était, en fait, cette amie chez qui avait eu lieu la fête de Noël où j'avais rencontré Jonathan. Madeline m'appelait ce dimanche matin pour m'annoncer la mort de Jonathan. Elle a dit qu'elle pensait que j'aimerais le savoir. Elle a dit qu'elle croyait que je voudrais connaître la vérité. Mais la vérité, c'est qu'elle ne savait rien, rien d'autre que les faits.

La vérité

Le Petit Larousse illustré donne de vérité la définition suivante: «qualité de ce qui est vrai; conformité de ce qu'on dit avec ce qui est; chose, idée vraie. Principe certain, constant. Expression fidèle de la nature».

Une quarantaine de personnes étaient présentes à la réception de Noël chez Madeline Kane. Dans cette petite ville sympathique, plusieurs résidents, dont moi-même, étions des étrangers et n'avions par conséquent pas de famille chez qui passer ces fêtes. Nous avions coutume de nous réunir pour des soirées improvisées;

chacun apportait alors un plat réconfortant dans une casserole fumante, une salade dans un saladier de bois de la grosseur d'une roue de wagon, sans oublier plusieurs grosses bouteilles de vin à bon marché.

À la réception chez Madeline Kane, il y avait un énorme sapin qu'on avait fixé au mur pour éviter qu'il ne tombe et, avant le repas, tout le monde avait contribué à le décorer, y accrochant du maïs soufflé et des canneberges tout en devisant aimablement sur la meilleure façon de poser les guirlandes; certains étaient partisans de les poser une à la fois alors que les autres préféraient en jeter des poignées les yeux fermés.

Après le dîner, nous avions sorti les guitares et chanté pendant des heures. Jonathan Meilleur avait chanté cette chanson de Kenny Rogers qui disait qu'il ne fallait pas tomber amoureuse d'un rêveur. Et c'est évidemment ce qui était en train de m'arriver.

Après la fête, il m'avait raccompagnée chez moi. Nous nous étions déshabillés, mais une fois dans mon lit, j'avais dit: «Je veux juste dormir avec toi, je ne veux pas faire l'amour», et il avait répondu: «C'est d'accord. Cette nuit, j'ai simplement envie d'être près de toi.»

Au matin, nous avions longuement fait l'amour. En réalité, nous étions restés au lit tout le jour. Je n'avais jamais fait cela auparavant.

Pour Jonathan et moi, ce fut un coup de foudre et, en vérité, nous avons été très heureux pendant un certain temps.

La réalité

Voici la définition que le *Petit Larousse illustré* donne de réalité: «Qualité de ce qui est réel», et de réel: «Qui existe ou a existé véritablement. Qui est bien tel qu'on le dit, authentique, véritable.»

Habituellement, les personnages que nous rencontrons dans la fiction vivent des situations de paroxysme. Anéantis par l'amour, l'abandon ou d'autres événements qui, semblables à des séismes, font vibrer l'âme et arrêter le cœur de battre, ces personnages sont incapables de vivre simplement leur vie et s'y font constamment ballotter. Dans la réalité, ces extrêmes sont seulement les points finals d'une ligne continue. Dans la réalité, ce sont tous les points situés dans l'intervalle, s'ajoutant l'un à l'autre et reliés entre eux qui, s'ils ne sont pas carrément ennuyeux, forment la partie importante. Dans la réalité, la vraie vie est composée de tous les points situés dans l'intervalle. Dans la vie réelle, les gens qui, de façon répétitive, poussent leur être à la limite, sont difficiles à supporter. Leurs amis (quand d'aventure il leur en reste) les soupçonnent de manquer de maturité, d'être émotivement troublés, mentalement déséquilibrés, maniaco-dépressifs, en un mot, fous. Dans la réalité, il est plus amusant de lire sur les gens qui ne cessent d'osciller d'un extrême à l'autre que de les connaître.

Jonathan et moi avons vécu le coup de foudre et, dans la réalité, nous avons été très malheureux après un certain temps.

Prosaïsme

Dimanche matin, au téléphone, Madeline Kane a noté mon adresse actuelle pour me faire parvenir l'entrefilet et l'avis de décès parus dans le journal. Je les ai reçus aujourd'hui même. Il était peu probable que la mort de Jonathan fût mentionnée dans le journal d'ici, à deux mille milles de distance. Elle aurait été considérée comme une nouvelle d'intérêt local.

Ces deux textes sont très brefs et vont droit au but. Comme s'il y avait un but. Comme si on pouvait vraiment savoir la vérité.

Le fait divers se lisait comme suit:

> Jonathan Meilleur, âgé de 38 ans, a été abattu à son appartement samedi soir dernier. Témoin de l'incident, une femme préférant garder l'anonymat pour des raisons de sécurité a déclaré à la police qu'on avait frappé chez M. Meilleur vers trois heures du matin, et lorsque ce dernier était allé répondre, un individu armé avait tiré à deux reprises sur lui, l'atteignant à la tête, avant de prendre la fuite à pied. La police n'a ni confirmé ni nié les nombreuses rumeurs entourant l'incident. L'enquête suit son cours.

Quant à l'avis de décès, il se lisait comme suit :

MEILLEUR, Jonathan Lawrence —
Décédé subitement à son domicile le dimanche 5 août 1991, Jonathan Lawrence Meilleur, âgé de 38 ans, fils bien-aimé de David et Elizabeth Meilleur, frère bien-aimé de Patricia et de Susan, laisse également dans le deuil plusieurs oncles et tantes. La dépouille sera exposée au salon funéraire Goodman. Les amis pourront se présenter le mercredi, de 19 h à 21 h. Le service funèbre sera célébré à la chapelle, le 9 août à 14 h. L'enterrement aura lieu au cimetière Landsmere.

Poésie

Je ne croyais pas te revoir / mais je ne m'attendais pas à ce que tu meures. / Je ne t'avais pas vu depuis tant d'années : / c'était comme si tu étais déjà mort / ou / comme si tu ne mourrais jamais / continuerais tout simplement à vivre quelque part ailleurs / deux mille milles loin de moi / pendant qu'ici / je vaquerais à mes occupations / sans jamais t'accorder une seule pensée. / À moins qu'un étranger croisé dans la rue n'ait par hasard / une veste, une démarche, un sourire comme les tiens / un front dégarni comme toi. / À moins que pour un nouvel amant je ne prépare ton mets favori (côtelettes de porc, haricots verts, pommes de terre en purée/pour rire, tu disais épurées) / pour finalement m'apercevoir qu'il n'aime pas le porc. / À moins que / tombant sur le vieil album de photos / je ne fonde soudain en larmes. / Si ceci était un poème / j'aurais eu une prémonition/une coulée de sueur froide le long de ma colonne vertébrale / à l'instant même de ta mort. / Si ceci était un poème, je serais encore capable de voir ton visage / ton vrai visage / non pas l'autre, le visage fracassé / explosant en particules partout sur le mur / comme cette fois, à l'époque de notre rupture / je pleurais / tu étais ivre et furieux / tu avais lancé une assiette pleine de spaghettis à travers la pièce / et nous avions attendu une semaine avant de ramasser les dégâts. / Si ceci était un poème/je serais capable de me rappeler tous les détails / notamment le poids de ton corps sur le mien / et comment c'était quand nous faisions l'amour. / Si ceci était un poème / nous saurions la vérité.

Fiction

Mais la vérité, c'est: ceci est de la fiction.
    De la pure fiction.
    Pur: «Sans mélange, simple, absolu, sans corruption, sans défaut moral, innocent, sincère, chaste.»
    Fiction: «Création de l'imagination, invention, mensonge accepté par convention.»
    Pure fiction: outil littéraire pratique me permettant d'affirmer n'avoir jamais connu un homme appelé Jonathan Meilleur, d'affirmer qu'il n'y a pas eu de réception chez Madeline Kane à Noël, il y a dix ans, pas de sapin, de guirlandes, de chanson de Kenny Rogers, de rêveurs succombant au coup de foudre, de plaisanteries de mauvais goût. Me permettant d'affirmer n'avoir jamais pleuré dans tes bras quand tu étais en colère, jamais vu de spaghettis éclabous-ser le mur, ne m'être jamais ennuyée de toi.
    La vérité est que ceci est de la fiction, un outil de révision valable me permettant d'affirmer qu'il n'y a jamais eu d'individu à la porte armé d'un revolver.

BERTRAND BERGERON

L'album de photos

Ça s'est passé bêtement. Bref, disons que Jacinthe n'avait pas lésiné sur le vin, que je m'étais repris au moment des digestifs. Lorsque Charles et Sylvie se sont levés pour partir, je pris Charles à part, lui demandant s'il ne nous laisserait pas les clés de leur maison de campagne, nous rentrerions seulement le lendemain matin. L'idée me semblait bonne, j'adorais l'endroit, Jacinthe semblait s'y plaire.

D'abord, elle n'a pas compris comment il se faisait que nous restions alors que nos hôtes s'en allaient. Après, quand nous nous sommes retrouvés seuls, les choses ont tourné au vinaigre. J'étais un être immonde, imbu de lui-même, qui prenait toutes les décisions sans consulter qui que ce soit, surtout pas elle, et j'avais décidé que nous ne partirions que le lendemain sans m'embarrasser de lui demander son avis. Devant cette rebuffade, alors que j'étais parti des meilleures intentions, je me suis cabré, «très bien si c'est ainsi, on rentre et pas plus tard que maintenant».

J'ai éteint, fermé à clé, me suis installé au volant et, une fois qu'elle eût pris place, j'ai joué au cascadeur de films américains. Évidemment, ce n'était pas la solution la meilleure pour l'amener au calme et rétablir le dialogue. Elle en est venue aux gros mots, m'a traité de tous les noms, m'a menacé de descendre en marche si je ne lui cédais pas le volant. À l'en croire, j'avais trop bu pour conduire, elle ne se sentait pas d'humeur à se retrouver dans le paysage, ce serait donc elle qui nous ramènerait! Seulement voilà: sa conduite à elle, même sans alcool, rivalisait avec celle d'un chauffard téméraire. La dispute s'est encore envenimée. Finalement lorsque, suite à une collection d'injures bien senties, elle m'a ordonné de me ranger, qu'elle descendait là, tout de suite, qu'elle ne voulait plus rien savoir ni de moi ni de ma vie, j'ai freiné, stoppé, elle a ouvert, est sortie et a claqué la portière. À mes yeux, il s'agissait d'un chantage indigne d'elle et de moi. J'ai redémarré en trombe, la laissant au beau milieu de la nuit en pleine campagne, à trente kilomètres de la ville.

Je serai discret sur ce qui m'est venu à l'esprit lors du trajet. C'était bien fait pour elle! Elle n'avait qu'à ne pas me chercher! Quelle idée d'avoir aussi mauvais caractère!

Je me suis couché sitôt entré. Non, je ne regrettais rien. Et je me suis endormi tout de suite. Bien sûr, certains rêves m'ont un peu rattrapé au cours de la nuit, mais il s'agissait seulement de rêves!

Le lendemain matin, j'avais un mal de bloc et mon foie ne tolérait plus rien, pas même l'eau plate.

Je n'allais certes pas lui téléphoner, m'assurer qu'il ne lui était rien arrivé de fâcheux ou que sais-je encore? Oh non! Elle avait un sale caractère, à elle d'en assumer les conséquences. Pour ma part, je me dépêtrais de mon mieux avec le vertige et mon foie.

Vers midi, l'absorption d'eau m'était encore interdite. Je décidai que prendre l'air me ferait le plus grand bien. Prendre l'air, non pas marcher! C'était encore un exercice nettement au-dessus de mes forces. Je m'installai au volant de la voiture et démarrai d'une manière nettement plus posée que la veille. Mais pas question que je fasse un crochet par sa rue pour éventuellement y percevoir porte et fenêtres ouvertes, ou autres indices de son probable retour. Pas question. Elle se disait grande, dans la force de l'âge, en pleine possession de ses moyens, alors à elle de s'assumer!

Quitter la ville, m'aérer sur une route de campagne, n'importe laquelle, me ferait le plus grand bien. Mais je n'ai pas pris au hasard. Tout en veillant à ne rien préméditer, j'empruntai la route qui conduisait à la maison de campagne.

Je roulais lentement. Évidemment, c'était sans raison si je regardais de-ci de-là sur le bord de la route. Je laissais mon regard s'égarer, conscient que toutes les culpabilités se donnent rendez-vous un lendemain de cuite et qu'elles trouvent pour ce faire les voies les plus retorses de l'imagination. Finalement, j'atteignis la maison de campagne et mon espoir secret — qu'elle ait la veille pris la sage décision d'y retourner plutôt que d'affronter les risques d'une route de campagne, la nuit —, cet espoir s'écroula.

Mais elle était grande, vaccinée et tout et tout, tant pis pour elle!

Je suis rentré en ville, doucement, avec les yeux qui lorgnaient du côté des fossés et mon esprit qui m'inventait des talents pour la catastrophe et des remords pour le pire. Si bien qu'à peine parvenu aux limites de la ville, j'ai obliqué vers la première cabine téléphonique. Rappliquer chez elle, ç'aurait été capituler trop facilement. Mais un petit coup de fil sur un ton détaché ne me semblait pas contre-indiqué. À mon premier essai, personne ne répondit. Me soupçonnant d'acte manqué, j'ai recomposé, mais avec les précautions d'un enfant qui découvre le téléphone. Sans plus de résultat.

J'ai alors compris ma méprise et me suis traité de faible. De toute évidence, elle avait deviné qui lui téléphonait; son silence, c'était une tactique. Qu'à cela ne tienne! On ne m'aurait pas aussi facilement.

Je retournai bien sagement chez moi pour y découvrir les effets bénéfiques d'un jus de légumes. L'ensemble du rituel salvateur — l'absorption de jus de légumes — m'occupa dix minutes, pas davantage. Par la suite, je me suis baladé dans mes chaussures à l'intérieur de mon quatre pièces. À la fin, n'y tenant plus, je suis sorti, monté dans ma voiture et j'ai roulé jusque chez elle.

Sa porte était close, toutes les fenêtres, fermées. J'ai frappé, mais sans succès. Comme j'avais sa clé, je me suis permis d'entrer. Elle n'y était pas, ne se terrait dans aucun recoin, et j'ai retrouvé ses choses dans le désordre de la veille. Par conséquent, elle n'avait pas remis les pieds chez elle.

Difficile, dans un moment pareil, de se décider sur le parti à prendre. Le recours aux forces policières m'apparaissait un peu prématuré. Qu'aurais-je trouvé à leur dire? De plus, dans l'éventualité d'une ruse de sa part à elle, je paierais cher d'avoir inconsidérément mis la police à contribution.

Restait encore cette autre possibilité: lorsque ça n'allait pas, toute grande et vaccinée qu'elle fût, elle n'hésitait pas à trouver refuge chez papa-maman. Et ça lui ressemblait assez de chercher à

L'album de photos

m'attirer en terrain parental pour m'y humilier. Encore me fallait-il choisir: téléphoner, c'était entendre belle-maman me répondre. M'y rendre, c'était me faire ouvrir par beau-papa. Dans les deux cas, je ne voyais pas bien ce que je trouverais à dire. Mais la solution beau-papa m'apparaissait moins pénible.

Quand je sonnai, ce fut effectivement lui qui se pointa. Mais avec cette surprise cordiale qui ne cadrait pas avec une mise en scène de fille malmenée qui mobilise à des fins guerrières la junte familiale.

— Nous ne l'avons pas vue depuis que vous êtes passés ensemble hier.

Impossible de m'imaginer une feinte de sa part. J'ai inventé n'importe quoi pour me tirer de là au plus coupant; mais il ne s'agissait en aucune façon d'un morceau d'élégance.

Une fois dans la voiture, je me suis écroulé. Les reproches qu'elle m'aurait adressés n'étaient rien en comparaison de ceux dont je m'affublais. Dans ces conditions, le mieux, c'était encore de retourner chez moi. Et puis non. Je suis revenu chez elle, j'ai gravi l'escalier qui menait au premier. Quand, après avoir frappé, j'ai inséré sa clé dans la serrure, rien ne se produisit. La clé refusait d'ouvrir. J'ai cru que je m'y prenais mal, j'ai réessayé. Et c'est à ce moment-là, qu'entre les tentures entrouvertes, j'aperçus le mobilier de la cuisine, un certain désordre, la vaisselle sale sur le comptoir de l'évier. Mais rien, absolument rien qui ressemblât à ses affaires à elle. Voilà, je m'étais tout simplement trompé de maison. Seulement, j'eus tôt fait de m'en assurer, je me trouvais bel et bien à l'endroit désiré. Sauf que sa clé n'ouvrait plus cette serrure. Et ce que j'apercevais par la fenêtre, simplement question de goût, n'aurait pu d'aucune façon appartenir à Jacinthe.

Comme alors plus rien ne m'apparaissait sensé, je fis n'importe quoi, vraiment n'importe quoi. C'est-à-dire que je revins chez ses parents. Pour y croiser de nouveau beau-papa, son ton cordial, bien sûr, mais un beau-papa un peu étonné cette fois. Puisque son aînée, disait-il, ne s'appelait pas Jacinthe comme je le prétendais, mais bien Jacques et que Jacques faisait ses études à l'université où il réussissait bien, «je vous prie de me croire, mon jeune monsieur» — c'était comme cela qu'il m'appelait à présent: «mon jeune monsieur».

J'ai dû lui paraître si obstiné qu'il s'est cru obligé de me conduire devant le foyer sur le tablier duquel trônait le portrait de famille, «mes enfants, tous mes enfants», insistait-il, alors que le cliché ne montrait pas la moindre trace de Jacinthe.

La suite, je l'ai anticipée. Je rentrerais chez moi, je me précipiterais vers le tiroir de ma commode, celui où j'entasse toutes sortes d'objets qui me sont chers. Et mon album de photos comporterait des trous par rapport à mes souvenirs, des pages en moins, ou alors des pages sans photographies, sans le moindre cliché de Jacinthe, je l'aurais parié.

BERTRAND BERGERON

The Photo Album

TRANSLATED BY
SARAH SHEARD

It all happened in such a stupid way. To put it briefly, let's just say that Jacinthe didn't skimp on the wine and that I had barely gotten a grip on myself by the time we came to the liqueurs. As Charles and Sylvie stood up to leave, I took Charles aside and asked him if he would leave us the keys to their place as we wouldn't be driving back until the next morning. It was a good idea, I thought; I loved the cottage and Jacinthe seemed to like it well enough too.

At first, she couldn't understand why on earth we were staying while our hosts were leaving. Then, once we were on our own, things really started to turn sour. I was a filthy pig, apparently, full of myself, someone who decided everything without consulting anyone, particularly her, and I had decided that we wouldn't be leaving until the next day without even asking her opinion. After such a rebuff, seeing as I had started off with the best intentions, I dug in my heels, *fine, OK, if that's how it is, we're going back home and we're going right now.*

I switched off the lights, got into the car and after she'd gotten in, I started playing the heavy, like in the movies. Of course, this wasn't the best way of calming her down and opening up dialogue. She started using four-letter words, called me every name in the book, threatened to jump out of the moving car if I didn't let her take over the wheel. According to her, I was too drunk to drive, she didn't feel like landing head-first in a ditch, she'd do the driving! But... her driving, even without a drop, was a match for any daredevil. The discussion turned ugly. Finally, after a string of well-aimed insults, she ordered me to stop by the side of the road, saying she was going to get out immediately and that she wanted to know nothing more about either me or my life. I put my foot on the brakes, stopped the car, she opened the door, stepped out and slammed the door after her. As far as I was concerned, this was blackmail, unworthy of both of us. I pulled away like a whirlwind, leaving her in the middle of the night somewhere in the country, thirty kilometers away from town.

I won't even mention what I was thinking as I drove off. Serves her right! She shouldn't have provoked me! I couldn't believe her attitude!

As soon as I got home I went to bed and fell asleep at once. No, I regretted nothing. Sure, some funny dreams caught up with me during the night, but after all, they were only dreams.

The next morning I had a furious headache and my liver wasn't up to handling anything, not even tap water.

I certainly wasn't going to phone her, to find out God knows what had happened to her or not. Oh no! She had an attitude problem, let her bear the consequences. As far as I was concerned I'd get on as best I could with my dizziness and my liver.

Towards midday, I still couldn't drink a drop of water. I decided that a breath of fresh air would do me a lot of good. A breath of fresh air, not a walk. Walking was still something I wasn't strong enough for. I got in behind the wheel and started the car in a far more gingerly fashion than the night before but I had no intention of making a detour past the house maybe to see whether perhaps her door and windows were open, or other signs that might indicate she had returned. No sir. She said she was an adult, in her prime, fully capable, so let her fend for herself!

Leaving the city, soaking up the fresh air of a country road, any road, would suit me perfectly. But I didn't leave it to chance. Careful to avoid any premeditation I found myself on the road leading to the cottage.

The Photo Album

I drove slowly. Certainly I had no ulterior motive in looking along the side of the road, here and there. I let my eyes stray, conscious that on the morning after getting pissed, all sorts of guilty feelings come together to poke into the farthest corners of one's imagination. Finally I reached the cottage and my secret hope — that she'd taken the wise decision of turning back rather than facing the risk of a country road at night — crumbled.

But she was a grownup, had had all her shots and everything, tough luck for her!

I drove back into town, my eyes straying towards the ditch and my imagination conjuring up various catastrophes amid terrible feelings of remorse, so that as soon as I got to the outskirts of the city, I headed for the nearest public phone. To turn up at her place would have been to surrender too easily. But making just a detached phone call didn't seem to me unwise. The first time I tried, no one answered. Thinking that maybe unconsciously I'd dialed the wrong number on purpose, I tried again, as carefully as a kid who's just discovered how to phone. Same results.

I realized my mistake and told myself I was a weakling. Obviously she had guessed who was phoning her; her silence was part of a plan. Well, we'd see! I wasn't going to be had that easily.

I drove back to my place, nice and easy, to indulge in the beneficial effects of a glass of vegetable juice. The entire reviving ritual — the downing of the juice — took me barely ten minutes. After that, unable to bear it any longer, I went out, got into my car and drove over to her place.

Her door was shut, all her windows closed. I knocked. No answer. Since I had her key, I let myself in. She wasn't there; she wasn't hiding in a corner. I found her things lying about as she had left them the night before. She'd obviously not been back since.

It's difficult, at a time like that, to decide what to do. Seeking police assistance seemed to me a bit premature. What would I have said to them? And, what's more, if it were a trick on her part, I'd be guilty of having made the police run around for nothing.

There was still this other possibility: when things didn't work out, grown-up as she was, with her shots and everything, she was still likely to run off to mommy and daddy. It would be like her to draw me onto family territory just to humiliate me. I had to choose again: if I phoned, mother-in-law would answer; if I dropped by, father-in-law would answer the door. In either case, I had no idea what I'd say. But the daddy-in-law situation seemed less painful.

When I knocked, it was indeed father-in-law who appeared. But with a friendly smile that didn't fit with the scenario of a badly-treated daughter who stirs up a family junta for the purposes of war.

"We haven't seen her since you were both here, yesterday."

It was impossible to imagine that he was faking it. I made up some sort of excuse to get out of there as soon as possible but it certainly wasn't a beautiful piece of rhetoric.

Once back in the car I collapsed. The things she might have said to me were nothing compared to the ones I heaped on myself. Under these circumstances, the best thing was to go back home. But no. I went back to her place, I climbed the stairs up to the second floor. After knocking, I put the key into the lock: nothing happened. The key wouldn't turn. I thought I wasn't turning it the right way. I tried again. And that was when, through the half-drawn curtains, I noticed the kitchen furniture, somewhat of a mess, the dirty dishes on the counter. But nothing, not a thing, looked like her stuff. So: I'd simply come to the wrong house. I checked: no I was in the right place, no doubt about it. But the key wouldn't open the door. And the stuff I saw through the window, if only because of a matter of taste, could not have belonged to Jacinthe under any circumstances.

As nothing made sense any longer, I did the first thing that came to my mind. I went back to her parents' place. Only to find daddy-in-law again, his usual friendly tone, of course, but this time a daddy-in-law somewhat surprised. Because his eldest's name, he said, wasn't Jacinthe as I seemed to think, but Jacques, and Jacques was off at university and doing fine at his studies, *please believe me, young man* — that was how he spoke to me now — *young man*.

I must have appeared so obstinate that he felt obliged to take me over to the fireplace, where, over the mantel, in all its glory hung a family portrait, *my children, all my children*, he insisted, and the picture revealed not the slightest trace of Jacinthe.

I know what the next part is going to be. I'll go back home, I'll rush to the dresser, to the drawer where I keep all the treasures that

The Photo Album

are dear to me. And my photo album will have blanks compared to the images in my memory, missing pages or pages with no photos on them, not the smallest photo of Jacinthe. What do you want to bet?

GREG HOLLINGSHEAD

The Age of Reason

If Audrey Hains eats later than she's used to she gets a migraine, so this time Stan promised her eight o'clock absolutely and without fail. Meaning that as soon as Stan's wife Cynthia started in on the whole thing of figuring out what to wear, having a bath, putting pajamas on their son Shane, brushing Shane's teeth, getting Shane to choose a book, etc., etc., Stan right away tidied the rec room, ironed a shirt, got dressed, and drove over to pick up the baby-sitter, whose name was Harriet.

As he parked in front of Harriet's house Stan could see the back of her head in her parents' picture window. Two ponytails. She was watching T.V., all ready to go.

"Bye, Mumm-o," Harriet called to her mother as she came out to the step where Stan waited.

In his car Stan had *Graceland* on the tape deck, and he bet Harriet her mother would like it, if she didn't know it already. A few months ago Harriet had revealed that her mother, a large woman with a Swedish accent, loved the Nylons, and Stan had not been able to forget this. Harriet had never heard of *Graceland*, though she had seen Paul Simon once, on *The Muppet Show*. At Stan's place they sat in the back lane for a bit while she studied the picture of the medieval figure on the cassette cover. She thought it was neat. Stan told her it was from the Bayeux Tapestry.

A few minutes later, as he walked around waving his arms to get the movement-sensitive light over his back gate to come on, he thought, How do I know?

Inside it was twenty to eight and Cynthia was still reading to Shane. Stan got the intercom organized, found a paper bag for the wine, wrote down Charles and Audrey's number, and took Harriet in to say goodnight to Shane, who said "G'night" in a flat voice with his face turned to the wall. Then Harriet and Stan stood uncomfortably while Shane and Cynthia went into their final routine.

"First Mummy's going to finish putting on her make-up, and then she's going to go out for dinner with dad but not for too long, and then she'll come home and snuffle snuffle snuffle until she hears her sweetest little angel in the whole wide world saying *Mummy I'm cold* or *Mummy I had a bad dream* or *Mummy I'm wet* or *Mummy come and cuddle* or *Mummy I want to get up*..."

Shane put his arms around Cynthia's neck and whispered, "Mummy, if you can't go, please don't."

And Cynthia laughed and extricated herself. "But I can and I have to."

"I'm not worried too much," Shane said to the ceiling as Cynthia left the room.

"That's good, sweetie," she called from the bathroom.

"You don't have to worry at all, Shane," Stan said. "Mum and Dad'll be fine."

Shane worried constantly that his mother would break her leg falling down stairs or die in a car accident.

"We're just going to some people's for dinner, Shane," Stan said. "And then we'll come right back. OK? Goodnight."

Shane's answer was two grunts in a singsong. He'd turned away.

While Cynthia finished putting on her make-up Stan leaned against the kitchen counter with Harriet while she told him about Murderball. The boys at school play it in a space divided off by a portable wall. The girls will be sitting in French class and WHAM! the whole wall will bow in maybe three inches.

And that was it, Cynthia, who'd gone overboard on the perfume, was all ready to go, the usual instructions were said to Harriet, the usual goodbyes to Shane, the usual ardent *Goodbye*

Mummys by him, and they were out the door.

Everything was easier in the summer. Everybody was out of the city, so there wasn't even much traffic. The Hainses lived west of the escarpment in a split-level they'd picked up from a ruined architect. Stan and Cynthia got there at exactly seventeen minutes past the time Stan had promised and took another two minutes to admire the lawn, if that is the word for buffalo grass and roses.

Inside, the first thing that happened to Stan after he got his shoes off was a big hug from Charles that reminded him how little he knew the man. Stan had no idea how much pressure to return.

Audrey was a colleague of Stan's, and Charles was her husband, some kind of surgeon. For a long time Stan had had trouble identifying the feeling Audrey evoked in him, and then he'd realized it was fear. Nobody rattled him like Audrey. For example: As she steered him and Cynthia towards the living room, he noticed a book in his hand. He must have picked it up in the hall. What was he thinking of? He glanced back at Charles, whose expression seemed to indicate that he should feel free to look at the book, but maybe it didn't. The book was called *The Family Game*, and it appeared to be pop psychology.

The living room could have been a White Sale. Milk and silk. Stan recognized the look it was getting from Cynthia: Nice but D.I.N.K. right down the line. And then she was noticing the book in his hand.

"What's that?" she asked.

"That's mine," Audrey said.

Stan passed the book to Cynthia, who knew it from *Vogue*. As Stan's hand went out, he sincerely wished his wife wouldn't dye her hair copper.

To Audrey Cynthia said, "Why are you reading this?"

It must have been the way Cynthia came down on the *you* and the *this*, plus her and Stan's rich history of saying the wrong thing to the Hainses — like the time Charles said, "I suppose you people will think we're pretty bourgeois," and Stan replied, "No, really, it's nice for a change" — that caused Audrey to lean towards Cynthia with her fists on her knees and her teeth clenched and say,

"*Don't get me started.*"

She had to be joking, but there was something else, and

The Age of Reason

Cynthia dropped the book onto the sofa beside her in mock alarm.

Audrey settled a little in her chair and told them in a casual way that one of her graduate students had given her the book, and she supposed she should read it. Flicking a speck from her shoulder, she added that her mother had died last week, and she hadn't gone to the funeral.

Stan and Cynthia looked at her.

"Where did your mother live?" Stan tried, after a silence.

"It wasn't the drive."

Charles came in with a scarlet and blue lacquered tray in the shape of a parrot, containing four martinis.

Stan and Cynthia looked at the martinis.

"A few days ago," Audrey said, "my student told me I seemed distracted, so we talked, and the next day he gave me that book."

"Cheers," said Charles and raised his glass, somewhat grimly.

Neither Cynthia nor Stan had tasted a martini in at least ten years.

"Is your father alive?" Stan asked Audrey cautiously.

"I wouldn't have gone anyway."

"Come on, Aud'," Charles said. "It wasn't that easy at the..."

Charles's sentences broke off as long as he knew how they would end.

"We have retired friends," Audrey was saying with amazement. "Actual retired friends. I mean good friends."

"I know," Cynthia said. "Isn't it bizarre."

Stan looked at her and at Audrey.

"People my parents' age," Audrey said to Stan and then seemed to wait, as if he should say something.

"Actually." Charles cleared his throat. "Dave retired at fifty-seven."

"The point is —" Audrey was smoothing her skirt across her knees — "we spent the evening of the day with them. I talked about it, and that helped. I think they understood."

"Regna cried for both of you," Charles said.

"I don't think I know anything about your parents," Stan told Audrey.

"That's just as well, because I've never talked about them to you."

"Audrey's mother," Charles said and sighed.

"Charles, I don't want to talk about this. I really don't."

"I've got a psychologist friend," Stan said, coming forward to the edge of the sofa so that his pants went tight at the knees. "He says the ones he knows are going to be hard and take a long time and maybe never get anywhere at all are the ones who insist they had a happy childhood."

"A psychologist would say something like that," said Cynthia, who considered psychology a racket.

"My brother says our childhood was fine," Audrey said. "He doesn't insist at all."

"Your brother, Audrey," Charles said, "is not exactly an undefended character."

"I don't want to talk about my brother."

"These are unhappy people," Charles said, turning to Stan. He meant the ones who go to psychologists. "It doesn't say others don't have a perfectly... Who'd like a martini?"

"We've had *a* martini," Audrey said. "Why do gentlemen think they're supposed to pretend to have no memory?"

"The big question," Stan said, raising his voice so Charles could hear him from the kitchen, "is, do the people who don't have enormous, life-sized, unsolvable problems, who only worry about paying off the mortgage, or how the kids are doing at school, or if their wife still loves them because they sure still love her, do these people exist?"

"Get off it, Stan," Cynthia said.

Stan wondered why Cynthia was so hard on him in public when at home they got along pretty well.

"Once when I was five or six," Charles said, coming back with the drinks, "my father told me if I jumped off the ledge I was standing on, he'd catch me. So I jumped, and he didn't make a move. When I stopped crying, he said, 'Now you know. Never trust anybody.'"

"People only have to be themselves to be monsters," Cynthia said.

"And then there's transgression," Audrey said.

"There is," Stan agreed, a little too eagerly but this time remembering to tug his pants at the knees. "There's your basic egotism, more or less a wall, and then there's over-the-wall. The coordinates shift, nothing could be easier, you're you and you're not you, and it's great. Except of course to the —"

"Victim," Audrey said.

"Well, yes," Stan admitted. "Or the outside world, who may or may not lock you up. Whereas —" he did a big disclaiming shrug — "you were just being not-yourself!"

"What the hell are you talking about?" Cynthia asked him.

"People."

"People schmeople."

"He means once you put aside integrity," Audrey said, "the rest is a piece of cake."

"Didn't J.R. say that?" Stan said.

"Drink up, folks," Charles announced. "Time to choke down."

Charles was one of those surgeons who relax after a hard day in the operating theater by cooking a gourmet meal. He'd done a brilliant spinach and sweet pepper salad. He'd done salmon on the barbeque, a perfect Béarnaise, fresh chervil. Asparagus with pine nuts. Marinated potatoes. There was a good French wine, not the California plonk Stan and Cynthia had brought.

"I think the real question," Cynthia said, examining the piece of salmon on the end of her fork, "is how on earth did we make it? How did we get through at all?"

"Delusion," Stan said.

"I mean — shut up, Stan. What do I mean? I mean, we can relate, more or less."

"Less," Stan said.

"We're not —" Cynthia hesitated.

Charles looked at Audrey. "Cynthia's saying we're not like your brother."

"Make it, not make it," Stan said. "Who's to say, even in hindsight? Listen. Ever since I can remember, my mother told me my father was a nothing. All my childhood she'd fly into unpredictable rages."

"Your mother was destroyed by cortisone," Cynthia said.

"Did I know that at age four, five? All I learned was how to fly into unpredictable rages."

"You pity her."

"Sure, but it took me half my life to get that far. Meanwhile, already my son hates me."

"No he doesn't."

"And *your* father —" prompting.

"My father," Cynthia said, dropping her eyes and speaking deliberately, "had a rough time in the War. He used to think I was trying to poison him with my perfume. To this day I carry the mark of old Barry's insane conviction that his daughter was trying to poison him with her perfume." And Cynthia displayed the back of her hand: four little holes, from a table fork.

Stan looked at Charles.

"One night we arrived at the cottage with my father," Charles said, "and my mother's purse and shoes and dress and half a bottle of vodka were on the dock. She was underneath. She'd gone for a swim and hit her head, but we didn't know. My father put us to bed as if everything was fine. The next morning we stood at the window and watched them pull her out."

Cynthia's hand went to her face.

Stan turned to Audrey.

"My mother used to make me do things," she said.

"What kinds of things?" Stan asked.

"The point is not being loved or not loved," Audrey said, looking straight back at Stan. "Love takes too many forms. The point is, how much can you understand, when. What can you distinguish from what, when."

Audrey relaxed a little in her chair. "It's reason, in other words," she said. "What used to be called the god in the head."

"What kinds of things?" Stan said.

Audrey just looked at him. At first he thought her eyes were filling with tears, but it was not that.

"Don't answer him," Cynthia said.

Audrey had no intention of answering him.

Stan and Cynthia got back too early for Harriet, who was ten minutes from the end of their *Raising Arizona* tape. Harriet had already seen it sixteen times and didn't complain. Not that she would have. On the drive over to her place, she talked to Stan about Halloween.

She was planning to go door-to-door as Ed Broadbent.

On the way back from dropping off Harriet, Stan listened to *Graceland* turned up very loud.

Around one o'clock Stan and Cynthia were making love when Shane woke with a bad dream. Cynthia was tied to the bedposts, so Stan threw a dressing gown over what he was wearing and went instead. *You come, I'll go*, as the joke has it, but you'd think Stan was straight out of that dream. Shane cried louder, for his mother, so Stan had to go back and untie her.

GREG HOLLINGSHEAD

L'âge de raison

TRADUIT PAR
DANIEL GAGNON

Quand Audrey Hains dîne plus tard que de coutume, elle attrape une migraine, donc cette fois Stan a promis pour huit heures pile, sans faute. C'est-à-dire qu'aussitôt que Cynthia, l'épouse de Stan, eut pensé à ce qu'elle allait porter, qu'elle eut pris son bain, qu'elle eut enfilé le pyjama à leur fils Shane, brossé les dents de Shane, fait choisir un livre à Shane, etc. Stan a rangé la salle de jeux, repassé une chemise, s'est habillé, puis s'est rendu cueillir la gardienne, qui s'appelait Harriet.

    Comme il se garait devant la maison de Harriet, Stan put lui voir le derrière de tête dans la fenêtre panoramique de ses parents. Deux queues de cheval. Elle regardait la télé, tout fin prête.

    «Bye, Mamie», lança Harriet à sa mère en rejoignant Stan sur le seuil de la porte.

    Dans sa voiture, Stan mit la cassette de *Graceland* et il paria avec Harriet que sa mère aimerait l'entendre, si elle ne la connaissait pas déjà. Quelques mois auparavant, Harriet avait révélé que sa mère, une grosse madame à l'accent suédois, aimait les Nylons, et Stan n'avait pas pu oublier cela. Harriet n'avait jamais entendu parler de *Graceland*, bien qu'elle ait pu voir Paul Simon déjà dans *The Muppet Show*. Chez Stan, dans la ruelle, ils restèrent assis un moment à examiner le tableau du portrait médiéval illustrant la cassette. Elle trouvait que c'était élégant. Stan lui dit que c'était reproduit de la Tapisserie de Bayeux.

Quelques minutes plus tard, comme il marchait en agitant les bras pour faire réagir la lumière sensible aux mouvements installée dans sa porte arrière, il pensa en entrant: qu'est-ce que j'en sais?

À l'intérieur, il était huit heures moins vingt et Cynthia faisait encore la lecture à Shane. Stan mit l'interphone en fonction, trouva un sac de papier pour le vin, écrivit le numéro de téléphone de Charles et Audrey et amena Harriet dire bonne nuit à Shane, qui répondit «B'nuit» d'une voix éteinte et en regardant le mur. Puis Harriet et Stan restèrent debout mal à leur aise pendant que Shane et Cynthia achevaient leur numéro.

«D'abord maman va finir de se maquiller, et puis elle va aller dîner avec papa, mais pas trop longtemps, et après elle va revenir à la maison et elle va pleurer, pleurer, pleurer jusqu'à ce qu'elle entende son plus-doux-petit-ange-du-monde-entier lui dire: *Mamou, j'ai froid* ou *Mamou j'ai fait un mauvais rêve* ou *Mamou je suis tout mouillé* ou *Mamou viens me caresser* ou *Mamou je veux me lever...*»

Shane mit ses bras autour du cou de Cynthia et lui chuchota: «Mamou, si tu ne peux pas y aller, s'il te plaît n'y va pas.»

Et Cynthia rit et se dégagea. «Mais je peux et je dois y aller.»

«Je m'en fais trop», dit Shane en s'adressant au plafond quand Cynthia sortit de la chambre.

«C'est bien, mon tout doux», lança-t-elle de la salle de bains.

«Tu n'as pas à t'en faire du tout, Shane», dit Stan. «Mam et pa seront très bien.»

Shane craignait constamment que sa mère ne se casse une jambe dans l'escalier ou meure dans un accident d'auto.

«Nous allons dîner chez des gens, c'est tout, Shane, dit Stan. Et après, nous reviendrons tout de suite. D'accord? Bonne nuit.»

Shane poussa deux grognements d'une voix traînante. Il se retourna.

Pendant que Cynthia finissait de se maquiller, Stan s'appuya au comptoir de cuisine près d'Harriet qui lui parla du *Murderball*. Les garçons à l'école le jouent dans un espace séparé par un mur amovible. Les filles seront assises dans la classe de français et VLAN! le mur bandera de trois pouces.

Et voilà, ça y était, Cynthia, tout enthousiasmée par son parfum, était prête à partir; les recommandations habituelles furent données à Harriet, ainsi que les au revoir habituels à Shane, ainsi que les habituels et ardents «Au revoir Mamou» de sa part, puis ils furent dehors.

Tout était plus facile l'été. Tout le monde était à l'extérieur de la ville, de sorte qu'il n'y avait pas tant de circulation. Les Hains vivaient à l'ouest de l'escarpement dans une maison à deux étages, repêchée d'un architecte ruiné. Stan et Cynthia arrivèrent exactement dix-sept minutes après l'heure promise par Stan et ils prirent deux minutes supplémentaires pour admirer la pelouse, si on peut appeler pelouse de l'herbe à bison et des roses.

À l'intérieur, la première chose qui advint à Stan, après qu'il eut enlevé ses chaussures, fut la formidable étreinte de Charles, ce qui lui rappela combien peu il connaissait l'homme. Stan ne sut trop avec quelle force lui répondre.

Audrey était une collègue de Stan, et Charles était son mari, une sorte de chirurgien. Longtemps Stan avait eu du mal à identifier le sentiment qu'Audrey suscitait en lui, et puis il prit conscience que c'était la peur. Personne ne le secouait comme Audrey. Par exemple: alors qu'elle les conduisait lui et Cynthia vers la salle de séjour, il s'aperçut qu'il tenait un livre dans sa main. Il avait dû le prendre dans le vestibule. Qu'en pensait-il? Il jeta un coup d'œil derrière vers Charles qui le suivait dans la salle de séjour. L'expression de Charles semblait indiquer qu'il devait se sentir libre de jeter un coup d'œil sur le livre, mais peut-être n'était-ce pas cela. Le livre s'intitulait *The Family Game* et il se trouva que c'était de la psychologie pop.

La salle de séjour aurait pu être le lieu d'une vente de blanc au rabais. Lait et soie. Stan s'en rendit compte au coup d'œil qu'y jeta Cynthia. Beau, mais tout à fait gentillet. Et puis elle remarqua le livre qu'il avait à la main.

«Qu'est-ce que c'est?» demanda-t-elle.

«C'est à moi», dit Audrey.

Stan passa le livre à Cynthia, qui en avait entendu parler dans *Vogue*. Comme Stan lui tendait le livre, il se dit sincèrement qu'il aurait préféré qu'elle ne se teigne pas les cheveux couleur cuivre.

Cynthia demanda à Audrey: «Pourquoi lis-tu ça?»

C'est peut-être la façon dont Cynthia prononça le tu et le ça, en plus de leur passé chargé de malentendus avec les Hains — comme au temps où Charles disait: «Je suppose que vous êtes de ces gens qui allez penser que nous sommes de beaux petits bourgeois» et Stan avait répliqué: «Non, vraiment, il n'y a pas de quoi, ça fait changement» — qui amena Audrey à se pencher vers Cynthia, les poings sur les genoux et les dents serrées:

«*Ne me faites pas recommencer.*»

Elle devait blaguer, mais il y avait autre chose, et Cynthia laissa tomber le livre près d'elle sur le sofa en prenant un air effarouché.

Audrey se réinstalla dans sa chaise et leur dit avec désinvolture que ce livre lui avait été donné par un de ses étudiants de maîtrise, et elle avait cru bon de le lire. Chassant une poussière de son épaule, elle ajouta que sa mère venait de mourir la semaine dernière et qu'elle ne s'était pas rendue aux funérailles.

Stan et Cynthia la regardèrent.

«Où vivait ta mère?» risqua Stan, après un silence.

«Ce n'était pas par là.»

Charles arriva avec un plateau laqué écarlate et bleu, en forme de perroquet, sur lequel il y avait quatre martinis.

Stan et Cynthia examinèrent les martinis.

«Il y a quelques jours, dit Audrey, mon étudiant m'a dit que je semblais distraite, alors nous avons parlé, puis le jour suivant il m'a donné ce livre.»

«À la vôtre!» dit Charles et il leva son verre, quelque peu mécontent.

Ni Cynthia ni Stan n'avaient goûté à un martini depuis au moins dix ans.

«Est-ce que ton père est vivant?» demanda prudemment Stan à Audrey.

«Je n'y serais pas allée de toute façon.»

«Allons, Aud', dit Charles, ce n'était pas si simple au...»

Les phrases de Charles se cassaient net dès l'instant qu'il savait comment elles se termineraient.

«Nous avons des amis retraités, dit Audrey avec stupéfaction, de vrais amis retraités. Je veux dire de bons amis.»

«Je sais, dit Cynthia, n'est-ce pas bizarre?»

Stan les regarda elle et Cynthia.

«Des gens de l'âge de mes parents, dit Audrey à Stan et puis elle sembla attendre, comme s'il devait dire quelque chose.»

«Effectivement, dit Charles en s'éclaircissant la voix, Dave s'est retiré à cinquante-sept ans.»

«Le fait est que — Audrey lissait sa jupe sur ses genoux — nous avons passé la soirée, ce jour-là, avec eux. J'en ai parlé, et cela a aidé. Je crois qu'ils ont compris.»

«Regna a pleuré pour vous deux», dit Charles.

«Je ne crois pas que je connaisse quoi que ce soit de vos parents», dit Stan à Audrey.

«Ce n'est pas étonnant du tout, parce que je ne vous ai jamais parlé d'eux.»

«La mère d'Audrey...», dit Charles qui soupira.

«Charles, je ne veux pas parler de ça. Je ne veux vraiment pas.»

«J'ai un ami psychologue, dit Stan s'avançant au bord du sofa de telle sorte que son pantalon se serra sur ses genoux, il dit que ceux qui seront difficiles et qui traîneront, et qui peut-être n'iront nulle part, ce sont ceux qui insistent pour dire qu'ils ont eu une enfance heureuse.»

«Un psychologue dirait quelque chose du genre», dit Cynthia qui tenait la psychologie pour de l'escroquerie.

«Mon frère dit que notre enfance fut belle, dit Audrey. Il n'insiste pas du tout.»

«Ton frère, Audrey, dit Charles, n'est pas un personnage tout à fait au-dessus de tout soupçon.»

«Je ne veux pas parler de mon frère.»

«Ce sont des gens malheureux», dit Charles se tournant vers Stan. Il voulait parler de ceux qui allaient chez les psychologues... «Cela ne veut pas dire que les autres se portent à merveille. Vous prendriez un martini?»

«Nous avons eu *un* martini, dit Audrey. Pourquoi messieurs pensez-vous devoir prétendre n'avoir aucune mémoire?»

«La question importante, dit Stan, élevant la voix afin que Charles puisse l'entendre de la cuisine, c'est: est-ce que les gens qui n'ont pas d'énormes et d'insolubles problèmes grandeur nature, qui ne s'inquiètent que de rembourser l'hypothèque ou de savoir comment réussissent les enfants à l'école, de savoir si leur femme les aime toujours parce qu'eux sont certains de l'aimer toujours, est-ce que ces gens existent?»

L'âge de raison

«Parlons d'autre chose, Stan», dit Cynthia.

Stan se demanda pourquoi Cynthia était si dure avec lui en public alors qu'à la maison ils s'entendaient assez bien.

«Une fois, quand j'avais cinq ou six ans, dit Charles en revenant avec les apéritifs, mon père m'a dit que si je sautais de la corniche, il m'attraperait. Alors j'ai sauté, et il n'a pas fait un geste. Quand j'eus fini de pleurer, il m'a dit: "Maintenant, tu sais. Ne te fie à personne."»

«Les gens n'ont qu'à être eux-mêmes pour être des monstres», dit Cynthia.

«Et alors c'est la transgression», dit Audrey.

«Il y a, convint Stan, avec un peu trop d'empressement et tirant son pantalon sur ses genoux, il y a votre égotisme fondamental, plus ou moins un mur, et puis il y a au-delà du mur. Les coordonnées changent, rien ne saurait être plus facile, vous êtes vous et vous n'êtes pas vous, et c'est merveilleux. Sauf bien sûr pour la...»

«Victime», dit Audrey.

«Bien oui, admit Stan, ou le monde extérieur, qui peut ou ne peut pas vous enfermer. Alors que... il haussa les épaules pour bien marquer la négation... tu n'étais tout simplement pas toi-même!»

«De quoi diable êtes-vous en train de parler?» lui demanda Cynthia.

«Des gens.»

«Des gens gnan-gnan.»

«Il veut dire qu'une fois que tu as mis de côté l'intégrité, dit Audrey, le reste est un morceau de gâteau.»

«Est-ce que J.R. a dit cela?» dit Stan.

«Vidons nos verres, les amis, dit Charles. C'est le moment de ralentir.»

Charles était de ces chirurgiens qui se détendent après une dure journée à la salle d'opération en cuisinant un repas de gourmet. Il fit une brillante salade aux épinards et aux piments doux. Il fit un saumon sur le barbecue, une béarnaise parfaite, du cerfeuil frais. Des asperges aux pommes de pin. Des pommes de terre marinées. Il y avait un bon vin français, pas le gros rouge californien que Stan et Cynthia avaient apporté.

«Je crois que la vraie question, dit Cynthia en examinant le morceau de saumon au bout de sa fourchette, est comment sur la terre on a pu faire? Comment on a pu passer à travers tout cela?»

«Illusion», dit Stan.

«Je veux dire...tais-toi, Stan...Qu'est-ce que je veux dire? Je veux dire, nous pouvons avoir des relations, plus ou moins.»

«Moins», dit Stan.

«Nous ne sommes pas...», hésita Cynthia.

Charles regarda Audrey. «Cynthia est en train de dire que nous ne sommes pas comme ton frère.»

«Faites-le ou ne le faites pas, dit Stan. Qui peut le dire, même en y réfléchissant. Écoutez. Aussi loin que je peux me souvenir, ma mère me disait que mon père était une nullité. Toute mon enfance elle s'est mise dans de violentes et imprévisibles colères.»

«Ta mère a été détruite par la cortisone», dit Cynthia.

«Est-ce que je savais cela à l'âge de quatre, cinq ans? Tout ce que j'ai appris a été de me mettre, moi aussi, dans de violentes et imprévisibles colères.»

«Tu la prends en pitié.»

«Bien sûr, mais cela m'a pris la moitié de ma vie pour arriver jusque-là. En attendant, mon fils me déteste déjà.»

«Non, pas du tout.»

«Et *ton* père...» souffla-t-il.

«Mon père, dit Cynthia, baissant les yeux et parlant tout exprès, a vécu de durs moments pendant la guerre. Il pensait que je voulais l'empoisonner avec mon parfum. Je porte encore aujourd'hui la marque de la folle conviction du vieux Barry que sa fille cherchait à l'empoisonner avec son parfum.» Et Cynthia exhiba la cicatrice de quatre petits trous de fourchette au dos de sa main.

Stan regarda Charles.

«Une nuit nous sommes arrivés au chalet avec mon père, dit Charles, et le sac à main de ma mère, ses souliers, sa robe et une demi-bouteille de vodka étaient sur le quai. Elle, elle était en dessous. Elle avait voulu se baigner et elle s'était heurté la tête, mais nous n'en avions rien su. Mon père nous avait mis au lit comme si tout allait pour le mieux. Le lendemain matin, nous nous tenions à la fenêtre et les regardions la sortir de l'eau.»

Cynthia porta sa main à son visage.

L'âge de raison

Stan se tourna vers Audrey.

«Ma mère avait l'habitude de me faire faire des choses», dit-elle.

«Quel genre de choses?»

«La question n'est pas d'être aimé ou pas aimé, dit Audrey, regardant Stan tout droit derrière elle, l'amour prend plusieurs formes. La question est jusqu'à quel point tu peux comprendre, et quand. Ce que tu peux distinguer de quoi, et quand.»

Audrey se détendit un peu dans sa chaise. «C'est la Raison, si l'on veut, dit-elle. Ce qu'on a coutume d'appeler le Dieu intérieur.»

«Quel genre de choses?» dit Stan.

Audrey ne fit que le regarder. En premier, il crut qu'elle avait les yeux pleins de larmes, mais ce n'était pas cela.

«Ne lui réponds pas», dit Cynthia.

Audrey n'avait pas l'intention de lui répondre.

Stan et Cynthia revinrent trop tôt pour Harriet, qui en était à dix minutes de la fin de leur bande vidéo *Raising Arizona*. Harriet l'avait déjà vue seize fois et ne s'en était pas plainte. Ce n'est pas qu'elle aurait dû s'en plaindre. Sur la route du retour vers chez elle, elle parla à Stan de l'Halloween. Elle projetait de faire du porte à porte comme Ed Broadbent.

En revenant, après avoir laissé Harriet, Stan écouta *Graceland* le volume presque au maximum.

Aux environs d'une heure du matin, Stan et Cynthia faisaient l'amour quand Shane fut réveillé par un mauvais rêve. Cynthia était attachée aux colonnes du lit, alors Stan enfila une robe de chambre par-dessus ce qu'il portait et y alla à sa place. Tu viens, j'y vais, comme l'histoire le dit, mais, pensez-vous, Stan était tout à fait en dehors de ce rêve. Shane appela si fort sa mère que Stan dut revenir sur ses pas pour la détacher.

YVES LACROIX

L'œuvre du samedi

POUR ANDRE CARPENTIER

Athos ne sortait déjà plus à cette époque, bloqué dans son trois pièces par les quatre volées d'un escalier trop raide. Une gamine du voisinage lui apportait son lait, lui montait son journal tous les matins. J'allais prendre chez lui mon apéritif du samedi, j'aurais voulu n'y jamais manquer. Je vérifiais auparavant qu'il était seul. Il disait *Attends! je baisse la radio.* J'offrais de lui apporter son pain ou sa viande, j'achetais pour lui une bouteille de gin, une autre de vermouth pour nos martinis. Je savais qu'il gardait pour moi une bouteille de vodka, un alcool que j'étais seul à boire parmi les mousquetaires. Il offrait chaque fois de m'en servir mais je restais fidèle à notre cocktail.

Je m'installais dans le fauteuil qui berce et nous causions. J'entends par là qu'il m'écoutait. J'exposais la chronique départementale, il voulait tout savoir, les démangeaisons de tout un chacun, les distractions d'Aramis qu'une nouvelle passion déchirait. Je décrivais mes désarrois, à n'en plus finir, j'oubliais de vérifier s'il avait bien dormi de son côté ou si ses jambes avaient désenflé.

Pendant des mois, au plus sombre de ma quarantaine, il m'avait tenu à bout de bras avec une patience et une discrétion que je ne remarquais pas. Il a fallu des années pour que, le calme revenu, j'éprouve pour lui une curiosité, pose une première question,

L'œuvre du samedi

entende une réponse plutôt sobre.

Je m'étais trompé sur sa force, imaginant pour ma convenance que sa façon d'être debout, les jambes bien écartées, affichait son assurance. Si ces gens trop grands s'abandonnent à quelque fragilité parfois c'est en écartant davantage leurs pieds pour abaisser leur corps à la portée du vôtre. Je l'ai compris trop tard. Je parle bien sûr de ces hommes capables de remonter le lac Majeur, depuis Stresa jusqu'à Brissago, à la rame un soir d'orage, leur femme enceinte au fond de la barque. Je parle d'un homme capable de perdre dans un incendie sa bibliothèque et son manuscrit sur le châtiment des Danaïdes puis sans se plaindre commencer d'écrire sur la parole.

Chez lui je m'installais dans le fauteuil qui berce et il me parlait de son enfance à Trois-Rivières, quand son père pour le punir refusait de lui parler pendant tout un mois. Il évoquait la compagne qui l'avait quitté pour d'autres hommes. Il me nommait ses filles qu'il ne fréquentait plus. Elles encaissaient leur pension sans jamais se plaindre, ne l'informaient de rien. Elles venaient ensemble pour Noël et son anniversaire, lui apportaient du vin, des cravates et des boutons de manchette.

J'ai toujours compris trop tard ce qu'il s'empêchait de me dire. Par exemple au sujet de sa fille Anne depuis la naissance. Sa femme était enceinte quand il apprit que l'université de Francfort l'invitait à poursuivre chez eux son étude de la Grèce antique. Une bourse d'une année. Et sa femme avait insisté pour qu'il parte. Elle s'installerait chez sa mère, ses frères s'occuperaient d'elle. Alors il a commis cette faute de n'avoir pas été là. Il n'a jamais dit que cette absence l'avait à ce point privé de sa fille qu'il n'avait pas réussi à rompre ensuite le privilège maternel autour de l'enfant.

Écarté de l'affection jusqu'à douter de sa paternité.

Il n'a jamais dit qu'il agaçait la famille de son épouse, quand il imitait Pépino, Capucine et Monsieur Brun pour les plus jeunes de la tribu, quand il leur donnait sa magistrale interprétation du Méchant Boris. À Saint-Lambert les dimanches après-midi, qu'on le trouvait donc provincial et dérisoire! plus près des enfants que des grandes personnes! Il ne m'a jamais dit la tendresse qu'il éprouvait pour la douce et silencieuse épouse du seul beau-frère qui lui soit resté fidèle.

Je m'installais dans le fauteuil qui berce et nous écoutions de la musique, un air qu'il avait enregistré de la radio, l'ensemble ou un extrait de l'Opéra du samedi. Il ordonnait de me taire et de ne pas bouger pendant qu'il nous préparait un martini, un glaçon pour lui deux glaçons pour moi. Il fallait me recueillir, disait-il, avant d'écouter un air qu'il avait piraté cette semaine-là. Un vieil enregistrement des années cinquante d'une soprano nommée Cerquetti. Il me résumait l'intrigue de *Norma* et Anita Cerquetti chantait *Casta Diva*. Il n'avait jamais rien entendu de semblable. *Elle est folle* disait-il *ça ne m'était jamais venu à l'esprit. Elle sait déjà dans cette scène, elle sait déjà qu'elle a perdu son amant, inconsciemment peut-être, avant même les confidences de sa rivale.*

Je ne connais rien à l'opéra mais j'entendais bien la voix s'élever jusqu'au lieu d'un cri qu'elle retenait, retenait, avant de glisser dans une maîtrise absolue jusqu'à la prière rituelle, jusqu'à s'enfoncer et se perdre dans la douceur du personnage. Athos réembobinait et nous recommencions notre écoute. Il refusait de me traduire le livret. *Écoute avec ton corps. C'est la musique qu'il faut entendre.* Nous recommençions la semaine suivante.

S'il fallait me mettre en analyse, vois-tu, je dirais à mon thérapeute: Écoutez d'abord cela!

Quand je me lève pour quitter, il me remet des paquets de livres, parmi lesquels j'en trouve que j'ai offerts et qu'il me rend après les avoir lus. Il me donne ceux que je souhaite emprunter, je ne suis pas sans le savoir quand je demande de consulter son exemplaire de *L'Ombilic et la Voix*.

Il me donne les opéras sur lesquels je l'ai consulté, un jour ou l'autre des dix dernières années, *L'Elisir d'amore* par exemple après une lecture de Fruttero et Lucentini, ou alors *I puritani* pour avoir décrit la grande finale de *Fitzcarraldo*, mais d'abord *Mosé in Egitto*, que j'arrête d'en parler et que je commence enfin ma recherche sur *Massimilla Doni*.

Un jour je repars avec l'intégrale des sonates pour violon et piano de Beethoven, l'interprétation de Kempff et de Menuhin. Les cinq cassettes. Il a effacé celles de Perlman et d'Ashkenazy, à cause du violoniste qui larmoie, dit-il, à la limite du supportable dans l'adagio de la cinquième.

Je sais qu'il en donne à d'autres. À Maria-Paule, je sais. Il

L'œuvre du samedi

donne ses disques. Toute la musique qu'il a sur cassettes. Il se réserve les *Cantates* de Bach, il les écoute une à une, il y passe des semaines, il se les met en tête puis les efface. Il réserve les bandes vierges pour ses filles.

Un jour, me dit qu'il a trouvé une lettre dans son courrier. Parmi les circulaires, la seule qu'il ait reçue cette année-là. Dans une enveloppe sans adresse. Un hommage bouleversant, dit-il, d'un voisin qui l'avait vu nu, un soir qu'il avait négligé de tirer le rideau. Quelqu'un l'avait surveillé, qui lui déclarait maintenant son désir. Un inconnu qui donnait presque son adresse tellement étaient décrites avec précision les circonstances. Je lui envie ces avances qu'on ne me fait jamais, ces histoires que je ne sais pas inventer. Nous imaginons l'être seul et démuni qui raconte à son voisin sa pauvre sexualité. Parce qu'il a constaté, à force d'observer, il a bien vu que son vis-à-vis dormait seul et ne sortait jamais. Il propose de traverser la cour et de le rejoindre, un soir que l'autre voudra bien lui indiquer. Mon ami me dit qu'il est flatté et je propose de transcrire la lettre pour mon édification.

Je me berce en face de lui et nos verres sont posés sur un guéridon entre nous. Mon fauteuil dérive sur le tapis et les patins bousculent les livres de plus en plus rares contre la plinthe. Je me soulève et à petits pas retrouve ma place au centre de la pièce. C'est une berçante que lui a prêtée sa sœur de Vancouver et il déclare que ce meuble devrait m'échoir, il a demandé qu'on me laisse l'emporter.

Il arrive que nous parlions peu, parce que d'autres téléphonent. Aramis parfois, Maria-Paule le plus souvent qui sonne à ce moment-là. Il arrive que je me lève sans faire de bruit et me retire en lui signifiant par geste de ne pas interrompre sa conversation.

Un samedi de juillet 1983, je préviens que je serai occupé la semaine suivante. Les Malenfant s'installent chez moi pour la fin de semaine, un collègue d'autrefois, un compagnon de brasserie, et Fabienne sa compagne. Il nous invite tous les deux mais je dis *Tu connais Marcel, son horaire est forcément coulé dans le béton.*

En rentrant avec mes invités, le vendredi suivant, je trouve dans mon courrier une enveloppe qui m'est adressée. Je reconnais la calligraphie d'Athos et son encre verte. Mais la feuille que j'y trouve est couverte d'une écriture étrangère, maladroite et pâle, tracée par un stylo à bille.

cher ami inconnu, je suis un gars de 20 ans, et jaimerais te connaitre. jetais sur la dernière galerie en face de ta chambre juste a coté de la grosse lumière qui éclaire la court. je regardais dehors un peu partout aveque des longue vue et je tais vue en petite culote noir et plus tard toute nue et je dois te dire que je suis au deux. une fois jai eu une aventure aveque un homme et jai aimé sa. jaimerais te connaitre. je voudrais que tu me repondre et si possible gentilment sans gros mots et sans rencune peu importe si oui ou non. écrit ton no d'app et fais accrocher la lettre dans le pare-brise de ton auto jirais la cherche vers 6:00 A.M.

Puis je lis à l'encre verte, tout au bas de la page:
Amitiés à toi et à Malenfant et à Fabienne la si bien nommée Labonté.
Il a signé.
Le 14 Bastille 1983.

Je propose à Marcel de prendre l'apéro chez Athos le lendemain après-midi. Je dis *Permets que j'aille seul si tu préfères ne pas bouger.* Il aurait suffi d'une heure. Mais leur gamine fut malade le lendemain, il n'a pas été possible de nous éloigner.

Il y a huit ans maintenant. J'ai mis beaucoup de temps pour soupçonner à peine d'où me venait la mélancolie qui s'empare de moi, le samedi après-midi, entre mon domicile et le magasin de la Société des alcools, alors que résonnent dans ma voiture les voix du Metropolitan.

On donne aujourd'hui *La Forza del destino*. André Turp est l'invité de Radio-Canada. Il demande qu'on écoute à l'entracte un enregistrement d'Anita Cerquetti. Il décrit son immensité, son immobilité sur la scène et sa majesté. Son aisance sur trois octaves. Disque Historical Recording Enterprises HRE 303-1. Elle chante *Pace, pace, mio Dio*. Avec autant de force que de chagrin.

YVES LACROIX

Metropolitan Opera

FOR ANDRE CARPENTIER

TRANSLATED BY
GEORGE BOWERING
(with the asssistance of Will Trump)

By that time Athos hardly ever left his apartment, remaining trapped in his three rooms by four flights of very steep stairs. A little girl from the neighborhood brought him his milk and carried up his newspaper every morning. Every week I would take my Saturday apértif at his place, I wouldn't have wanted to miss it. I would always check ahead of time to make sure he was alone. He would say *Wait! I'll turn down the radio.* I offered to bring him up his meat or bread, I would buy a bottle of gin and a bottle of vermouth for our martinis. I knew that he kept a bottle of vodka for me, the only one of the musketeers who drank the stuff. Every week he would offer me a vodka but I stayed faithful to our usual cocktail.

I always made myself comfortable in the lazy boy rocker when we talked. That way I could tell he was listening to me. I'd recite the Departmental news, he wanted to hear everything, everyone's latest obsessions, the silliness of Aramis, who was being torn apart by a new passion. I described my own troubles, and sometimes I would go on and on and forget to ask whether he himself had slept well or if the swelling in his legs had gone down.

For a few months, at the darkest depth of my forties, he held me at arm's length with a patience and discretion that I didn't even notice. It has taken years, but calm having returned, I felt a curiosity about him, to ask a first question and receive a sober answer.

I was mistaken about his strength, imagining for my own convenience that his way of standing with his legs apart indicated his self-assurance. Sometimes people who seem to be so powerful are really resigning themselves to some weakness we don't know about, and if they stand with their legs apart it is in order to lower themselves to our level. I have understood that too late. Of course I'm talking, for instance, about one of those men who can row a boat through a storm the length of Lago Maggiore, from Stresa to Brissago, his pregnant girlfriend in the back of the boat. I'm talking about a man who can lose his library in a fire along with his manuscript on the punishment of the Danaïdes and then without a word of complaint simply sit down and start writing it again from memory.

At his place I installed myself in the lazy boy rocker while he told me about his childhood in Three Rivers, when his father would punish him by refusing to talk to him for a month. He talked about the woman who left him for other men. He told me about his daughters whom he no longer saw. They banked the checks he sent them without ever complaining, but they never told him any of their news. They came together for Christmas and his birthday, bringing wine, neckties, and cufflinks.

I have always understood too late what he refrained from telling me. For example on the subject of him and his daughter Anne and her birth. His wife was pregnant when the University of Frankfurt invited him to come there and pursue his study of ancient Greece. A year's scholarship. And his wife insisted that he go. She took herself to her mother's house, where her brothers would look after her. So he committed the error of not being there. He has never actually said that this absence deprived him of his daughter in the sense that he could not break through the maternal privilege.

Exiled from affection to the point of doubting his paternity.

He has never said that he proved an irritation to his wife's family, when he imitated Pépino, Capucine, and Mr Brun for the youngest members of the tribe, when he gave them his magisterial impression of Méchant Boris. In Saint Lambert on Sunday afternoons, that they would find him so provincial and ridiculous! Closer to the children than the grownups! He has never told me of the affection that he felt for the sweet and silent wife of the only brother-in-law who remained friends with him.

I installed myself in the lazy boy rocker and we listened to music, a piece on the radio, a symphony or a bit of the Metropolitan Opera. He instructed me to keep quiet and not to budge while he prepared martinis, one ice cube for him and two for me. I needed a little pick-me-up, he said, so I could properly listen to an item he had taped off the radio that week. An old recording from the fifties of a soprano named Cerquetti. He ran through the plot of *Norma* and then Anita Cerquetti sang *Casta Diva*. He had never heard anything like it. *She is mad*, he said, *That had never occurred to me. She already knows, in this scene she already knows that she has lost her lover, unconsciously maybe, even before the confidences of her rival.*

I don't know anything about opera but what I heard was a voice rising to the pitch of a cry that she held, held, before letting it slide in absolute mastery up to ritual prayer, then to plunge and lose itself in the sweetness of her character. Athos rewound the tape and we continued our listening. He refused to translate the libretto for me. *Listen with your whole body. It is the music that matters.* We would do it again the following week.

If I had to undergo analysis, you know, I would tell my therapist: First of all listen to this!

When I get up to go he gives me a bundle of books, among which I find some that I had given to him and he is now returning. Also some that I wanted to borrow from him. He knew that I want to look at his copy of *The Navel and the Voice*.

He gives me tapes of operas on which I have consulted him one time or the other over the past ten years. *L'elisir d'amore*, for example, after a reading of Fruttero and Lucentini, or *I puritani* after I described the grand finale of *Fitzcarraldo*, but most important *Mosé in Egitto*, after which I stop talking and finally start my research on *Massimilla Doni*.

One day I leave with the complete sonatas for violin by Beethoven, the version by Kempff and Menuhin. Five cassettes. He erased the ones by Perlman and Ashkenazy, because the violinist weeps to the limit of the bearable, he says, in the adagio of the Fifth.

I know that he also gives his music to other people. Maria-Paule, for example. He gives away all his records. All the stuff he has on cassettes. For himself he keeps the Bach *Cantatas*. He listens to them one by one. So he passes the weeks. He gets them into his head and then he erases the tapes. He keeps the virgin cassettes for his daughters.

One day he tells me that he has found a letter with his mail. Among all the circulars, the only letter he has received in a year. In an envelope without an address. A letter of overwhelming praise, he says, from a neighbor who has apparently seen him naked one night when he forgot to pull the curtain. Someone has looked him over, and is now declaring his desire. A mysterious stranger who almost gave away his address because of the circumstances described with such precision. I envy him these advances that no one ever makes to me, these stories that I don't even know how to invent. We imagine the human creature alone and deprived, describing for his neighbor his poor sexuality. He has noticed, by means of having a look, that the person behind his opposite window sleeps alone and never goes out. He suggests crossing the courtyard and meeting him, any night he might choose. My friend tells me that he is flattered, and I propose transcribing the letter for my own edification.

I rock myself in the rocker across from him, our martini glasses on a little table between us. My lazy boy drifts across the carpet and the runners scrabble the few remaining books against the baseboard. I get up and with a lot of little steps regain my place in the center of the room. This is a chair that was loaned to him by his sister in Vancouver but he says that it ought to go to me, he has asked that I be allowed to take it away.

It began to happen that we didn't talk much because other people kept telephoning. Aramis sometimes, most often Maria-Paule, who's ringing at this moment. I get up without making a sound and take my leave, signalling with a gesture that he shouldn't interrupt his conversation.

One Saturday in July of 1983, I knew that I would be busy the following week. The Malenfants were staying at my place for the weekend, he being a former colleague, a drinking buddy, and Fabienne his wife. Athos invited us all over but I said *You know Marcel, his timetable is cast in concrete.*

On coming home with my guests the following Friday, I find

among my mail an envelope addressed to me. I recognize the handwriting of Athos and his green ink. But the paper that I find inside is covered with a stranger's writing, awkward and faint, traced with a ballpoint pen.

> *dear unknown friend, i am a 20 year old guy. and i wood like to know you. i was on the last balcony across from your room right beside the big lamp that lights up the quart yard. i looked around everywhere for a good loung time and i seen you in your little black underpants and latter all bare naked and i have got to tell you that i am what they call AC/DC. one time i have had an adventure whith a man and i just loved it. i would love to know you. i would like for you to give me an answer and if posible make it nice with no big words and no angry. it doesnt matter yes or no. write your apt. number and stick the leter under the wind shield wiper of your car will look for it around 6:00 A.M.*

Then I read in green ink, at the very bottom of the page:

> *Greetings to you and Malenfant and to Fabienne the very well-named Labonté.*

He signed it.

July 14 Bastille Day 1983.

I suggest to Marcel that we have a drink at Athos's place the next afternoon. I say *Allow me to go alone if you prefer not to budge*. It would only take about an hour. But their kid was sick the next day, so it wasn't possible to get away.

That's eight years ago now. For a long time I have hardly suspected where I get that melancholy feeling on Saturday afternoons, between my place and the liquor store, while the voices of the Metropolitan Opera resonate inside my car.

Today they're doing *La forza del destino*. André Turp is the guest of Radio-Canada. During the intermission he asks us to listen to a recording of Anita Cerquetti. He describes for us her immensity, her immobility on the stage, and her majesty. Her effortless range through three octaves. On Historical Recording Enterprises HRE 303-1. She sings *Pace, pace mio Dio*. With as much power as sorrow.

MARGARET ATWOOD

Bearfeet

It is a long time ago and everything is very far. Sunset is an immeasurable way from dawn, for instance, and there is a great expanse between June and September. Words have immense pauses between them and are embedded in vast silences. The beach is an endless distance from the city, from any city; and, from where we live, the beach itself goes on and on, in both directions, towards a lighthouse to the left, shimmering like a white mirage in the noon heat, and, to the right, disappearing around a point, a point too far to walk to. The Lake itself, the biggest Lake — there is no word for how big it is. Across from the lighthouse, on the other side, there's a thin line of green shore that peters out to nothing. A huge nothing of water. Steamships materialize out of it, or are drawn inexorably into it, leaving a faint stain of smoke on the enormous blue sky.

Despite all these distances, these gaps, things are connected. What connects them is the bears. The bears own the dark spaces between sun and sun, the bears own the shoreline and the forest behind it. You can tell by their tracks, their trails that they punctuate with ripped-open stumps, with blueberry-studded shit. They own the patches of rippling weed under the water, the places where your feet get tangled. They own the silences between the words, and they have a language of their own in which they say wiser and simpler things than are possible in our language. They know everything that goes on, and they can read your mind. They are remote, seldom glimpsed in fact, but they are benevolent.

We have to believe this.

It's summer; it's August. There are three cottages here, among the trees, back enough from the shore so that the rolling breakers raised by the winter storms will not destroy them. In these cottages live the mothers, one in each, and also the children: one, two in the middle, one. The fathers are intermittent, and come on weekends. None of the mothers has a gun.

It's a bad summer for bears. This is what the fathers say, when they say anything. There are fields and fields of blueberries, inland, where the trees have all been cut down. The bears come to eat the blueberries. They grow fat and make more bears. This is why there are so many.

The mothers serve the dinners, and tell the fathers not to frighten the children. But we are not frightened. We like the unseen bears, love them even. We want to see them: we stay up at night, after the kerosene lamps have been blown out, pressing our noses to the screens that cover the windows, peering out. The night snuffles in our ears, hairy and warm.

The children have been given (no: have begged for, have demanded and have been granted) some cream cheese and grape jelly sandwiches, wrapped in wax paper, and some carrot sticks. We are walking out to the lighthouse, where we will eat this lunch. We have a milk bottle full of warm lemonade, one for the four of us. We have been given tin cups, which we will not use.

We are forbidden to sit near the lighthouse, because poison ivy grows around it. We can't go swimming there either because it's deep and there's a current, and we can't go into the woods. Thomas, known to us as Tom, is in charge of all these prohibitions, because he's the oldest, almost eleven, and is considered responsible. He is the one who carries the milk bottle. (The bears, like sex, have not been mentioned.)

We set off in single file, in the order in which we live: Tom first, then the twins, Beatrice and Peter, who, to nobody's surprise, are nicknamed Beet and Pete; and then Wayne, who has no nickname, bringing up the rear, the most dangerous position, he says, the one most open to attack. Wayne wears a canvas hat, which has been imposed on him by his mother. Each of us carries a stick: we use our sticks to mark our trails or to scrawl our initials in the wet sand. The dry sand is too hot to walk on in bare feet. Behind us, a mother is roasting herself in the sun, spread out on a towel and wearing a large straw hat and sunglasses, keeping an eye on us.

The mother is Wayne's. It's a wonder that Wayne has been allowed to go at all — frequently he is forbidden. We are told he is too tired, although he shows no signs of fatigue: in fact he has more energy than a barrelful of monkeys, or that's what the other two mothers are in the habit of saying when Wayne's mother is not there. Is there something wrong with him, some secret illness or weakness or moral flaw? It's too hard to find out, though we have tried. "Is Wayne sick?" we say, when he can't go, can't play, can't swim, can't stay out after supper, must have an afternoon rest. "No," say the mothers (the other two mothers, who do not have hats and sunglasses, who do not lie on the beach.) But they look disapproving. Why? Has he done something bad? Or is their disapproval for his mother, for her nervousness and solicitude? The answers are concealed somewhere in the silences between the words. Bear territory.

We walk along the sand, which lengthens before us and behind us. When we turn to look, the mother is a blob, then a pebble, then a dot. Even her indigo glass eyes can't see us now. Wayne takes off his hat, and his red hair jumps up like fire.

Now we come to a questionable place. It's a gash cut into the forest, a wide canal going back and back. It's full of brown water, which seeps into the Lake over a bar of sand. It's supposed to drain the swamp. (What swamp? Why do swamps need to be drained? We don't know.) On either side of it are treeless borders, where the weeds have grown up thickly, taller than our heads. Jewelweed, Joe Pyeweed, Queen Anne's Lace. Wayne hits at the edges of the weeds with his stick. We have a drink of lemonade, out of the bottle; it runs down our chins, and we wade into the Lake and splash our sugary faces. Beet squats in the water to pee, right through her sunsuit, which is easier than doing it among the trees; also less risky.

The boys pee on the sand, aiming at ants.

In a place like this — a place that rustles, a place that undulates — it is just as well to take precautions. On a flat rock we sacrifice to the bears: a quarter of a sandwich each. That makes one whole sandwich, and is generous enough, we hope. The bears wait until we have started again, on our way to the lighthouse. We turn several times, hoping to catch them at it, but they are reading our minds as usual and do not appear.

The lighthouse wavers in the heat; the whole beach wavers. We stride along it, in the shade now up by the treeline, where the beach grass grows in raspy clumps, wishing we had brought our shoes. "This is close enough," says Tom, and we sit down on a hot log and eat our sandwiches, dropping crumbs for the ants. Wayne wants to go on, all the way to the poisonous lighthouse, but he is vetoed.

On the way back we look for our sandwich quarters. They are gone! We weren't expecting this really, not so soon; and look, there, vanishing into the weeds, a darkness, a furry shadow! It really was, a bear!

It was Wayne who saw it first, and waved his arms and yelled. Then the twins, they are almost certain. Tom is not sure. "Maybe," he says. He looks for tracks. Wayne points to the broken stems of the weeds. "You did that, before," says Tom. "Didn't," says Wayne. "Did," says Tom. "Don't fight," says Beet. "You keep out of it," says Pete. "Have it your own way," says Tom, "if you want to lie." Wayne scowls. "Just because you didn't see it yourself," he says. He pushes his stick into the sand and leaves it there, a flag with no flag on it.

We drink the rest of the lemonade; we feel dizzy. It can't be the sun, the sun we were warned about. It must be something else. There's a smell coming off the brown water, a rank smell, a smell of decay. Wayne puts on his hat again. When we get close to the cottages we see all three mothers on the beach, in their bathing suits and rubber caps, going for their dip, and two of the fathers as well, each with a beer. It's Friday. Wayne breaks into a run, galloping towards them, screaming with excitement.

"We saw a bear! We saw a bear!" he yells. Tom runs after him.

"No, we didn't," he says, catching up. He is worried now,

almost frantic in his denial, yelling too. This is unusual. "He's making it up," Tom insists. The fathers bend their heads down, listening. "Now you've done it," says Tom to Wayne, as the fathers smile and walk away.

"You took your hat off," says Wayne's mother. "Don't think I didn't see."

"Done what, done what?" says Beet.

"Shut up," says Tom, and goes home alone, dragging his stick behind him like a dejected tail.

The third father comes back too, preceded by the noise of his car engine, and the three fathers gather, talk, separate. From somewhere their rifles emerge. That evening they put on their long trousers and long-sleeved shirts and go off together in a clump.

Now it is clear, the extent of Wayne's betrayal. That night, even after the fathers come back with nothing, with no blood on their hands, we sit in our beds, in the dark, noses pressed to the screen, praying. We are not praying to God but to the bears. In the night there is snuffling, fur-covered breathing, the pulsing of their hearts: if we could only get our hands out through the screens we would be able to touch them. "Get out of here," we think at them silently. They can read our minds, they will hear.

The next weekend, the fathers — who have taken to carting their rifles around with them in their cars, just in case — really do shoot a bear. Or one of them does. Wayne's father. It was nowhere near the place where Wayne saw it, but bears can travel fast. The other fathers help to tie it onto a car, to unload it, right beside Wayne's cottage. "I certainly hope you're not going to leave that thing there," says Wayne's mother.

Wayne stands looking at it, where it lolls like a dusty, bloated rug on the sandy ground. It doesn't look dead. Its teeth are showing. Something like a thick tear is in the corner of its small currant-colored eye.

Wayne pokes it with his toe. "It's not the same one," he says. "He used his twenty-two. He got it in three shots."

"Is too," says Tom. "Now see what happened, because you told."

"You didn't even see it, so how do you know?" says Wayne.

"You said there wasn't one."

"I was just saying that," says Tom. "I knew you'd tell."

"Are you going to eat it?" says Pete.

Beet feels like crying, but she knows she will be scorned if she does. There are flies crawling around the shaggy face. Its nose is like a dog's, only dry. Probably it was trying to get away. Probably it had time to warn the others.

Wayne's father comes out and kneels beside the bear. He has a knife. He is going to skin it. He hauls it over on to its back. We stare, fascinated. Wayne's father makes a zipper-like slit up its belly, then along each leg. He peels the fur back. Underneath, a body comes to light — a white body almost like a man's. The torso, and then the arms and legs. The head however remains that of a bear.

"I don't think he should watch," Wayne's mother says, coming out of the cottage in her pink shorts. The smell of frying bacon follows her out. "He'll have nightmares. Come in here, Wayne."

"Can't I have the feet?" Wayne says.

His father asks him why he wants them. Wayne says he is going to hollow them out and make them into bedroom slippers, for himself. He intends to leave the claws on. The rest of us can see the possibility of this at once, and are overcome with jealousy. If only it had been our own fathers who had shot the bear!

But sitting alone at night, in our beds, with the lamps blown out and the smells of the forest, the smell of wind and pine needles and oak leaves coming in through the screens, we repent, and are sorry for the bear. Anyway, we know it is not anything so banal as bedroom slippers that Wayne really wants. What he wants cannot be proposed, can scarcely be described. He wants to put on the feet of the bear and walk in them. He wants to make bear footprints in the sand, footprints with long clawmarks attached to them. He wants the fur to spread from them up his legs, over his entire body. He wants to be able to smell what the bears smell, to know what the bears know. He wants to own the night, like them, and the spaces between the words. He wants to be wise.

Naturally, he is not allowed, although he begs and pleads and argues, and even snivels — we saw, we were spying — his mother says it is the most preposterous idea she has ever heard in her life and tells him not to be so silly, and his father says it wouldn't turn out the way he thinks, the feet would shrivel up and stink, he'd just be disappointed.

    And so he is forced to grow into his bearhood slowly, like the rest of us.

MARGARET ATWOOD

Peau d'ours

TRADUIT PAR
MONIQUE PROULX

Il y a longtemps de cela, et tout est très loin. Le crépuscule, par exemple, se trouve à une incommensurable distance de l'aube, et une éternité sépare juin de septembre. Les mots sont isolés par d'immenses pauses, et encastrés dans de vastes silences. La plage est infiniment éloignée de la ville, de toutes les villes; là où nous habitons, la plage elle-même se perd de chaque côté de nous, vacillant à gauche vers le phare, comme un mirage blanc dans la chaleur du jour, s'évanouissant à droite autour d'un point minuscule, un point inaccessible. Le lac lui-même, le plus grand lac... — il n'y a pas de mots pour dire à quel point il est grand. De l'autre côté du phare, la ligne verte du rivage s'amenuise jusqu'à disparaître, jusqu'à devenir néant. Un immense néant d'eau. Les bateaux émergent parfois de ce néant, ou s'y engloutissent inexorablement, laissant dans l'énorme ciel bleu une pâle traînée de fumée.

Malgré toutes ces distances, ces béances, les choses restent liées. Ce sont les ours qui lient les choses. Les ours occupent les territoires obscurs entre le soleil et le soleil, les ours occupent la ligne du rivage et la forêt, derrière. Leurs traces et leurs pistes sont là, évidentes, jonchées de souches éventrées, de fientes piquetées de bleuets. Les ours occupent les zones d'herbes ondoyantes, sous l'eau, là où nos pieds restent coincés. Ils occupent les silences entre les mots, et ils ont leur propre langage, dans lequel ils disent des choses plus simples et plus sages que nous, dans notre langage. Ils savent tout ce qui se passe, et ils peuvent lire dans nos pensées. Ils se cachent loin des regards la plupart du temps, mais ils sont bienveillants.

C'est ainsi que nous voyons les ours.

C'est l'été, le mois d'août. Il y a trois chalets ici, parmi les arbres, construits suffisamment loin du rivage pour éviter d'être broyés par les brisants, lors des tempêtes d'hiver. Les mères et les enfants vivent dans ces chalets. Il y a une mère par chalet, et un enfant à gauche, deux enfants au milieu, un enfant à droite. Les pères sont intermittents, et ne viennent que les fins de semaine. Les mères n'ont pas d'arme à feu.

C'est un mauvais été, un été à ours. C'est du moins ce que disent les pères, quand ils disent quelque chose. Plein de champs de bleuets s'étalent à l'intérieur des terres, là où les arbres ont été coupés. Les ours viennent manger les bleuets. Ils engraissent et font d'autres ours. C'est la raison pour laquelle ils sont si nombreux.

Les mères servent les repas et disent aux pères de cesser d'effrayer les enfants. Mais nous ne sommes pas effrayés. Nous ne détestons pas les ours, nous les aimons, bien au contraire. Nous voulons les voir: nous demeurons éveillés la nuit, une fois les lampes à kérosène éteintes, le nez pressé contre les moustiquaires qui couvrent les fenêtres, reluquant dehors. La nuit souffle dans nos oreilles, velue et tiède.

On a donné aux enfants (non: on a concédé aux enfants, après qu'ils eurent supplié et exigé) du fromage à la crème et des sandwiches à la gelée de raisins enveloppés dans du papier ciré, ainsi que des bâtonnets de carottes. Nous marchons en direction du phare, là où nous prendrons ce goûter. Nous avons une bouteille de lait remplie de limonade tiède, une pour nous quatre. On nous a aussi donné des verres d'étain, que nous n'utiliserons pas.

Nous n'avons pas le droit de nous asseoir près du phare, parce qu'il y a de l'herbe à puce. Nous ne pouvons pas non plus nager devant le phare, parce que c'est profond et qu'il y a du courant, et nous ne pouvons pas aller dans les bois. Thomas, que nous appelons Tom, est chargé de faire respecter ces interdits, parce qu'il est le plus vieux — il a onze ans —, et donc vraisemblablement le plus responsable. C'est lui qui transporte la bouteille de lait. (Les ours, comme le sexe, n'ont pas été mentionnés dans les interdits.)

Nous nous mettons en route à la file indienne, dans l'ordre où nous vivons: Tom en premier, suivi des jumeaux Beatrice et Peter — surnommés, de façon prévisible, Beet et Pete; Wayne ferme la marche — la position la plus périlleuse, dit-il, la plus vulnérable aux attaques. Wayne porte un chapeau de toile, une contrainte imposée par sa mère. Nous avons tous un bâton, dont nous nous servons pour marquer nos pistes ou griffonner nos initiales dans le sable mouillé. Le sable sec est trop chaud pour qu'on puisse y marcher pieds nus. Derrière nous, une mère se fait rôtir au soleil, étendue sur une serviette, la tête surmontée d'un chapeau de paille et chevauchée de lunettes fumées: elle nous suit des yeux.

Cette mère est celle de Wayne. C'est déjà un miracle qu'on ait permis à Wayne de venir avec nous — très souvent, on le lui interdit. On nous dit qu'il est trop fatigué, alors qu'il ne montre aucun signe de fatigue: en fait, il est grouillant comme un singe, c'est du moins ce que les deux autres mères ont l'habitude de dire lorsque la mère de Wayne n'est pas là. Qu'a-t-il? Est-il affligé de quelque maladie secrète, de quelque faiblesse, de quelque tare morale?... Nous ne sommes pas parvenus à le savoir, même après de multiples tentatives. «Wayne est-il malade?» demandons-nous, lorsqu'il ne peut pas venir avec nous, ne peut pas jouer, ne peut pas nager, ne peut pas rester dehors après le souper, doit faire un somme en plein milieu de l'après-midi. «Non», disent les mères (les deux autres mères, celles qui ne portent pas de chapeau et de lunettes fumées, celles qui ne s'étendent pas sur la plage). Mais elles affichent un air désapprobateur. Pourquoi? A-t-il fait quelque chose de mal? Cette désapprobation s'adresse-t-elle à sa mère, à la nervosité, la trop grande sollicitude de sa mère? Les réponses se terrent quelque part dans les silences entre les mots. Sur le territoire des ours.

Nous marchons le long du sable, qui s'étend devant et derrière nous. Lorsque nous nous retournons, la mère n'est plus qu'une tache, qu'un galet, qu'un point. Même ses yeux de verre indigo ne

Peau d'ours

peuvent plus nous voir. Wayne enlève son chapeau, et ses cheveux se hérissent comme des flammes.

Nous arrivons maintenant à un endroit énigmatique. C'est une entaille dans la forêt, un canal profond qui s'enfonce loin derrière. Il est rempli d'eau brune, qui s'infiltre dans le lac par-dessus un banc de sable. Ce canal, nous dit-on, sert à assécher le marécage. (Quel marécage? Pourquoi les marécages ont-ils besoin d'être asséchés? Nous ne le savons pas.) Il n'y a pas d'arbres sur les rivages du canal, mais des herbes touffues, qui montent plus haut que nos têtes. Pains de crapaud, joncs des jardiniers, joncs des chaisiers. Wayne frappe la cime des herbes à l'aide de son bâton. Nous buvons à même la bouteille une gorgée de limonade, qui nous dégouline sur le menton; nous nous immergeons dans l'eau et éclaboussons nos visages sucrés. Beet s'accroupit dans l'eau pour uriner, directement à travers son maillot de bain, ce qui est plus facile que d'uriner parmi les arbres — moins risqué, aussi. Les garçons urinent sur le sable, en prenant pour cibles les fourmis.

Dans un endroit comme celui-là — un endroit qui bruit, un endroit qui ondule — il est préférable de prendre des précautions. Sur un rocher plat, nous sacrifions aux ours un quartier de sandwich chacun. Cela fait un sandwich complet: nous espérons que l'offrande est suffisamment généreuse. Les ours attendent que nous nous éloignions en direction du phare. Nous nous retournons souvent, dans l'espoir de les surprendre, mais ils lisent dans nos pensées, comme d'habitude, et ils ne se montrent pas.

Le phare vacille dans la chaleur; toute la plage vacille. Nous nous hâtons de la traverser, jusqu'à la bordure ombragée des arbres, où les plantes sont ramassées en masses rugueuses; nous regrettons de ne pas avoir apporté nos souliers. «On est suffisamment près, maintenant», dit Tom; nous nous asseyons sur un tronc d'arbre et mangeons nos sandwiches, en abandonnant des miettes aux fourmis. Wayne veut continuer jusqu'au phare vénéneux, mais nous lui opposons un veto sans appel.

Sur le chemin du retour, nous cherchons nos quartiers de sandwiches. Ils n'y sont plus! Nous ne nous attendions pas vraiment à ça, pas aussi rapidement. Et que voyons-nous, là, s'évanouissant parmi les herbes?... Une masse indistincte, sombre et velue! C'en est un, c'est un ours!...

Wayne, criant et agitant les bras, l'a vu le premier. Ensuite les jumeaux, qui en sont du moins presque convaincus. Tom est plus sceptique. «Peut-être», dit-il. Il cherche des pistes. Wayne montre les tiges brisées des herbes. «C'est toi qui as fait ça tout à l'heure», dit Tom. «Non», dit Wayne. «Oui», dit Tom. «Ne vous chicanez pas», dit Beet. «Ne te mêle pas de ça», dit Pete. «Comme tu voudras», dit Tom, «si ça te tente de mentir».

Wayne prend un air renfrogné. «Tout ça parce que tu ne l'as pas vu toi-même», dit-il. Il plante son bâton dans le sable et le laisse là, comme un drapeau sans bannière.

Nous buvons le reste de la limonade; nous nous sentons étourdis. Ça ne peut pas être le soleil, le soleil contre lequel nous sommes déjà prévenus. Il faut que ce soit quelque chose d'autre. Il y a une odeur qui s'échappe de l'eau brune, une odeur fétide, de décomposition. Wayne remet son chapeau. Lorsque nous approchons des chalets, nous voyons les trois mères sur la plage, dans leurs maillots et leurs casques de caoutchouc, sur le point de se baigner, ainsi que deux des pères, avec chacun une bière à la main. C'est aujourd'hui vendredi. Wayne se met à galoper vers eux, en vociférant d'excitation.

«On a vu un ours! On a vu un ours!» crie-t-il. Tom se lance à sa poursuite.

«Non», dit-il en le rattrapant, «ce n'est pas vrai». Il est inquiet, maintenant, il nie presque frénétiquement, en criant lui aussi, ce qui est inhabituel. «Il invente ça», insiste Tom. Les pères écoutent avec attention, en inclinant la tête. «Regarde ce que tu viens de faire», dit Tom à Wayne, tandis que les pères s'éloignent en souriant.

«Tu as enlevé ton chapeau», dit la mère de Wayne. «Ne crois pas que je ne t'ai pas vu.»

«Qu'est-ce qu'il vient de faire? Qu'est-ce qu'il vient de faire?» dit Beet.

«La ferme», dit Tom, et il rentre seul à la maison, laissant traîner derrière lui son bâton, comme une queue désenchantée.

Le troisième père rentre à son tour, précédé par le ronronnement du moteur de sa voiture, et les trois pères se réunissent, discutent, se séparent. Leurs fusils émergent soudain de nulle part.

Dans la soirée, ils enfilent leurs pantalons et leurs chemises à manches longues, et ils disparaissent ensemble.

Maintenant, la gravité de la trahison de Wayne est devenue évidente. Cette nuit-là, même après que les pères sont revenus bredouilles, sans taches de sang sur les mains, nous nous asseyons dans nos lits, dans l'obscurité, le nez pressé contre les moustiquaires, et nous prions. Nous ne prions pas Dieu, nous prions les ours. Dans la nuit, nous percevons des reniflements, des souffles duveteux, la pulsation de leurs cœurs: si seulement nos mains pouvaient traverser les moustiquaires, nous parviendrions à les toucher. «Enfuyez-vous», leur disons-nous silencieusement. Ils peuvent lire dans nos pensées, ils nous entendront.

La fin de semaine suivante, les pères — qui avaient machinalement emporté avec eux leurs fusils dans la voiture — abattent un ours. Ou plutôt, l'un d'eux abat un ours. Le père de Wayne. L'ours ne se trouvait pas du tout à l'endroit où Wayne l'a aperçu, mais les ours, il est vrai, peuvent se déplacer très vite. Les autres pères aident à attacher l'ours sur la voiture, puis à le déposer près du chalet de Wayne. «J'espère que tu n'as pas l'intention de laisser ÇA ici», dit la mère de Wayne.

Wayne considère fixement l'ours, allongé sur le sol sablonneux comme un tapis bouffi et poussiéreux. Il semble encore vivant. On lui voit les dents. On dirait qu'une larme épaisse s'est solidifiée dans le coin de son œil, qui est petit et d'un brun quelconque.

Wayne le tâte du pied. «Ce n'est pas le même», dit-il. «Il a été tué en trois coups, avec la 22.»

«C'est le même», dit Tom. «Regarde ce qui est arrivé, par ta faute.»

«Tu ne l'as même pas vu, comment peux-tu dire ça?» dit Wayne. «Tu disais qu'il n'y en avait pas.»

«Je disais ça comme ça», dit Tom. «Je savais que tu t'ouvrirais la trappe.»

«Allez-vous le manger?» dit Pete.

Beet a envie de pleurer, mais elle sait que les larmes ne lui attireront que du mépris.

Les mouches bourdonnent autour de la tête hirsute de l'ours. Son nez ressemble à celui d'un chien, en plus sec. Sans doute a-t-il été surpris en train de s'enfuir. Sans doute a-t-il eu le temps de prévenir les autres.

Le père de Wayne sort du chalet et s'agenouille à côté de l'ours. Il a un couteau à la main. Il se prépare à l'écorcher. Il le renverse complètement sur le dos. Nous observons, fascinés. Le père de Wayne dessine une incision en forme de fermeture éclair sur le ventre, puis le long de chacune des pattes. Sous la fourrure, qu'il repousse, apparaît soudain un corps — un corps blanc, presque semblable à celui d'un homme. Le torse, puis les bras, et les jambes. La tête, cependant, demeure celle d'un ours.

«Il ne devrait pas regarder ça», dit la mère de Wayne, qui vient de sortir du chalet, vêtue d'un short rose et enveloppée de relents de bacon frit. «Il va faire des cauchemars. Rentre ici tout de suite, Wayne.»

«Est-ce que je peux avoir les pattes?» dit Wayne.

Son père lui demande pourquoi. Wayne dit qu'il veut les vider et s'en faire des pantoufles. Il a l'intention de conserver les griffes. Nous trois, nous saisissons instantanément les possibilités inouïes qu'offrent ces pattes d'ours, et la jalousie nous submerge. Si seulement l'ours avait été abattu par notre père à nous!

Mais lorsque nous nous retrouvons seuls, la nuit, assis dans nos lits avec les lampes soufflées et les odeurs de la forêt, avec les effluves du vent, des aiguilles de pin et des feuilles de chêne qui s'infiltrent à travers les moustiquaires, nous nous repentons, nous demandons pardon aux ours. Nous savons cependant que ce que Wayne veut vraiment, ce ne sont pas de banales pantoufles. Ce qu'il veut vraiment ne se propose pas, se décrit à peine. Il veut enfiler les pattes de l'ours et marcher. Il veut laisser des empreintes d'ours dans le sable, des empreintes prolongées par de longues griffes. Il veut que la fourrure de l'ours s'étende de ses pieds jusqu'à ses jambes, et gagne tout son corps. Il veut être capable de sentir ce que les ours sentent, de savoir ce que les ours savent. Il veut occuper le territoire de la nuit, comme eux, et les espaces entre les mots. Il veut être sage.

Bien sûr, on ne le lui permet pas. Il a beau supplier, plaider, argumenter et même pleurnicher — nous l'avons vu, nous l'avons épié —, sa mère dit qu'il s'agit là de l'idée la plus farfelue qu'il lui ait jamais été donné d'entendre et de cesser de se montrer ridicule, et son père dit que les choses ne se passeraient pas du tout comme il l'espère, les pattes sûrement se mettraient à rétrécir et à empester et ne lui causeraient à la fin que du désappointement.

Et ainsi, il est contraint de n'entrer dans sa peau d'ours que lentement, peu à peu, comme nous.

JEAN PIERRE GIRARD

Quelque part...rire

> *Just don't argue any more*
> Suzanne Vega, *Luka*

De temps en temps. N'importe quand. Caprice. Jusqu'à son quatre et demie. Grimper. Vérifier nos présences. Toujours, parler, chicaner, rire. Quelque part, oui, rire, avant que de loin en loin le savoir qui pleure, ici ou sur l'autre rive.

* * *

Il ne m'attend pas, bien qu'il soit là pour ça, pour moi, évidemment, et je puis demeurer sans importance grâce à ce qui n'existe pas. (Ne pas me demander de lui expliquer ceci.)

Quant au reste, il pourrait baisser les bras, jurer que la ferveur s'effrite, soupirer qu'il a déjà tant donné, alléguer qu'il ne saurait plus conserver l'erre d'aller, avouer qu'il chercherait longtemps la patience et le courage de remettre ça, craindre d'à nouveau, dans le réduit, les dénicher, admettre qu'une fois à cette tâche enferrée, nul ne se libère tout à fait, ne s'échappe pour le compte. Et puis, se douter de l'imminence de cette autre quête, dans les ronces, de l'inutilité de la défiance ou de la fuite, de notre funeste et décisive impuissance. Et enfin, apprécier pour ce qu'elle persiste à être ma condition à moi, près de lui — simple pause, si je veux, quand je veux, autant de fois que nous le désirons.

Tout ça, il pourrait. C'est certain. Question d'humanité. (Ou de faiblesse? Peut-être, mais il ne saurait dire.) Sauf que dès après, ou dans le même souffle, il pourrait reconnaître ignorer. Certes, il pourrait dire qu'il ne saurait dire, et assumer qu'on ne peut rien pour l'autre, sinon ramasser les lambeaux, quand on s'arrête et que des lambeaux gisent, comme par hasard, sous les doigts tordus de nos pieds. Alors, je consentirais, acquiescerais, pardonnerais, tirerais leçon, m'émouvrais de tant de certitude et d'incertitude, louerais la franchise, compatirais — sans doute, oui, avant l'aube, je trouverais le moyen de compatir —, s'il osait dire. (Je tenterais je ne sais quoi, aboierais, tendrais l'épaule, claquerais la porte, au besoin. Trinquerais bien sûr, avant et après la porte.) Je saurais, par la suite, me satisfaire de ce que je saurais tu.

Mais voilà: importance de savoir taire, de savoir qu'on tait, d'avoir quelque chose à taire, de croire nos silences entendus. Ses silences à lui sont pour demain, je pense, et moi je suis de la horde de ceux, sans doute, qui n'entendent pas, n'ont pas assez entendu, écouté. Longue, longue haleine. Si longue.

Apprêter des moules; consacrer sa vie à l'apprentissage et n'en pouvoir transmettre qu'une fraction; renoncer à l'enseigner à quiconque; renoncer à chercher la façon de dire; juste laisser des repères, sur le comptoir, que l'autre puisse apprendre seul, reconstruire à son tour, s'il y pense, s'il le désire, s'il n'est pas ailleurs, à débroussailler lui-même un sentier dont il ne pourra transmettre le parcours. Puis, longtemps après, remarquer les ustensiles sur la table de cuisine, les boulets issus des canons de l'autre, les évidences, les balises, qui nous rappellent que sur les rives de la Seine, au bout du monde, l'autre désormais se donne.

L'ubac de la connaissance — même prétendue, même fausse, même feinte, parfois —, c'est l'oubli, ou alors la tolérance, l'indulgence, le refus et la mort, oui, la mort, c'est évident, mais surtout l'oubli.

Se taire et avaler sa route dans l'indifférence ou sous les quolibets. Dont les nôtres.

* * *

Il était ma pause à moi et s'il le fallait je l'aimais en mots, quoiqu'il y croyait déjà trop. Qu'opposer au verbe par lequel mon pote jurait, jurera? Rien. Rien de rien. Et faire mine de rien. Me précipiter en entier, à ses côtés, dans le rien, qu'au moins il m'y trouve.

Pas pour la pause que je voulais, même pas pour la pause que j'espérais, me taisais, babillais, persisterai à vouloir, à espérer, à me taire. Même pas pour lui. Toujours pour le lieu que j'espérerai et peinerai. Pour ce qui pourrait quand même apparaître certains soirs, entre lui et moi, plus tard. Tout tenter pour se rejoindre cette nuit afin que demain puisse librement naître derrière nous.

Et puis, pour l'amitié aussi, bien sûr, il faut le dire, l'amitié, qui déblaie la piste, permet l'envol. L'amitié. Impossible sans le flanc offert, inutile sans le flanc ouvert. L'amitié. Celle de laquelle on serait apaisé de croire que tout est dit, qu'il s'agit de trouver une autre manière, la nôtre, ou qu'il y aura toujours l'avion, voyons, pas si loin que ça, l'Europe…

Dans le cul. Non mais dans le cul.

Impérieux geste à commettre alors que l'autre gravite à proximité. Ne pas se figurer que demain, la même orbite sera disponible. Accepter la mort et la naissance pour ce qu'elles assassinent. Projeter les mains sur l'asphalte noir, tout de suite, au-delà de ce qu'on supporte d'apprendre sur l'amour et l'amitié, par-delà la violence de ces connaissances. Oui: lancer immédiatement les mains dans l'espace, pour risquer de les joindre maintenant, loin au-dessus de nos têtes, dans ce lieu clair, infiniment plus élevé qu'elles.

Agir, en outre, avant que la douleur ne s'estompe. Toucher la garce en vol pour au moins témoigner de son passage.

Et croire. À en cisailler les mots qui s'infiltrent dans les interstices du vrai monde, mauvais ciment entre les épidermes, carton-pâte où s'empêtrent les âmes, croire.

Et nommer. Nommer ce qui gigote encore sur le tarmac. Saisir chacun des mots et serrer. Dans le tordeur, le mot, jusqu'à son terme. Les tuer tous. Couvrir ses paumes de cals pour la furtive naissance qui fera battre une nuit durant, au terme d'un jour dit. N'importe quel jour dit. Quand le caprice de vérifier s'éploiera de nouveau dans toute sa langueur, aussi pressant qu'à l'instant comblé, aussi futile qu'à jamais latent. Empoigner son propre torse à deux mains, de part et d'autre de la béance que l'autre y laisse, et écarter nos lèvres en tendant fort les bras. Ne pas hésiter à périr une centième fois d'un caprice, comme d'une centième injection d'encre dans le cœur, en pensant que les mots, pour un court moment, signifient encore. Ne surtout pas hésiter.

* * *

Il y avait lui et moi, quelque part dans le temps qu'on riait, et personne n'avait le droit de se douter de l'insupportable insignifiance de nos nécessités. Personne, surtout pas ceux que nous serons. Surtout pas lui. Car il devait partir, nous déchirer, il devait, pour un peu plus avant pousser cette carcasse. Pour voir. Pour rien. Pour revenir.

* * *

Regard, en terminant, sur le caractère ignoble des mots assemblés pour tromper la douleur. De loin, on pourra croire qu'ils parviennent à la circonscrire ou l'atténuer, on sera tenté de s'appuyer sur eux ou sur ce que d'autres auront pu arracher aux ténèbres grâce à eux, mais il n'en est rien; il n'en sera jamais ainsi. Leurre. L'encre est noire.

On croira avoir su dire, mais une fois la plaie bien étalée sur une feuille morte, une fois l'histoire larguée dans la cour, il restera les nuits, la barre dans le ventre, le vide, la réalité d'une absence qui plaque au mur. Une fois le nuage tissé serré (assez pour y flotter un moment, assez pour jeter au visage du monde l'illusion qu'on s'en tire), une fois les bons mots choisis et alignés (assez bien alignés pour sauver la face, assez pour feindre quelque maturité devant les saloperies de l'existence, les Choses de la vie), il restera la petite tête d'épingle vulnérable qu'on ne cessera d'être et les coups de pilon au cœur qu'on ne cessera en chœur, chacun pour soi, de lui infliger.

Le profondément ignoble, c'est qu'il soit possible d'imaginer qu'un rempart de mots suffira, qu'il se dressera réellement entre nous et l'abîme, nous protégera, nous pansera, lors même qu'en vérité, il accélérera notre chute, précipitera le glissement de terrain, son poids emportant nos châteaux.

L'encre est noire. Et la douleur, une fois qu'on a tout donné, n'est que plus oppressante.

Alors quelque part, oui, quelque part... rire.

(Mirabel, Sainte-Marcelline,
septembre 1990, février 1991)

JEAN PIERRE GIRARD

Somewhere...Laughing

TRANSLATED BY
STEVEN HEIGHTON

> *Just don't argue any more*
> Suzanne Vega, *Luka*

From time to time. Whenever. A whim. As far as his four-room flat. To climb the stairs, make sure that we're there. To speak — always — and to quarrel, and laugh. Yes: to laugh, somewhere, before knowing at some remove whoever weeps by the river, here or on the other shore.

* * *

He's not expecting me, though he's there for me, clearly, and I can stay here, insignificant, thanks to what doesn't exist. (Don't ask me to explain that to him.) As for the rest, he might give up, swear that his passion is played out, sigh that he's already given so much, confess he'd search a long time for the patience and the courage to do it again, then fear again that he might find the patience, the courage, in some corner, disused; admit that once hooked to this task nobody frees himself fully or gets away in the end. And then to fear the start of another quest, straight into the thorns, and know that flight is useless, and defiance too; to fear our own helplessness, so deadly and decisive. And lastly to appreciate this state of mine for what it continues to be when I'm near him — a moment's pause, if I feel like it, when I feel like it, as many times as we desire.

He could manage all that, no question. A question of humanity, that's all. (Or weakness? Maybe, but he could never tell for sure.)

Save that right after, or in the same breath, he might recognize that he couldn't tell; he might in fact tell me that he couldn't tell, and assume you can do nothing for someone else but pick up the pieces when you stop and find them lying, scattered, as if by chance, under the twisted fingers of the feet. And I would agree with him, I'd acquiesce, I'd excuse him, I'd learn my lesson, I'd be moved by such certainty (and uncertainty); I'd praise his frankness and I'd sympathize. Yes: for certain I'd find, some time before dawn, some way to sympathize — if only he'd speak. (And I would try whatever leapt to mind — howl like a dog, offer my shoulder, slam the door shut if I had to. Drink. Before the door slammed shut, and after.)

And after? I'd know how to be content with what I know to be silenced.

But consider the importance of knowing how to silence, of knowing that we do silence things, of having something worth silencing — and of believing our silences heard. I believe his own silences are meant for tomorrow, echoes of his coming absence — and, as for me, beyond the ghost of a doubt I'm one of the many who don't hear, who never did hear or listen enough. A long, long, exhausting labor. So long.

To ready the molds; to commit your life to an apprenticeship and then in the end to be able to hand down no more than a fraction of what you know; to give up hope of teaching the skills to anyone; to give up seeking a way to explain things; to leave hardly a mark on the table so the other can learn the skills alone, piece things together in his turn, if he thinks of it, if he wants to, if it suits him, if he's not somewhere else altogether, carving from dense forest a trail whose route he can never pass on. And then, long after, to notice his cutlery on the kitchen table, the bullets fired from his gun, the paste jewelry in cheap sacks that give off their paltry gleam and remind us that on the banks of the Seine, at the end of the world, he now gives himself to new labors, new things.

The icy, sheer slope of knowledge — even feigned or false, sometimes make-believe — is a chute to oblivion. Tolerance too, of course, not to mention denial and death; but above all oblivion.

To be silent, then, and let the trail grow in. Dense with indifference, choked with thorny gibes. Like ours.

* * *

He was a place to rest and when I had to. I loved him in words, though he thought it was too much already. What reply can I give to the words of comfort my friend swore by, will swear? Nothing. Less than nothing. Just listen now: nothing. To hurl myself whole at his side — beside nothing — so at least he finds me there.

It wasn't for the sake of the peace I wanted, or even the peace I hoped for, that I kept silent and kept wanting, and will keep on wanting, hoping, and not saying a word. Shit, it wasn't even for him — but always for the sake of the place I still hope for and desire. For what might still occur on certain nights, later, between the two of us. For that, I'll have to try everything to find myself, tonight, so the tomorrow of his absence can dawn at our backs.

(Then also of course for the sake of friendship, which clears the clogged runway and permits flight. Friendship ... Impossible unless the heart in all its weakness is offered, futile unless it is shown. Friendship. About which we'd like to believe that everything is known, so the problem is simply to find some other approach, our own approach — or departure. There'll always be a flight, after all, to Europe. It's not so far.

Bull shit. I said bull. Shit.

A pushy thing to do at a time when the other hovers nearby — and when tomorrow his flight path may be changed. So: to accept death in place of what it kills; to accept birth. To throw our hands out over the black tarmac, now, past the realm of whatever we can stand to learn of love and friendship, and past the violence of all such knowledge. Yes: to throw our hands into space right now, in hopes of reaching that brilliant place way above our heads in the clear air, far higher ...

And to act before the sorrow grows thin like the air. To touch the bitch in flight and at least bear witness to its passing.

And believe. To chip out the words that find their way into the chinks in our armor, the rotting mortar between layers of skin, those pasteboard walls where souls become trapped.

And name. To name whatever it is still squirming on the runway. To seize each word and squeeze till its life-blood foams over our hands. Clench each word in a fist till it dies. Hunt down others. Kill them all. Cover their palms with calluses for the furtive birth that will pulse through a whole night at the end of a given day. Any given day. When the whim to examine things is spread-eagled again in all its languor, as urgent as at the moment of release, as futile as it is always hidden.

To grip at the ribs with both hands, on both sides of the gaping wound the other leaves there; to open our lips while stretching our arms out wide.

Not to balk at dying of a whim for the hundredth time, as if from a hundredth injection of ink into the heart, while thinking for a moment or two the words still have meaning. Above all not to hold back.)

* * *

We were there, the two of us, somewhere in the time of laughter, when nobody had the right to suspect that our desires didn't matter at all. No one — and especially not those that we'll someday be. Especially not him. Because he had to leave, to tear us apart, he had to, to push his carcass a little farther away, too far. He had to. To see. To return. To no purpose at all.

* * *

A glance in closing at the meanness and poverty of words cast together on a page to outwit sorrow. From a distance you might almost think they'd managed to do it, to get around the pain, to make it less; you'll be tempted to count on them, or on the words others have managed to wrest from their own darkness, but you have to hold back, because the words mean nothing and they never will. They're a bluff, a blind. The ink is dark.

You thought you knew a way to get things across, but once the rot is exposed on a dead, torn leaf of paper, once the story is let loose in the world, only the nights are left, the pain deep in the ribs, the emptiness, the presence of an absence left hanging on the wall, pinned. Once the cloud has woven itself from the air (firm enough to hold you up for a moment, to fling in the face of the world the illusion that things endure), once the *bons mots* are chosen and arranged (and arranged well enough to keep up appearances, to feign order alongside the wrack and rubbish of life), nothing will be left behind but the small breakable head of a pin, which you are and will always be, and the hammer-blows to the heart which you keep inflicting, along with others, upon others, every man for himself.

The most wretched thing of all is that it's possible to believe an earthwork of words will suffice, that it really will stand between us and the abyss, and protect us, and stanch our wounds, when in truth the desperate digging and building only hasten the landslide, drawing it down, its great weight sweeping away all our castles.

The ink is dark. And the sorrow, once you've given all you can, is a darker shade of its own.

So then, somewhere. Yes, somewhere...laughing.

ANN DIAMOND

Head of Hair

Beauty is as Beauty does. A beautiful woman always acts beautifully. She does not suddenly aim her watermelon rind at a passing cockroach as it waddles by her chair in the outdoor cafe.

"No," said the man beside her. "I am sorry. That is not a pretty gesture."

"Pretty gesture," she sneered. "You're darn right it's not. It's the way I *feel*, all right?"

The cockroach, merely dazed, gets to its feet and waddles off.

The man screws his monocle in a little tighter, and fixes her with that critical stare. She reluctantly lets the other piece of rind fall from her fingers, rattling her plate. Her waterglass rocks crazily but does not upset. "If that's not pretty, what is?" She studies her nails, picks an eruption on her neck. With curled lip he stares at the air above her shoulder as if some rare talking insect were hovering there.

In this day and age there was something stupid and obsolete about her having to act beautiful in that particular way he insisted upon. Why can't people just relax, she wondered?

She might have been some idiot child reciting *Mother Goose* in a Slavic dialect, the way he pretended not to notice she had spoken. It dawned on her she knew nothing about this man. They'd run off with each other but maybe they weren't even meant for each other. It was possible.

"What do you do for a living anyway back home in Dusseldorf when you're not flashing around the south of France in a rented sportscar?"

"I am a doktor."

"Like in a hospital?"

He nodded his head just once. It was also a signal to the waiter. He had great economy of gesture.

She wrinkled her nose. A doctor? Should she believe it? He had paid the waiter and was standing up, straightening his trousers at the knees. "Coming?" If he hadn't been so commanding, almost brutish, she would have felt completely indifferent to him. They roared away like something in the movies.

She checked her makeup in the rearview mirror, while leaning out of the window. He ordered her to pull in her head. She had tons of wavy blonde hair, a natural cowlick in front. Anybody else would have been fooled into considering her irresistible. Any regular man would have been more than satisfied, but this jerk? Of all the men in San Tropez she had to pick him. But he had a lot of money and spoke seven languages.

Should she accept his offer and go around the world with him?

She didn't enjoy the way he was always picking dustspecks off his clothing. He clenched and unclenched his jaw all the time and his hair was awfully short, the palest stubble poking out of his scalp like a Manitoba wheatfield in winter. And his head was not round but square. She might have to touch it sometimes in the night. Because he might insist. Something about it made her suspect it was an erogeneous zone, for him. Oog. All prickly. She didn't like to think about it.

"Your name?" she ventured. "I didn't catch it back there."

"Helmut." Well what could you expect?

"May I call you Klaus?" A tendon stood out in his neck.

"If you wish."

Klaus it was. "Mine's Georgie."

"Fine," he said. He did not seem charmed by the new intimate revelations. To avoid conversation, he offered her a cigarette. She nattered on about the countryside, so he asked her what she did in life.

"Well," she began, wondering if she ought to lie, "I used to work in a laundry and I sold cosmetics door to door, and after that I gave dancing lessons to the elderly and mental patients. But my real ambition is to become a well-known actress. That's why I'm traveling around Europe, gathering experiences."

He shot her a bored glance. "What makes you think you have the necessary intelligence to be an actress?"

That floored her. No one had ever asked her that before. She tossed her heavy head of hair.

"I was an exhibitionist in high school," she explained. "Oh, I know it takes more than that, though. A great actress has to know the human heart. I may look young, but I've been through everything already, in the realm of emotions. I've met lots of people and I've seen the human heart."

"You've seen it?" he said. She didn't like the way he said that. He leaned over and pushed the button on the glove compartment. The way things were going she expected him to reach in and pull out a human heart.

He handed her a map of southern Europe.

"You will navigate," he said.

"OK! Where are we going?"

She dreams she is in a room filled with sophisticated people. Fashion models, film producers, and starlets. She stands directly opposite a woman whose dress seems ready to fall off. "It's a cliff hanger!" says the man beside her, to general applause and laughter.

She eases herself onto a sofa, but suddenly men and boys she doesn't know are pawing her. She hasn't noticed them before: absurd thuggish businessmen, young television writers. They slip their hands between her knees and pry their way slowly up. By now she has learned to sit perfectly still and submit to these unpleasant attentions. She feels a strange, dirty tingle. She is beginning to appreciate this nastiness, when a fat man bedecked with video cables and strange electronic boxes approaches her from the far side of the room.

His shirt is unbuttoned to the waist revealing a broad chest where many curly hairs luxuriate. He leans across the table spilling drinks in his eagerness to pat her on the cheek. He has obviously concluded that of all the women at this function, she is the most gorgeous. He has dragged over all this machinery in the hope of engulfing that something in her which is fresh and pure.

He claims he wants to get her inner life on film. Her inner life? Yes, share it with the world. "Out there somewhere is a mass audience starving for the details." He lifts her chin with one unslightly forefinger and scrutinizes her face for camera angles. As always, she submits, full of a secret hope.

"Your subconscious," he says, "is a virtual Hollywood all to itself. An industry could be built around it."

"Really?" she asks.

"Yes, women's minds are big box office at the moment. Wouldn't you like your deepest thoughts to be exposed to the whole viewing universe?"

"I don't think so." Can such a bad-smelling man be trustworthy? She does up the top button of her see-through blouse, then undoes it. She can't decide. She feels co-operative, but then again, she doesn't.

"All right," he says, tape recorder poised. "Tell us again how you met the German doctor, the man who left so indelible a mark on your 18-year-old body..."

Perhaps her dignity is being threatened here.

"Come on," he mutters, thrusting the microphone under her chin. "The machine's running. Don't clam up on me now."

She awakens to Klaus' mechanical snoring. Just another naughty dream in just another motel on the Riviera. The clock says 10:30. Klaus snores serenely on, comfortable in the knowledge that the alarm will go off at seven. But she has switched it off in the night. She pities him. He does not understand how to enjoy life. He is just another casualty. The war must have done this to him, she muses. Indirectly, since he was born long after the war.

She hopes to assist him in overcoming his psychological handicap by selflessly giving of herself and her personal qualities. Then they will be happy together. Perhaps later he will be of use to her in some technical role, as an agent, or business manager. When she achieves her dream of acting.

It's too bad her education has made her overly sensitive to social issues. Fame may be a torment for her. She has always had too much conscience.

They were supposed to have left at eight. She has just time for a shower. Should she wash her hair, too?

Her brush needed de-hairing. She threw most of it out the window because hair was biodegradable, or was it? Come to think of it, hair took a long time to decompose. Why it might blow around the earth for years, balls of it or solitary strands, clogging up bushes and barbed wire fences, lodging in drain pipes, blanketing wheatfields, sticking to the bark of trees. At night people would listen to the sound of hair whistling in the wind. If everyone threw their hair out the window, how long would it take for it to cover the globe?

She imagined headlines of the future.

Hair Storms of 1992. Hair So Thick it Blocks Out the Sun. Hairplows Crippled. School Children Given Barbers' Shears by Worried Mothers.

Balls of it blowing like tumbleweed over North America. At rainy season the countryside smelling like a wet dog. Old people tending the reeking hair-pits, recalling the hairfree days of their youth.

In 1995 the ultimate catastrophe. The Great Hairie Fire sweeps the plains, choking the skies with its stench.

She tried to confide her strange fears to Klaus, who was now awake and very irritated with her.

"It's because you are a Canadian that you have these stupid ecological ideals," he told her, shaving himself.

A Canadian! What did that have to do with it? What was wrong with Canadians?

"I'll tell you what is wrong with Canadians. Canadians stand in a group of fifty fat women photographing Sunset on the Riviera with fifty instamatic cameras. When the sun finally disappears, they all cheer and applaud. Those are Canadians."

"You're wrong, Klaus. Those are *Americans*. Canadians would never do that!" But he was happy to have something to argue about.

"Ecology," he said. "Ecology is no problem. People are the problem. If you reduced their numbers, there would be less of a problem. If you eliminated them from the face of the earth, there would be no problem."

She had begun to fear his sweeping solutions based on mystical visions which she vaguely associated with World War II.

"Get dressed," he said, cutting himself with the razor.

This is no good, she thought. He was not kind to her.

"It's no good," she told him.

He agreed it was no good. He found her unreceptive, like all American women. ("I'm a *Canadian*, Klaus!") He felt she had betrayed the precious thing he had tried to give her.

"Yes," he said, nodding at himself in the mirror. "You could have had it. Even you. It's very strong. It has helped many women."

"IT IT IT!" she said. "What is IT?"

"You did not trust me so now you must do without. You are in darkness and I can do nothing."

"Klaus," she said, "IT is everywhere. I get IT from the sky, the trees, the rocks."

"Not the same." He shook his head.

"Klaus, it was you who destroyed IT. You made IT ridiculous."

"No. No. You destroyed it."

It took only three weeks for them to drive all the way to Saudi Arabia. By that time their romance was in ruins.

"You destroyed it, Klaus," she was saying.

"Get out of the car!" he screamed. It was as though he had purposely waited for this moment, in the middle of the desert, just to ditch her.

"What?" she said.

"Get out! Get out!"

"What do you mean, Get out? We had a deal to drive around the world together!"

"It's my car and it no longer is large enough for two. Get out of my car please, and try not to slam the door."

She stood staring after him as the car sped away, rearing up at the last hill, and finally disappearing into the vastness that was Saudi Arabia.

She looked at her watch. If he didn't return in fifteen minutes she would just have to hitch-hike.

Sand blew into her mouth. She spat it out. She did a few stretching exercises, some knee bends. On the horizon, dense clouds were approaching. Grey clouds. Black clouds. Platinum blonde clouds.

Why those clouds are made from hair, she thought, and in that instant, she felt the menace of the Ordinary. The prophecy was coming true. The hair clouds came bouncing along, and whatever they encountered, they engulfed, including blue Ferraris and desperate young drivers in chic European dress who thought to elude the inevitable.

"I am the Inevitable," she murmured to herself with satisfaction, and for a few hours she was the undisputed Queen of the Desert.

ANN DIAMOND

Chevelure

TRADUIT PAR
LOUISE DUPRE

La beauté appelle la beauté, une belle femme agit toujours bellement. Elle ne lance pas soudainement sa pelure de melon d'eau à un cafard qui passe, au moment où celui-ci se dandine à côté de sa chaise sur la terrasse d'un café.

«Non», dit l'homme à côté d'elle. «Je suis désolé. Ce n'est pas un joli geste.»

«Joli geste, ricana-t-elle, tu as drôlement raison. Mais c'est comme ça que je me sens, d'accord?»

Le cafard, tout bonnement ahuri, se lève et s'en va, toujours en se dandinant.

L'homme serre d'un peu plus près son monocle et la fixe d'un air critique. Avec dédain, elle laisse l'autre morceau de pelure tomber de ses doigts. Son assiette vibre, son verre d'eau branle de manière folle, mais ne se renverse pas. «Si c'est pas joli, c'est quoi?» Elle examine ses ongles, pince un bouton dans son cou. La bouche en cœur, elle scrute l'air au-dessus de son épaule comme si quelque rare insecte parlant y voletait.

À l'époque actuelle, il y avait quelque chose de stupide, de dépassé même dans le fait d'être obligée d'agir bellement, selon son insistance à lui. Pourquoi est-ce que les gens ne pouvaient pas se contenter de se détendre? se demanda-t-elle.

Chevelure

Elle aurait pu être une enfant idiote récitant Ma mère L'Oie dans un dialecte slave, si elle se fiait à la façon dont il avait ignoré sa réplique. Elle ne connaissait rien de cet homme, ce fait lui traversa l'esprit, ils étaient partis ensemble, mais peut-être qu'ils n'étaient rien l'un pour l'autre. C'était possible.

«Qu'est-ce que tu fais à Düsseldorf, dans les périodes où tu t'arranges pas pour te faire remarquer dans le sud de la France en te baladant dans une auto sport louée?»

«Je suis dokteur.»

«Comme dans un hôpital?»

Il inclina la tête une seule fois, ce geste servant aussi de signe au serveur. Il montrait une grande économie de mouvements.

Elle plissa le nez. Un médecin? Pouvait-elle le croire? Il avait payé le garçon et se tenait maintenant debout, redressant les genoux de ses pantalons. «Tu viens?» S'il n'avait pas été aussi autoritaire, presque brutal, il lui aurait été complètement indifférent. Ils démarrèrent comme dans les films.

Elle se pencha en dehors de la fenêtre pour vérifier son maquillage dans le rétroviseur, il lui ordonna de rentrer la tête. Elle avait des tonnes de cheveux blonds bouclés, une rosette naturelle sur le front. N'importe qui d'autre l'aurait trouvée irrésistible, n'importe quel homme normal aurait été comblé, mais cet animal? De tous les hommes de Saint-Tropez, il avait fallu qu'elle tombe sur lui. Mais il avait beaucoup d'argent et parlait sept langues.

Devait-elle accepter son offre et faire le tour du monde avec lui?

Elle n'aimait pas la façon dont il enlevait sans cesse les poussières sur ses vêtements. Il serrait et desserrait constamment la mâchoire et ses cheveux étaient atrocement courts, une brosse très pâle sortant de son crâne comme un champ de blé du Manitoba en hiver. Et sa tête n'était pas ronde mais carrée. Elle aurait à y toucher quelquefois la nuit, parce qu'il pourrait insister, quelque chose lui faisait soupçonner que, pour lui, il s'agissait d'une zone érogène, oh!, toute hérissée. Elle n'aimait pas y songer.

«Ton nom», risqua-t-elle. «Je l'ai pas saisi.»

«Helmut, à quoi t'attendais-tu?»

«Si je t'appelais Klaus?» Un nerf sortit de son cou.

«Si tu le désires.»

Marché conclu. «Moi, c'est Georgie.»

«Bien», dit-il. Il ne semblait pas ravi de ces révélations intimes. Pour éviter la conversation, il lui offrit une cigarette. Elle bavarda de la région, aussi voulut-il savoir ce qu'elle faisait dans la vie, elle se demanda si elle aurait à mentir.

«Eh bien! commença-t-elle, j'ai travaillé dans une buanderie, j'ai fait du porte-à-porte pour vendre des produits de beauté, ensuite j'ai donné des cours de danse aux personnes âgées et aux malades mentaux. Mais mon ambition réelle est de devenir une actrice connue, je voyage à travers l'Europe pour prendre de l'expérience.»

Il lui lança un regard ennuyé. «Qu'est-ce qui te fait penser que tu as l'intelligence pour devenir actrice?»

Elle resta bouche bée, personne n'avait soulevé ce point auparavant. Elle secoua sa lourde chevelure.

«J'étais extrovertie à l'école secondaire», expliqua-t-elle. «Oh! je sais pourtant qu'il faut plus. Une grande actrice doit connaître le cœur humain. Je peux avoir l'air jeune, mais j'ai tout connu dans le domaine des émotions, j'ai rencontré un tas de gens et j'ai vu le cœur humain.»

«Tu l'as vu?» dit-il. Elle n'aima pas son intonation. Il se pencha et poussa le bouton du coffre à gants, elle s'attendait à ce qu'il avance la main et retire un cœur humain.

Il lui tendit une carte de l'Europe du Sud.

«Tu vas être navigatrice», dit-il.

«D'accord, où allons-nous?»

Elle rêve qu'elle est dans une pièce remplie de gens sophistiqués, mannequins, producteurs de cinéma et starlettes. Elle se tient directement à l'opposé d'une femme dont la robe semble prête à tomber. «Nous voilà devant un suspense vivant», dit l'homme à côté d'elle sous les rires et les applaudissements.

Elle se laisse tomber sur un sofa, mais soudain des hommes et des jeunes gens qu'elle n'avait pas remarqués se mettent à la tripoter: hommes d'affaires absurdes et louches, jeunes auteurs pour la télévision. Ils glissent leurs mains entre ses genoux et se fraient lentement un passage vers le haut. Elle a appris à rester parfaitement calme et à se plier à ces gestes déplaisants. Elle ressent un étrange, douteux fourmillement. Elle commence à apprécier ces

Chevelure

folâtreries quand un homme gras attifé de câbles vidéo et d'étranges boîtes électroniques part du fond de la salle pour s'approcher d'elle.

Sa chemise est déboutonnée jusqu'à la taille, elle voit une large poitrine où abondent des poils frisés. Il s'appuie sur la table et répand des breuvages dans son empressement à lui tapoter la joue. De toutes les femmes invitées à cette réception, elle est la plus attirante, voilà du moins ce qu'il a conclu, c'est évident. Il a traîné toute cette machinerie en souhaitant engouffrer le noyau de pureté qu'il voit en elle.

Il déclare qu'il veut fixer sa vie intérieure sur pellicule. Sa vie intérieure? Oui, la partager avec le monde. «Le grand public est assoiffé de potins.» Il soulève son menton d'un index ferme et observe son visage selon les angles de caméra. Comme toujours, elle se soumet, pleine de secrets espoirs.

«Votre subconscient», dit-il, «cache un Hollywood. Une industrie peut en sortir.»

«Vraiment?» demande-t-elle.

«Oui, le cerveau des femmes est un gros vendeur en ce moment. N'aimeriez-vous pas que vos pensées les plus profondes soient exposées à la vue de tout l'univers?»

«Je crois pas.» Peut-on croire un homme qui sent aussi mauvais? Elle boutonne le premier bouton de sa blouse transparente, puis le déboutonne, elle ne peut pas se décider. Elle se sent coopérante, puis tout s'écroule, elle ne peut plus.

«D'accord», poursuit-il, le magnétophone une fois réglé. «Dites-moi encore comment vous avez rencontré le docteur allemand, l'homme qui a laissé une marque indélébile sur vos dix-huit ans...»

Peut-être sa dignité est-elle menacée.

«Allez», murmure-t-il, en lui enfonçant le micro sous le menton, «l'appareil fonctionne, ce n'est pas le moment de me faire défaut.»

Elle se réveille au ronflement mécanique de Klaus, un autre mauvais rêve dans un autre motel de la Riviera. Le cadran marque 10 heures 30. Klaus ronfle sereinement, assuré que la sonnerie partira à sept heures. Mais elle l'a fermée durant la nuit. Il lui fait pitié, il ne sait pas profiter de la vie, il est seulement un autre accident. Ce doit être la faute de la guerre, songe-t-elle. Indirectement, puisqu'il est né bien après.

Elle espère l'aider à surpasser son handicap en se donnant totalement à lui, de façon désintéressée. Ils vont être heureux ensemble, peut-être que plus tard il lui sera utile comme agent technique ou impresario. Quand elle réalisera son rêve d'actrice.

Dommage que son éducation l'ait rendue si sensible aux problèmes sociaux. La renommée peut devenir un tourment pour elle, elle a toujours été trop consciente.

Ils étaient supposés partir à huit heures. Elle a tout juste le temps de prendre une douche. Devrait-elle se laver les cheveux?

Sa brosse avait besoin d'être nettoyée. Elle jeta le maximum de cheveux par la fenêtre, n'étaient-ils pas biodégradables? Ah! mais elle n'y avait pas pensé, les cheveux prendraient un long moment à se décomposer. En fait, ils pourraient voler autour de la terre pendant des années, par pelotons ou tresses solitaires, ils obstrueraient les buissons et les barbelés des clôtures, se logeraient dans les tuyaux, couvriraient les champs de blé, colleraient à l'écorce des arbres. La nuit, les gens entendraient le bruit des cheveux siffler dans le vent. Si tout le monde jetait ses cheveux par la fenêtre, combien de temps faudrait-il pour couvrir le globe?

Elle imagina les manchettes du futur.

Les tempêtes de cheveux de 1992. Les cheveux si épais qu'ils obstruent le soleil. Les charrues à cheveux disloquées.

Les ballots de cheveux transportés comme de la mauvaise herbe au-dessus de l'Amérique du Nord. Durant la saison des pluies, la région avec une odeur de chien mouillé. Les vieillards surveillant les trous remplis de cheveux nauséeux, se rappelant les jours chauves de leur jeunesse.

En 1995, la catastrophe suprême. Le grand feu de cheveux balaie les plaines, asphyxiant le ciel sous la puanteur.

Elle essaya de confier ses phobies à Klaus, il était maintenant éveillé et très irrité contre elle.

«C'est parce que tu es Canadienne que tu as ces idéaux écologiques stupides», lui dit-il en se rasant.

«Canadienne! Quel est le rapport? Quel est le problème avec

les Canadiens?»

«Je te dirai ce qui fait problème. Les Canadiennes, c'est un groupe de cinquante grosses femmes qui photographient le coucher du soleil sur la Riviera avec cinquante Instamatic. Quand le soleil se couche finalement, elles se réjouissent toutes et applaudissent. Voilà les Canadiennes.»

«Tu es dans l'erreur, Klaus. Ce sont les *Américaines*. Les Canadiennes feraient jamais ça.» Mais il était heureux d'avoir quelque chose à démontrer.

«L'écologie, dit-il, l'écologie n'est pas un problème. Ce sont les gens qui en sont un. Si tu en réduisais le nombre, il y aurait moins de problèmes. Si tu les éliminais de la surface de la terre, plus de problème du tout.»

Elle avait commencé à craindre ses solutions destructrices basées sur les visions mystiques qu'elle associait vaguement à la Deuxième Guerre mondiale.

«Habille-toi», dit-il, en se coupant avec le rasoir.

C'est pas bien, pensa-t-elle. Il n'était pas gentil avec elle.

«C'est pas bien», lui dit-elle.

Il avoua. Il la trouva non réceptive, comme toutes les Américaines. («Je suis Canadienne, Klaus!») Elle avait trahi la chose précieuse qu'il avait essayé de lui donner, il le sentit.

«Oui», dit-il, inclinant la tête dans le miroir. «Tu aurais pu l'avoir. Même toi. C'est très puissant. Ça a aidé beaucoup de femmes.»

«ÇA ÇA ÇA», dit-elle. «Qu'est-ce que c'est ÇA?»

«Tu ne m'as pas cru, tu dois t'en priver. Tu es dans le noir, je n'y peux rien.»

«Klaus, précisa-t-elle, ÇA vient de partout, je l'obtiens du ciel, des arbres, des rochers.»

Il secoua la tête «Ce n'est pas pareil.»

«Klaus, c'est toi qui as détruit ÇA. Par le ridicule.»

«Non, non, c'est toi.»

Il leur fallut trois semaines seulement pour atteindre l'Arabie Saoudite. Leur romance tombait en ruines.

«Tu l'as détruite, Klaus», disait-elle.

«Sors de l'auto!» cria-t-il. C'est comme s'il avait intentionnellement attendu ce moment, juste au milieu du désert, pour la larguer.

«Quoi?» dit-elle.

«Sors! Sors!»

«Qu'est-ce que tu veux dire? On s'était entendus pour faire le tour du monde ensemble!»

«Il s'agit de mon auto et elle n'est plus assez grande pour deux. Sors de mon auto, s'il te plaît, et essaie de ne pas faire claquer la portière.»

Elle l'observa tandis que l'auto s'éloignait, dépassait la dernière colline, disparaissait dans l'immensité de l'Arabie Saoudite.

Elle regarda sa montre. S'il n'était pas revenu dans quinze minutes, il ne lui resterait qu'à faire du pouce.

Le sable soufflait dans sa bouche. Elle cracha. Elle fit quelques exercices d'élongation, quelques fléchissements des genoux. À l'horizon, des nuages denses approchaient. Nuages gris. Nuages noirs. Nuages blond platine. Tiens, ces nuages sont faits de cheveux, pensa-t-elle. À l'instant même, elle sentit la menace de l'Ordinaire, la prophétie devenait vraie, les nuages venaient en rebondissant, et tout ce qu'ils rencontraient, ils l'engloutissaient. Même les Ferrari bleues et les jeunes conducteurs désespérés vêtus à l'européenne qui pensaient éluder l'inévitable.

«Je suis l'Inévitable», murmura-t-elle pour elle-même avec satisfaction. Pour quelques heures, elle serait indiscutablement la Reine du Désert.

LOUIS JOLICŒUR

Le voyage en Europe de l'oncle Timmy

L'oncle Timmy était un drôle d'homme. Il ne parlait guère, souriait peu, mais avait cette bonté dans le visage qui me faisait penser aux prophètes bibliques de mes livres de religion. Je le voyais toujours à travers la vitrine de la pharmacie lorsque je remontais la rue Saint-Jean après l'école; il était derrière le comptoir, ses petites lunettes ovales sur le bout du nez, généralement en train de lire une ordonnance, de déchiffrer une facture allemande ou italienne, d'examiner sur un colis un timbre qu'il n'avait pas dans sa collection. Parfois, quand il délaissait ses bouts de papier et son air concentré pour discuter avec un client, je m'attardais un peu plus longtemps sur le trottoir, car je savais que la bonté monterait d'un coup dans ses joues sèches et blanches, jusqu'aux yeux qui alors s'illumineraient de telle sorte que le petit monsieur taciturne, la dame au chignon parfait et à l'air faussement désinvolte, le jeune couple pressé et inquiet se gonfleraient brusquement de confiance et de sérénité.

Nous l'appelions oncle Timmy par affection ou dérision, je ne me souviens plus; quoi qu'il en soit, ce n'était pas notre oncle mais l'employé fidèle et dévoué de notre père à la pharmacie, où il travaillait depuis une vingtaine d'années sans jamais avoir pris de vacances. Or, un jour — c'était l'hiver, au début des années vingt — l'oncle Timmy avait annoncé que l'heure était venue de réaliser le voyage de ses rêves. Nous étions restés bouche bée, car il en parlait depuis tant années que plus personne ne croyait qu'il arriverait un jour à réunir argent et courage pour l'entreprendre, ni à convaincre notre père de lui donner enfin quelques semaines de vacances.

Papa avait froncé les sourcils et nous avait fait signe de déguerpir. J'étais sorti avec les autres mais étais resté sur le trottoir à regarder l'oncle Timmy, très droit derrière le comptoir, et papa, qui s'en approchait, l'air songeur, deux doigts sur la joue droite. Je n'entendais rien, mais je me rappelle avoir imaginé toute la conversation:

— Timmy, vous n'êtes pas sérieux?
— Oui, M. D'Amours, il y a plus de vingt ans que j'y songe.
— Mais Timmy, cela vous coûtera une fortune!
— M. D'Amours, je n'ai pas de famille, j'habite la vieille maison familiale à Beauport, j'ai toujours eu très peu de dépenses. Le salaire que vous me versez depuis vingt ans, je l'ai presque tout mis à la caisse d'épargne en vue de ce voyage. Aujourd'hui, je me sens devenir vieux et je veux voir l'Europe avant de mourir.

Papa écoutait, je savais que l'oncle Timmy lui disait des choses que jamais il ne l'aurait imaginé capable de dire. Je voyais aussi que l'oncle Timmy allait réussir, qu'il ne pouvait pas ne pas le convaincre, son visage, tout son corps étaient trop déterminés.

— Et combien de temps seriez-vous absent?
— Je crois qu'il me faudra au moins deux mois, M. D'Amours, pour voir tout ce que j'ai à voir.

Je sentais que le coup était dur à prendre pour papa, et qu'il tentait de n'en rien laisser voir.

— Deux mois, Timmy, et quand partiriez-vous?
— Si vous n'y voyez pas d'objection, je partirai dans dix jours pour New York, d'où je peux prendre un bateau, le 12 mars prochain, pour Le Havre.

J'étais allé jouer avec mes frères et sœurs au cimetière des Anglais et je souriais de bonheur pour l'oncle Timmy, car je savais que l'air grave et la moue résignée de papa signifiaient qu'il allait laisser l'oncle Timmy prendre des vacances. Enfin il allait voir ces endroits extraordinaires dont il me parlait sans cesse, toutes ces images qui apparaissaient sur les milliers de timbres consignés soigneusement dans le grand album vert qu'il me montrait parfois à l'aide d'une immense loupe noire, les vieux châteaux, les cathédrales, les fleurs exotiques, les Champs-Élysées sous la neige, la tour de Pise...

J'étais content que l'oncle Timmy réalise le rêve de sa vie — surtout que moi je n'en avais pas encore —, mais en même temps il me semblait qu'il n'allait pas y arriver, qu'il aurait dû faire ce voyage lorsqu'il était plus jeune, car après tant d'années son rêve devait être devenu trop grand pour lui. Oui, j'avais pensé cela. Mais peu après, courant entre les stèles funéraires, j'avais cessé d'y penser.

L'oncle Timmy n'avait qu'un chagrin. *L'Empress of Ireland* avait coulé dix ans plus tôt et son rêve, en bon Irlandais qu'il était, aurait été plus complet s'il avait pu se rendre en Europe à son bord. Néanmoins, il s'était préparé fébrilement et pendant les dix jours qui lui restaient, seulement une fois avions-nous eu le temps de regarder ensemble, dans sa collection de timbres, tous les endroits merveilleux que bientôt il irait visiter.

Les jours passaient; chaque après-midi, au retour de l'école, je m'installais devant la vitrine de la pharmacie ou, pour être plus discret, contre la porte de l'épicerie Moisan, de l'autre côté de la rue Saint-Jean, et j'espionnais le visage de l'oncle Timmy. Pour voir si la joie s'y inscrivait, si un doute allait y naître, ou si les yeux soudain allaient se mettre à errer dans le vide, pleins de rêve et d'impatience. Mais c'était en vain car l'oncle Timmy continuait sa routine, les yeux mi-clos derrière ses lunettes, examinant quelque inscription, un mot d'une langue inconnue, un nouveau timbre.

Le jour du départ, il neigeait à gros flocons. Papa avait fait venir son chauffeur à la pharmacie, où l'oncle Timmy était venu nous saluer. Papa lui avait proposé de l'accompagner jusqu'à la gare de trains, d'où l'oncle Timmy allait partir pour New York et enfin prendre son bateau pour l'Europe. Ils étaient partis tous deux en riant, le chauffeur dissimulant mal son étonnement de voir tant de familiarité entre M. D'Amours et son employé, tandis que nous courions derrière la voiture, faisant de grands saluts de la main à l'oncle Timmy, scrutant son visage bienveillant dans l'espoir de déceler la place qu'il nous réserverait dans ses pensées le matin où il arriverait devant les Champs-Élysées.

À son retour de la gare, Papa n'avait pas dit un mot et s'était installé derrière le comptoir, l'air plus préoccupé que jamais. Le lendemain, en voyant mon frère aîné à ses côtés en sarrau blanc, je comprenais que sa carrière était désormais tracée.

Deux mois, c'était vraiment trop long. J'avais pensé ne pas attendre, oublier carrément l'oncle Timmy. Mais cela aurait été trahir notre pacte, en vertu duquel je devais suivre sur la carte le strict itinéraire qu'il s'était fixé. J'en étais encore à soupeser les deux attitudes quand, en route vers l'école un matin, m'attardant selon mon habitude devant la vitrine de la pharmacie, j'aperçois l'oncle Timmy derrière le comptoir. Cela faisait exactement huit jours qu'il était parti!

Déjà en retard pour l'école, je n'avais pas le temps de m'arrêter; il ne me restait qu'à passer la journée à jongler avec cette image invraisemblable: l'oncle Timmy de retour, le voyage en Europe de l'oncle Timmy déjà terminé, ce rêve vieux de vingt ans inexplicablement revenu à son point de départ. Je n'y comprenais rien. Sourd aux leçons de mes professeurs, je passais en revue toutes les possibilités que mon imagination d'enfant me suggérait: il avait manqué de courage à la dernière minute; il était tombé amoureux et revenait à Québec avec la femme de sa vie; le bateau s'était échoué au large de New York et l'oncle Timmy avait été rescapé à la dernière minute, jurant de ne plus jamais voyager et de se consacrer désormais aux plus sûrs et calmes transports que lui procuraient ses timbres.

Ses raisons allaient s'avérer bien différentes, mais quelles qu'elles fussent, j'allais lui en vouloir de ne pas avoir respecté son rêve et notre pacte. À la fin de la journée, bouillant d'impatience, j'étais entré avec fracas dans la pharmacie et, tout essoufflé, me plantant devant l'oncle Timmy qui parlait avec une cliente, je l'avais interrompu et lui avais crié tout de go:

— Oncle Timmy, pourquoi es-tu déjà revenu?

Il m'avait fait signe d'attendre la fin de sa conversation. Pendant que je trépignais sur place, cachant mal mon impatience et mon irritation, je l'avais vu fouiller sous le comptoir et prendre une enveloppe brune décachetée. La cliente partie, il s'était approché de moi, l'enveloppe à la main, et m'avait dit:

— Ouvre-la.

Je l'avais regardé, méfiant, j'avais pris l'enveloppe et en avais sorti un grand timbre bleu et gris où, après un moment, j'avais fini par reconnaître la place Saint-Marc de Venise, pour l'avoir déjà vue sur d'autres timbres de la collection.

— C'est un timbre extraordinaire, mon petit, il n'y en a qu'une quinzaine comme celui-ci dans le monde. Je l'ai acheté dans une vieille bouquinerie près du port de New York. J'ai hésité plus de cinq jours, retournant le voir heure après heure, l'examinant sous tous les angles, absolument fasciné. J'ai laissé partir mon bateau, un autre levait l'ancre à la fin de la semaine, mais quelques heures avant le départ j'ai décidé d'acheter le timbre, qui coûtait le même prix que le billet de bateau. Voilà, c'en est fait de mes économies, vingt ans d'austérité. Mais je ne regrette rien. Les voyages, ça s'envole; quant à ce timbre, il va durer, et en plus je te le donnerai avec le reste de ma collection en héritage.

J'avais remis le timbre dans l'enveloppe, rendu l'enveloppe à l'oncle Timmy et, profondément secoué, j'étais rentré chez moi en imaginant mon vieil ami sur les quais de New York, faisant les cent pas, cherchant à dissoudre son insupportable hésitation, déchiré entre son grand rêve à portée de la main et la possibilité de la durée incarnée dans un timbre de Venise. Et je m'étais demandé pourquoi cette torture, pourquoi l'un ou l'autre, pourquoi pas à la fois Venise et son timbre.

L'oncle Timmy est mort quelques années plus tard, après avoir continué à servir fidèlement la pharmacie jusqu'à la fin. J'ai toujours quelque part dans mes affaires sa collection de timbres, avec celui de la place Saint-Marc bien en évidence. Mais la première fois que je suis allé à Venise, il y a plus de cinquante-deux ans, je réalisais un vieux rêve et j'ai oublié de penser au timbre de l'oncle Timmy.

LOUIS JOLICŒUR

Uncle Timmy's Trip to Europe

TRANSLATED BY
THOMAS KING
(with the assistance of Helen Hoy)

Uncle Timmy was an odd fellow. He seldom talked, smiled little. But there was a gentleness about his face, a goodness, that reminded me of the prophets in my religion books.

After school, as I came up St. John Street, I would see him in the pharmacy, standing behind the counter, his oval glasses perched on the end of his nose. Sometimes he would be reading a prescription or deciphering an invoice from Germany or Italy or inspecting a parcel for a stamp he didn't yet have in his collection. Other times he would leave these clerical duties to help a customer with a question, and I would slow down and watch as he assisted the people who came to the store, each with a problem: the taciturn gentleman, the lady with the perfect chignon and the falsely easy manner, the nervous young couple. It was his eyes, I think, and the way his whole face lit up that helped to reassure the most anxious customer.

We called him uncle Timmy out of affection, perhaps mockery, I no longer remember. He was not our uncle, to be sure. He was a devoted employee of the pharmacy and had worked for our father for over twenty years. In all those years, he had never taken a vacation.

courage and asked our father to allow him to be gone for several weeks. We stood there open-mouthed, hardly believing that after all these years of empty talk, uncle Timmy had finally done it.

Papa knit his eyebrows and signalled to us to leave. I went with the others but stayed on the sidewalk to watch uncle Timmy, who stood up very straight behind the counter, and Papa, who walked about in a thoughtful manner, two fingers on his right cheek. I heard nothing of the conversation, but I remember imagining all that was said.

"Timmy, you aren't serious?"

"Yes, Mr. D'Amours, I have dreamed and planned for this vacation for over twenty years."

"But Timmy, it would cost you a fortune."

"I have no family, Mr D'Amours. I live in the old family house in Beauport, and I have very few expenses. Almost all the salary you have given me for the last twenty years has gone into a savings account with this trip in mind. Now I am growing old, and I want to see Europe before I die."

Papa listened as uncle Timmy told him things he would never have thought he could say. I could see that uncle Timmy was going to convince him; his face, his eyes, his whole body were too determined to fail.

"And how long would you be absent?"

"I believe I will need two months to see all I wish to see, Mr. D'Amours."

I sensed that Papa found this hard to take, but he tried not to show any of the concern he felt. Instead, he said, "Two months, Timmy? And when would you leave?"

"If you have no objections, Mr. D'Amours, I will leave in ten days for New York. From there I will take a boat on the twelfth of March for Le Havre."

I went to play with my brothers and sisters at the English graveyard, and I smiled in my happiness for uncle Timmy. From Papa's serious manner and resigned frown, I knew he would let uncle Timmy take his trip. Finally uncle Timmy was going to see all the extraordinary places he kept talking about, the places pictured on the thousands of stamps so carefully placed in the big green album which he showed me sometimes with the help of an enormous black magnifying glass. The old chateaus, the cathedrals, the exotic flowers, the Champs Elysées covered with snow, the tower of Pisa...

I was glad that uncle Timmy would finally fulfill his lifelong dream — especially since I still had no such dream — but it seemed to me that it might be impossible, that he should have made the trip when he was younger, that after all this time, the dream might have become too big. I thought of this, but then, as I ran through the headstones with my brothers and sisters, I stopped thinking about it.

The only regret that uncle Timmy had was that he could not go to Europe on the *Empress of Ireland* which had foundered and sunk ten years earlier. Good Irishman that he was, his trip would have been complete had he been able to sail to Europe on her. Nevertheless, he prepared feverishly, and during the ten days he had left, we only had one chance to look at his collection of stamps and see all the marvelous places he would soon be visiting.

The days passed. Each afternoon, on my return from school, I stood before the window of the pharmacy or, to be more discreet, against the door of Moisan's grocery on the other side of St. John Street, and I spied on uncle Timmy. I was watching his face for signs of happiness, for the beginning of doubt; to see if his eyes would start wandering, full of dreams and impatience. But it was all in vain, for uncle Timmy continued his regular routine, his eyes half-closed behind his glasses, examining a prescription, a word in a foreign language, a new stamp.

The day he was to leave, it snowed heavily. Papa had his chauffeur come to the pharmacy. Papa proposed to drive uncle Timmy to the train station, from where uncle Timmy was going to leave for New York to catch his ship. We all said goodbye in front of the pharmacy. Both Papa and uncle Timmy were laughing, and we could see the chauffeur's astonishment at such familiarity between Mr. D'Amours and his employee. We ran behind the car, waving at uncle Timmy, trying to see in his face what place we would have in his thoughts the morning he arrived at the Champs Elysées.

On his return from the station, Papa installed himself behind the counter without a word, his manner distant and more preoccupied than usual. The next day, when I saw my older brother by his side in a white smock, I knew his career was now determined.

Two months! It was really too long. I had thought not to wait, to forget uncle Timmy. But that would have been a betrayal of our agreement, that I would follow his trip day by day on the map. I was contemplating this dilemma, when, on my way to school one morning, slowing as always in front of the drugstore, I saw uncle Timmy standing behind the counter. It was exactly eight days since he had left!

I was already late for school, and I had no time to stop. I could only spend the rest of the day struggling with the unlikely picture of uncle Timmy and his old dream inexplicably returned to their place of departure.

I understood nothing. I was deaf to the lessons of my teachers. Instead, I examined all the possibilities that my child's imagination suggested to me: he had lost courage at the last moment; he had fallen in love and returned to Quebec with the love of his life; the boat had run aground, casting off from New York, and uncle Timmy, saved at the last minute, had sworn never to travel again, and to devote himself from now on to surer and calmer conveyances, the ones that brought him his stamps.

His reasons for returning would surely be different from these, but as the day wore on, I found myself beginning to begrudge his not having respected his dream and our pact. By the end of the day, I was boiling with impatience. I ran into the pharmacy, out of breath, and planting myself before uncle Timmy who was talking with a customer, I interrupted him unceremoniously.

"Uncle Timmy! What are you doing back so soon?"

He made a sign for me to wait while he finished his conversation. While I stood in that one spot, barely able to hide my impatience and my irritation, I saw uncle Timmy reach under the counter and bring out a brown, unsealed envelope. When the customer had gone, uncle Timmy approached me, the envelope in his hand, and said: "Open it."

I looked at him suspiciously, but I took the envelope. Inside was a large blue and grey stamp. On its face was a picture of Saint Mark's square in Venice, a scene I recognized from other stamps that uncle Timmy had in his collection.

"This is a very special stamp," uncle Timmy said. "There are only fifteen like this one in the world. I bought it in an antiquarian bookstore near the New York harbor. I hesitated for more than five days, returning to see it hour after hour, examining it from all angles. I must admit I was totally fascinated.

"I let my boat leave, another was lifting anchor at the end of the week, but a few hours before the departure, I decided to buy the stamp. It cost the same price as the boat ticket.

"And there it is. My savings. Twenty years of austerity. But I do not regret anything. Trips are soon over but this stamp will last. I am going to give it to you with the rest of my collection as an inheritance."

I put the stamp back in the envelope, returned the envelope to uncle Timmy. I was profoundly shaken, and I returned home imagining my old friend on the quays of New York, walking back and forth, trying to resolve his unbearable hesitation, torn between the grand dream within his grasp, and the possibility of...what?...permanence...embodied in the Venice stamp. And I asked myself, why this torture, why one or the other, why not both Venice and its stamp?

Uncle Timmy died several years later, having served the pharmacy faithfully to the end. Somewhere I still have his collection of stamps, featuring the one of St. Mark's square. But the first time that I went to Venice, more than fifty-two years ago, I fulfilled an old dream, and I forgot then to think about uncle Timmy's stamp.

MATT COHEN
Children of the Moon

He was dreaming he was asleep. As he slept peace and silence extended from his naked body like the spokes of a wagon wheel reaching towards an infinite horizon. In his sleep he knew this was the most perfect sleep he would ever have, that never until he reached eternity would his heart know such peace. In his sleep his heart was beating with a quiet tranquil force. And then gradually he became aware that the earth itself was pulsing in time to the strong beat of his heart. At first a mere trembling, then a slow low-pitched ripple that set the planet's skin vibrating, finally a louder pounding accelerating into a uncontrolled roar. In his dream he knew he should get up and run. But the shaking and the noise had surrounded and gripped his body. In a panic he broke free of his dream, leapt out of bed screaming, his eyes open. The clock registered 10:17. Overhead the buffalo stampede continued, and he looked towards the ceiling flakes of paint and plaster floated down like snow.

"Holy Christ," he shouted. He grabbed a t-shirt, a pair of jeans, and charged out his door, up the stairs, to hammer on the door of the apartment above.

The stampede funneled into silence. There were footsteps. Helen arrived. Her face was scarlet, beaded with sweat. Around her black hair, which lay in long damp tendrils on her cheeks and neck, was a flowered headband. She was wearing a purple jogging suit and black running shoes.

"You look like Elizabeth Taylor and Montgomery Clift," Jason said.

"Thanks," Helen said. She was panting hard.

"What's happening?"

"You knocked on my door."

"I thought I heard noise."

"I was running on the spot."

"It was over my bed."

"I was being you. Remember you told me you thought you should lose weight? I was doing it for you."

"Thanks," Jason said. He turned to go downstairs. Only a week after he'd moved in Helen had started doing strange things and explaining she was doing them because she was him. "What did you do before I moved here?" he'd asked. "I wasn't you," she said. "You were. Don't you remember?"

The best feature of the apartment was what newspapers called the cross-breeze. By opening the right windows he could suck the sky into his living room and blow it out through his kitchen. Or vice versa. On rainy days this sometimes made a misty road in his bare feet. Saved on towels, he told himself. But he didn't do it to save on towels, he had started doing because, aside from collecting unemployment and reading want ads, he had nothing else to do.

He was sure that if Helen found out he was soaking up water with the soles of his feet she would offer to do it for him. But he didn't tell her. The last thing he wanted was Helen barefoot in his apartment. Although, who was to say, Helen barefoot might be dynamite. Helen barefoot would be no buffalo. Or he could make that misty road into a buffalo road, send Helen pounding out the window and flying through the air to the lawn. But the lawn was only three feet lower than his ledge. If he wanted to turn Helen into a buffalo, he would have to dig a pit.

He went upstairs and gave Helen a shovel. "I'm digging a hole," he said.

"You are?"

"I am. But you're me. I'm someone else today, but I don't know who. I'm digging the hole to find out."

"You are?"

Soon he had her working on the lawn. She told him that he would find something when the time came. A hint of who had possessed him. In the meantime his soul was safe with her, no problem. "Right," Jason said.

His brother had given him a lawnchair with purple and white interlacing straps. They were of plastic so smooth even an ant couldn't get a foothold. He slid into the lawnchair and made himself comfortable.

Helen kept digging. She had changed from her jogging suit into baggy khaki shorts and a t-shirt. The t-shirt had TROJANS stencilled across the back.

"Before you were me," Jason asked, "did you used to be Helen of Troy?"

Helen turned to him. She was sweating again and her cheeks had turned a bright and dangerous red. "I was always you. I always will be. I am Helen, ancient matriarchal goddess of the moon. At night I shine. My light falls on those who look for me. They are blessed because during the day I become them and they are relieved of the burden of selfhood."

"I don't get it," Jason said.

"It takes a while."

"You mean I can do anything I like because you'll be me?"

"It's difficult to explain," Helen said. "You have to understand these things from inside. I don't know if you're up to it. I mean, the light *has* shone on you, but you have not seen the light. If you know what I mean. The best thing is just to relax and go with the flow. Don't worry, everything is written."

"Do I want a beer?"

"At least," Helen said. "Can't you see you're sweating like a pig? Get yourself a beer and while you're at it, try to think about lunch."

By the time Jason got back with the beer Helen had finished stripping off all the turf; it was now cut into neatly stacked squares.

"What are you doing?"

"I am Helen, ancient matriarchal goddess of the moon. You are Jason, questing for the golden fleece. You know it's down here somewhere. You can smell it. It's just a matter of getting rid of all this green stuff so you can get a good look. That is why destiny brought you to this place. You must fulfill your destiny or spend the rest of your life being a catfish in the River Styx."

"How about some lunch?"

"Thanks, you're hungry."

They went to his apartment and sat at the table. Jason opened the windows. It was a day without a crossbreeze. "What would you like?" Jason asked. All he had was yoghurt, eggs and 5-grain bread. Aside from the rest of the case of beer and six cans of frozen pink lemonade. He hoped Helen wouldn't inspect his larder, but he had an answer ready, which was that he had thought she would do his eating for him.

"I'm not hungry," Helen said. "What would you like?"

"Toast and yoghurt, I guess."

"Okay."

He looked out the window. The hole had a long way to go before it was a buffalo pit.

All afternoon, Helen dug. Jason sat in the plastic lawnchair, watching her. Her cheeks were red, her forehead was red, her arms and legs were red. But she had a little white stripe of protective cream on her nose. No matter how hard she worked and sweated, the stripe stayed intact.

"You're incredible," Jason said. He was on his sixth beer. He didn't need protective cream because he was sitting in the shade and, for additional protection against the sun's cancerous rays, he was wearing a hat. Also, he was getting worried. He had been sure he would be able to cure Helen by telling her he was digging a hole, but now it seemed she might work herself to death. He could see the headline in the paper: UNEMPLOYED MAN WORKS NEIGHBOR TO DEATH.

"I'm finished now," he said. "I'm exhausted. I want to go inside and take a shower."

"Go ahead," Helen said. "I am the stronger part of you. You think you want to take a shower but really you need to keep working in order to fulfil the prophecy. Don't worry, everything is written."

"Okay," Jason said. Sometimes people had to learn the hard way. "I'll go in and take a shower while I stay out here and keep digging."

"Great," Helen said. "See you soon."

When he was finished his shower he came to the window. The hole was getting seriously deep. Helen was in up to her shoulders. "How am I doing?"

Helen looked up at him from the hole. "You're doing better. You were right about the shower. But now you're getting hungry again."

"I am?"

"You want spaghetti with four-cheese and garlic sauce for supper. You'll find all the ingredients in my refrigerator."

"I don't know how to make cheese sauce. It always turns brown on me."

"I'm you," Helen said, "You be me. I'm an excellent cook and I never ruin sauce."

"I'll tell you what," Jason said, feeling guilty. "I'll dig and you cook."

"That's what I said."

"I mean you dig and I cook. But you be me and I'll be you."

"You're getting confused," Helen said. "Everything must be as it is written."

Jason got an inspiration. "We'll both cook."

"Okay," Helen said. She pushed the shovel up over the edge of the hole. "Could you help me out of this place?"

Jason climbed out his window. The hole had grown so big he almost fell in. He went around to the other side and pulled Helen out. She was covered with dirt. They went upstairs to her apartment. She took a shower and came out wearing only her shorts. Jason wondered if this was some sort of ploy or if Helen had no clean laundry. Everywhere that had stuck out of the t-shirt was bright red. Everywhere that hadn't was dead white, with certain obvious exceptions.

Part of Jason wanted to touch those exceptions. On the other hand, the hand that didn't want to touch, he didn't want to get involved with Helen who was both a neighbor and a lunatic.

"Sometimes you have to be sensible," Jason said.

"Let your feelings speak for themselves."

"I'm cold," Jason said.

Helen went into her bedroom, returned wearing another t-shirt. This one was blank on the back but had GOD IS EVERYTHING in red letters across the chest.

While cooking she drank red wine, smoked cigarettes, talked about how satisfying it was to have done a good day's work. "The guy who lived here before you never wanted to do anything but sleep all day. I felt so dragged out. It's great to have someone here with a bit of energy."

There were onions to be chopped, cheeses to be grated, salad dressing to be invented. A second bottle of wine was opened, then a third. It got so dark that when Jason looked out Helen's window, he could no longer see the hole.

When everything was ready, Helen turned out the lights.

"I am Helen, matriarchal goddess of the moon. It is written that you shall dine in the splendor of my light."

"Great," Jason said. He had never eaten in the dark before. The spaghetti with four cheese and garlic sauce was succulent and rich. "I didn't know I could cook this well."

"Sometimes you can amaze yourself."

In the dark Helen's voice sounded deeper, more confident.

Jason put down his fork and reached for his wine. Cheap Italian red, but in the dark and following the cheese it tasted better. As he groped to make sure he was putting his glass securely on the table, his fork clattered to the floor.

"Don't worry," Helen said. "Children of the moon eat with their hands."

The cheese flowed between his fingers. Gradually spread to cover his palms, his face, dripped down onto his neck. Then Helen was standing next to him. Her own cheese-covered hands slipped beneath his shirt, circled around his belly and chest.

"It is written," she breathed. "Do onto others as you would have them do onto you."

He dipped his fingers in the sauce, began spreading it onto her.

"You're catching on," she said.

"I have to tell you," Jason said. "I never sleep with women I'm not married to."

"I'm glad to hear that," Helen said. She raised her arms above her head and snapped her fingers like a Spanish dancer. "Take your clothes off," she said, "it's dark and no one's looking."

They were naked, covered in sauce of four cheeses, rubbing back-to-back against each other to the music of the refrigerator motor. It was a hot night. The motor speeded up. They turned front-to-front.

"Don't compromise yourself," Helen said.

"I am Jason searching for the golden fleece."

"It is written," Helen said.

"I can't read in the dark."

Someone above them flushed a toilet. The darkness, the cheese, the sound of running water, Helen's belly whipping around his own like greyhounds on a racetrack, all came together in the rush of falling water. His mind, Jason's mighty Argo, was suddenly rudderless and adrift. It escaped with the water, wooshing down the drain, under the lawn and out into the wider faster moving rivers beneath the street. Meanwhile Jason was left behind, empty and beached, spread-eagled on top of his upstairs neighbor.

The next morning he woke up in the buffalo pit. Overnight the cold earth had dug itself into the crevices of his body, invaded his ears, his eyes, the corners of his mouth. For a moment he had to ask himself if he was already dead and being eaten by worms. His back ached, his neck was twisted and sore, he was wearing nothing but a faded cotton blanket he didn't recognize. Overhead the sky was empty and blue. When he closed his eyes he remembered opening yet another bottle of wine with Helen, then taking her down to his apartment to show her his living room. "I am the ancient matriarchal goddess of the moon," Helen had said. "For you I will lay down my silver light so you can dance your ancient dance."

He stood up. Helen was sitting in his lawnchair, drinking coffee. On her head she was wearing one of the square pieces of turf. As he climbed out of the pit Jason saw a pair of butterflies swoop down to land on Helen's grassy crown.

"You're feeling great," she said. "I'm really glad you moved in."

MATT COHEN

Les enfants de la lune

TRADUIT PAR
ANDRE CARPENTIER

Il rêvait qu'il était endormi. La paix et le silence s'étiraient de son corps nu comme les rayons de roue d'un chariot cherchant un horizon infini. Il savait qu'il était dans le plus parfait sommeil qu'il ne connaîtrait jamais, que son cœur ne retrouverait une paix semblable que dans l'éternité. Son cœur battait d'une force tranquille. Mais peu à peu, il se rendit compte que la terre elle-même battait en harmonie avec les temps forts de son cœur. Au début, ce fut un simple tremblement, puis des vibrations basses et lentes firent vibrer la croûte terrestre, enfin un lourd pilonnage s'accéléra jusqu'à devenir un rugissement incontrôlable. Il savait qu'il devait se lever et se sauver. Mais les tremblements et le tapage avaient assiégé son corps. Épouvanté, il sortit du rêve, bondit hors du lit en hurlant, les yeux ouverts. Le réveil indiquait 10 h 17. Au-dessus de lui, la débandade des bisons se poursuivait, et comme il fixait le plafond, la peinture et le plâtre écaillés se mirent à tomber comme de la neige.

Il lança un «Crisse!», enfila un t-shirt et des jeans. Il se précipita par la porte, s'engagea dans l'escalier et monta frapper à la porte de l'appartement d'en dessus.

La débandade se transforma en silence. Il y eut des bruits de pas, puis Hélène se présenta à la porte. La sueur perlait sur sa face écarlate. Son front était ceint d'un bandeau fleuri. Ses cheveux noirs pendaient en vrilles sur ses joues et dans son cou. Elle portait un ensemble de jogging violet avec des souliers de course noirs.

— Tu ressembles à Elizabeth Taylor et Montgomery Clift, fit Jason.

— Merci! dit Hélène, haletante.

— Que se passe-t-il?

— C'est toi qui as frappé à ma porte!

— J'ai cru entendre du bruit.

— Je faisais de la course sur place.

— Juste au-dessus de mon lit!

— C'est parce que j'étais toi. Souviens-toi: tu m'as dit que tu devais perdre un peu de poids. Je le faisais pour toi.

— Merci, répliqua Jason, qui tourna sur lui-même comme pour rentrer chez lui.

Depuis une semaine qu'il habitait cet immeuble, Hélène n'avait pas cessé de faire des choses étranges et de prétexter qu'elle les faisait parce qu'elle était lui.

— Que faisais-tu avant que j'habite ici? demanda-t-il.

— Je n'étais pas toi, à ce moment-là, dit-elle. Toi, tu l'étais, tu ne t'en souviens pas?

La plus étonnante particularité de cet appartement, c'était ce que, dans la petite annonce, on avait appelé ses jeux d'air. Si on ouvrait la bonne fenêtre au bon moment, l'appartement aspirait des poches de vent vers le salon et les soufflait jusque dans la cuisine. Ou vice versa. Les jours de pluie, ça produisait des sentiers de brume qui s'étiraient dans tous les coins. Parfois, Jason arpentait ces sentiers pieds nus. Ça ménageait les essuie-mains, pensait-il. Mais en fait, il n'asséchait pas le plancher avec ses pieds pour ménager les serviettes. Il avait commencé de s'amuser à ce jeu parce qu'il n'avait rien d'autre à faire, sinon aller changer son chèque de chômage et parcourir les offres d'emploi.

Jason pensa en toute certitude que si Hélène se rendait compte qu'il s'amusait ainsi à éponger les flaques d'eau de l'appartement avec la plante des pieds, elle trouverait le moyen de le faire à sa place. Il ne lui en parla donc pas, car la dernière scène qu'il souhaitait voir dans son appartement, c'était bien Hélène se dandinant pieds nus. Quoique, à bien y penser, les pieds de biche d'Hélène, ça aurait pu être excitant! La solution, c'était de transformer les sentiers de brume en piste de bisons, de jeter Hélène dans la débâcle et de la stimuler jusqu'à ce qu'elle culbute par la fenêtre et se plante dans le gazon. Mais la base de la fenêtre n'était qu'à trois pieds du sol. S'il voulait faire à Hélène le coup du bison emballé, il lui fallait commencer par creuser un trou.

Il monta à l'étage et glissa une pelle dans les mains d'Hélène.

— Je creuse un trou, dit-il.

— Tu creuses un trou!

— Oui. Et n'oublie pas que tu es moi. Je suis quelqu'un d'autre aujourd'hui, mais je ne sais pas qui. Je creuse pour le savoir.

— Tu creuses un trou!

Il la mit rapidement au travail. Pendant qu'elle donnait les premiers coups de pelle, elle lui fit remarquer qu'il trouverait une indication sur celui qui le possédait quand le temps serait venu. En attendant, son esprit pouvait être tranquille sous sa surveillance. Elle s'occupait de tout. «D'accord», dit Jason.

Son frère lui avait donné une chaise de jardin avec des lanières mauves et blanches entrelacées. Elles étaient en plastique si flexible que même une fourmi y aurait perdu pied. Il s'étendit confortablement sur la chaise.

Hélène creusait. Elle avait changé son ensemble de jogging pour un short kaki et un t-shirt sur le dos duquel était imprimé le mot TROJANS. «Avant que tu sois moi, demanda Jason, étais-tu Hélène de Troie?»

Hélène se tourna vers lui. Elle suait de nouveau et ses joues étaient d'un rouge alarmant.

— J'ai toujours été toi. Je le serai toujours. Je suis Hélène, antique déesse matriarcale de la lune. Je brille la nuit. Ma lumière touche ceux qui m'appellent. Ils sont bénis parce que le jour je deviens eux et qu'ils sont délivrés du fardeau d'être eux-mêmes.

— Je ne comprends pas, dit Jason.

— Ça prend un certain temps.

— Tu veux dire que je peux faire tout ce que je veux parce que tu seras moi!

— C'est difficile à expliquer, dit Hélène. Il faut comprendre ces choses-là de l'intérieur. Je ne sais pas si tu es prêt à comprendre cela. Je veux dire, le soleil a brillé au-dessus de toi, mais tu n'as pas vu la lumière. Si tu comprends ce que je veux dire... La meilleure chose, c'est de relaxer et de suivre le courant. Ne t'inquiète pas, tout est écrit.

— Est-ce que je veux une bière?

— Enfin! dit Hélène. Ne vois-tu pas que tu sues comme un cochon! Va te chercher une bière, et tant qu'à y être, pense donc à préparer le déjeuner.

Le temps que Jason revienne avec une bière, Hélène avait eu le temps d'arracher la couche de gazon. Elle avait disposé des petites touffes carrées en tas bien ordonnés.

— Que fais-tu?

— Je suis Hélène, ancienne déesse matriarcale de la lune. Tu es Jason, en quête de la Toison d'or. Tu sais qu'elle est ici, quelque part. Tu la sens. Il n'y a qu'à se débarrasser de cette chose verte pour la trouver. C'est pourquoi le destin t'a mené jusqu'ici. Tu dois réaliser ton destin ou rester poisson-chat et tremper dans le Styx, le Fleuve des Enfers, jusqu'à la fin de tes jours.

— Que dirais-tu de manger?

— Bonne idée! Tu as faim, justement.

Ils allèrent à l'appartement de Jason et se mirent à table. Il ouvrit les fenêtres. C'était une journée sans vent. «Que veux-tu?» demanda Jason.

Il n'avait que du yogourt, des œufs et du pain cinq grains, à part quelques bières et six canettes de limonade rose. Il espérait qu'Hélène n'inspecte pas trop son garde-manger. Mais quoi qu'elle dise, il avait une réponse toute prête: il avait pensé qu'elle mangerait pour lui.

— Je n'ai pas faim, dit Hélène. Que voudrais-tu?

— Des rôties et du yogourt, je suppose...

— D'accord.

Il regarda par la fenêtre. Il y en avait long à creuser avant que le trou ne devienne une fosse à bisons.

Hélène creusa tout l'après-midi. Jason resta allongé dans la chaise de jardin aux lanières de plastique à l'observer. Ses joues étaient rouges, son front aussi était rouge, et ses jambes du même rouge. Mais elle avait une petite tache protectrice blanche sur le nez. Elle avait beau travailler dur et suer, la tache demeurait intacte. «Tu es incroyable!» lança Jason, qui achevait sa sixième bière.

Il n'avait pas besoin de crème protectrice, étant donné qu'il restait à l'ombre et qu'il portait un chapeau comme protection supplémentaire contre les rayons cancérigènes du soleil. C'est peut-être ce chapeau, d'ailleurs, qui le faisait suer. Et puis il s'inquiétait. Il avait cru pouvoir guérir Hélène en lui faisant creuser ce trou, mais tout semblait indiquer qu'elle était prête à travailler jusqu'à l'épuisement. Il imaginait le titre dans le journal: «Un chômeur fait travailler une voisine jusqu'à la mort!»

— Je n'en peux plus! Je suis fatigué. Je veux rentrer et prendre une douche, lança Jason.

— Vas-y, dit Hélène. Je suis ta moitié forte. Tu penses que tu veux prendre une douche, mais en fait tu as besoin de continuer à travailler de façon à réaliser la prophétie. Ne t'en fais pas, tout est écrit.

— D'accord, dit Jason.

Parfois les gens ont besoin d'apprendre de leurs expériences.

— Je vais rentrer et prendre une douche pendant que je vais rester ici et continuer à creuser.

— Parfait, dit Hélène. À tantôt.

Après la douche, Jason vint à la fenêtre. Le trou était déjà profond. Hélène y était enfouie jusqu'aux épaules. «Qu'en penses-tu?»

Hélène le regardait du fond du trou:

— Tu vas mieux. Tu avais raison de vouloir prendre une douche. Mais tu commences de nouveau à avoir faim.

— J'ai faim, vraiment!

— Tu veux un spaghetti aux quatre fromages avec sauce à l'ail pour souper. Tu vas trouver tout ce qu'il faut dans le réfrigérateur.

— Mais je ne sais pas comment faire la sauce au fromage. Je finis toujours par la carboniser!

— Je suis toi, dit Hélène. Tu es moi. Je suis une excellente cuisinière et je ne rate jamais une sauce.

— Voici ce que je propose, dit Jason, qui se sentait coupable, je creuse et tu fais la cuisine.

— C'est ce que j'ai dit!

— Je veux dire: tu creuses et je fais la cuisine. Mais tu seras moi et je serai toi.

— Tu deviens confus! dit Hélène. Tout doit être comme c'est écrit.

Jason eut une soudaine inspiration.

— Nous allons faire la cuisine ensemble.

— D'accord, dit Hélène.

Elle lança la pelle hors du trou. «Veux-tu m'aider à sortir d'ici?»

Jason sauta par la fenêtre. Le trou était si imposant qu'il faillit tomber dedans. Il le contourna et aida Hélène à en sortir. Elle était couverte de poussière. Ils montèrent à l'appartement d'Hélène et elle prit une douche. Quand elle ressortit, elle ne portait qu'un short. Jason se demanda si c'était là une sorte de jeu ou si Hélène n'avait pas de vêtements propres. Tout ce qui n'avait pas été couvert par le t-shirt était d'un rouge vif. Tout ce qui avait été couvert était d'un blanc laiteux, à quelques exceptions près.

Une partie de Jason voulait toucher ces exceptions. D'un autre côté — du côté de la main qui ne voulait pas toucher —, il ne voulait pas avoir une aventure avec Hélène qui était à la fois une voisine et une cinglée.

— Il faut parfois être raisonnable, dit Jason.

— Laisse parler tes émotions.

— J'ai froid, dit Jason.

Hélène alla dans la chambre. Quand elle revint, elle portait un nouveau t-shirt. Il n'y avait pas d'inscription au dos de celui-là, mais on pouvait lire DIEU EST TOUT en lettres rouges sur la poitrine.

En faisant la cuisine, elle but du vin rouge, fuma quelques cigarettes, expliquant comme c'était satisfaisant d'avoir connu une bonne journée de travail. «Le gars qui demeurait ici avant toi ne voulait jamais rien faire d'autre que dormir toute la journée. Je ne me suis jamais sentie aussi inutile! C'est bien d'être enfin quelqu'un qui a un peu d'énergie.»

Il fallait éplucher les oignons, râper le fromage, inventer une vinaigrette. Elle ouvrit une deuxième bouteille, puis une troisième. Bientôt il fit si noir que lorsque Jason regarda par la fenêtre, on ne voyait plus le trou. Quand tout fut prêt, Hélène ferma les lumières.

— Je suis Hélène, la déesse matriarcale de la lune. Il est écrit que tu dois prendre le repas dans la splendeur de ma lumière.

— Parfait, dit Jason.

Il n'avait jamais mangé dans le noir. Le spaghetti aux quatre fromages avec sauce à l'ail était délicieux et copieux.

— Je ne savais pas que je cuisinais si bien!
— Tu t'impressionnes parfois toi-même!

Dans le noir, la voix d'Hélène sembla plus basse, plus assurée. Jason déposa sa fourchette et chercha la bouteille de vin à l'aveuglette, un rouge italien bon marché, que la pénombre et l'abus de fromage firent paraître presque bon. Comme il essayait à tâtons de redéposer son verre sur la table, sa fourchette alla résonner sur le plancher.

«Ne t'en fais pas, dit Hélène. Les enfants de la lune mangent avec leurs mains.»

Le fromage dégoulina entre les doigts de Jason, puis se répandit jusqu'à recouvrir ses mains, sa face, jusqu'à couler dans son cou. Puis Hélène vint se tenir près de lui. Elle laissa déraper ses mains couvertes de fromage sous la chemise de Jason, les fit glisser sur son ventre, sur son torse.

«Il est écrit, susurra-t-elle: fais aux autres ce que tu voudrais qu'on te fasse.»

Jason plongea les doigts dans la sauce et commença de l'étendre sur Hélène.

— Tu commences à comprendre, dit-elle.
— Je dois te dire, commença Jason... Je ne couche jamais avec des femmes avec qui je ne suis pas marié.
— Je suis contente d'entendre ça, répliqua Hélène.

Elle leva les bras au-dessus de la tête et fit claquer ses doigts comme une danseuse espagnole. «Déshabille-toi, dit-elle, il fait noir et personne ne nous voit.»

Ils étaient nus, couverts de sauce aux quatre fromages, se trémoussant dos à dos sur la musique du réfrigérateur.

C'était une nuit chaude. Le moteur accéléra sa cadence. Ils étaient maintenant face à face.

— N'accepte aucune solution de compromis, dit Hélène.
— Je m'appelle Jason et je suis en quête de la Toison d'or.
— C'est écrit, dit Hélène.
— Je ne peux lire dans le noir.

Quelqu'un au-dessus d'eux tira la chasse d'eau. La noirceur, le fromage, les hoquets de la tuyauterie, les lévriers de course emballés dans l'estomac d'Hélène, tout se rassembla en tourbillon dans un tonnerre de cataracte et fut expulsé comme au débouché d'une écluse. L'esprit de Jason, puissant navire laissé à l'abandon, partit soudainement à la dérive. L'Argo s'échappa avec l'eau, grinça le long du drain, sous la pelouse et jusque dans les égouts sous la rue. Pendant ce temps, le corps de Jason restait derrière, vidé, bras et jambes écartés, échoué dans la vase sur sa voisine d'enhaut.

Le matin suivant, il se réveilla dans la fosse à bisons. Durant la nuit, la terre froide avait pénétré par toutes les fissures de son corps, avait envahi les oreilles, les commissures des yeux, des lèvres. Durant un moment, il se demanda s'il était déjà mort et si les vers avaient commencé de le dévorer. Il était tout courbaturé, son cou était tordu et endolori, il n'était recouvert que d'une couverture décolorée qu'il ne connaissait pas. Au-dessus de lui, le ciel était bleu. En fermant les yeux, il se rappela avoir débouché une autre bouteille avec Hélène, de l'avoir emmenée chez lui pour lui montrer la brume et le clair de lune qui circulaient dans son appartement comme sur l'autoroute. «Je suis l'ancienne déesse matriarcale de la lune, avait dit Hélène. Pour toi, je vais déposer ma lumière d'argent de façon à ce que tu puisses danser ta danse ancienne.»

Il se releva. Hélène était allongée sur sa chaise de jardin, buvant un café. Elle tenait sur sa tête une pièce carrée de pelouse. Comme il sortait du trou, Jason vit un couple de papillons descendre en piqué sur la couronne d'herbe d'Hélène.

«Tu te sens très bien, dit-elle. Je suis très contente que tu aies emménagé ici.»

HELENE RIOUX
La première soirée

Un soir de juillet, l'amateur d'opéra avec qui je faillis vivre une histoire d'amour m'avait invitée à souper. Je me souviens de la chaleur qu'il faisait ce jour-là, quarante à l'ombre. L'amateur d'opéra venait tout juste d'emménager dans un bel appartement climatisé, au vingt-quatrième étage d'un gratte-ciel. Il m'avait proposé: «Nous allons pendre la crémaillère ensemble.» Il y tenait vraiment, «Rien que nous deux, un petit repas d'amoureux. Tu vas voir ce que tu vas voir.» Il aimait tant faire la cuisine.

Dès mon arrivée, les arômes mêlés m'avaient déroutée. J'avais humé sans discerner. Il m'avait dit «Ne me demande pas ce qu'on va manger, c'est une surprise», puis «Installe-toi, je t'apporte l'apéritif». Je m'étais assise sur le canapé de cuir; dans un verre sur pied en cristal de Bohême, il m'avait tendu un Tequila Sunrise orné d'une cerise au marasquin cancérigène. Dans un verre identique, il s'était servi de l'eau Perrier frappée avec une rondelle de citron gorgé de vitamine C, «Je ne bois pas, mais je prendrai un peu de vin en mangeant tout à l'heure, pour t'accompagner». Sur la table laquée, il avait déposé l'assiette de toasts au caviar d'esturgeon, les bouchées feuilletées aux asperges. Il demandait «Ça te plaît, c'est bon?» Ses yeux brillaient, il avait cuisiné toute la journée quand il aurait pu nager dans la piscine, prendre le soleil sur la terrasse. Faut croire qu'il m'aimait. Ou, du moins, qu'il était vraiment déterminé à me conquérir.

Il allait voir à la cuisine, vérifier la cuisson, touiller les sauces, ajouter un soupçon de sel, un brin de romarin, une larme d'essence aromatique. «Tout est prêt. Tu as faim?» J'avais faim. Et quel fiasco, ce repas. Ça débutait par des cailles farcies de raisins verts et flambées au porto. J'avais détourné les yeux. «Pauvres petits oiseaux.» Il les avait fait flamber à la table, destin moyenâgeux et spectaculaire, des oiselets qui tiennent dans le creux de la main, la flamme léchant les carcasses recroquevillées si délicates, dodues et rondes, les petits corps innocents. Il était fier de lui. Je m'étais excusée, «Des moineaux, vraiment, je ne peux pas». J'avais essayé un raisin, mais même un raisin, c'était impossible, cuit avec les cailles, ça n'avait plus le même goût. L'expression désolée qui s'était peinte sur son visage... Il avait retiré les assiettes, il n'osait même plus avaler une bouchée devant moi. «Ce n'est pas grave, je vais apporter la suite.» La suite, c'était des cuisses de grenouilles au beurre et au basilic. «Goûte, au moins, c'est délicieux, je te jure, c'est plus délicat que le poulet, la sauce est un chef-d'œuvre, du basilic frais, du beurre, une réduction de bourgogne blanc... Bon, j'ai compris. Et le fromage, ça te dégoûte aussi?» De toute façon, je n'avais plus d'appétit, mais j'avais quand même murmuré «Le fromage, ça va. À moins que ce soit du roquefort». C'était du roquefort.

Il avait été morose le reste de la soirée. Moi aussi, mais je voulais à tout prix lui arracher un sourire, je me sentais coupable, j'avais gâché la fête. Et pour lui arracher ce sourire, j'avais proposé «La prochaine fois, tu me feras du tofu, un sandwich au concombre» — oh! non, les sourires, il ne les gaspillait pas —, «De la poutine, une tarte au millet». Il restait de glace. Pour le dérider, je lui avais raconté la fois où ce type, tu sais, qui revenait de l'Inde, je t'en avais déjà parlé, nous étions allés à l'école ensemble, eh bien, il avait rebondi chez moi une fin d'après-midi, un sac de plastique blanc rempli de victuailles au bout de son bras maigre, tu sais bien, il était toujours habillé en orange, une tunique de lin, des sandales de corde, il se prenait pour un gourou, en Inde, on lui avait donné un nom qui signifiait soleil, ou quelque chose comme ça, j'ai oublié le mot hindi, cette fois-là, il avait décrété qu'il préparait le souper, que je m'alimentais trop mal, c'en était une honte, il s'était affairé dans la cuisine pendant trois heures pour finalement me servir une entrée d'épis de maïs cru et pour les manger il avait retiré son dentier, puis une bouillie trouble qu'il appelait gratin d'avoine aux navets, il m'assurait que c'était très bon pour la santé, les minéraux, les protéines, très équilibré, très zen. J'avais enfin réussi à le lui arracher, ce sourire, il en avait esquissé un, fugace, contraint, il avait dit que je me payais sa tête et j'avais répondu que sa tête, c'était bien au-dessus de mes moyens.

Il avait débarrassé la table; la vaisselle et les verres s'entrechoquaient dans la cuisine. J'étais prostrée, à la fois affamée et nauséeuse. Par la porte-fenêtre ouverte, pas un souffle de vent ne pénétrait. Le système de climatisation était bien entendu défectueux. C'est toujours comme ça. Toujours pendant la vague de froid que le chauffage tombe en panne. Pendant la semaine de vacances qu'il pleut. Sur le côté tartiné que la rôtie tombe. C'est prouvé par Murphy.

Immobilité totale, très lourde. Couverts de sueur, nous avions écouté des airs de *La Bohême*, puis d'*Aïda*, de *Butterfly*. Il n'avait pas encore de lecteur de disques compacts mais une chaîne très sophistiquée, régler les basses et les aiguës, c'était tout une histoire, il voulait le son pur, l'équilibre parfait, il avait l'oreille fine, la plus imperceptible distorsion faisait éclore sur son visage une grimace de douleur. Puis il m'avait proposé une partie d'échecs et je l'avais perdue, je n'avais pas la tête à ça, j'étais nulle aux échecs. D'ailleurs, j'avais tellement horreur de perdre que je le faisais exprès d'accélérer ma défaite, et ce *triomphe sans gloire* l'humiliait encore plus.

J'avais terminé la bouteille de vin d'Alsace, j'avais eu mal au cœur, j'avais couru à la salle de bains. Il m'avait suivie, il frappait à la porte, «Ma fleur, ça ne va pas, allez, viens t'allonger». Il avait posé sur mon front une débarbouillette mouillée repliée sur des glaçons, m'avait fait boire quelques gorgées d'une infusion, avait tenu ma main, prononcé de ces paroles apaisantes qu'on chuchote aux moribonds ou aux enfants qui pleurent, «Ça va aller, ne t'en fais pas, tout est ma faute, j'aurais dû te demander aussi avant de préparer tous ces... mais je voulais te faire une surprise, ça m'apprendra... tiens, bois encore un peu de verveine...» et la verveine ne passait pas. Il tenait le saladier de verre taillé, il était vraiment très amoureux de moi, rien n'était trop beau, il n'aurait pas voulu que je vomisse dans un seau de plastique ou dans une casserole, il tenait le saladier devant moi pendant que j'y rendais en vrac tout le contenu de mes boyaux, la tequila et la cerise, le grain de raisin vert, les bouts de pain et les œufs de poisson en suspension dans le vin blanc, il me tapait gentiment dans le dos en répétant, la mine contrite, qu'il aurait dû le savoir, qu'il avait bien vu, au restaurant, que je commandais toujours des salades, du poisson, un steak à la rigueur, et entre deux hoquets j'essayais encore de lui arracher un de ses si précieux sourires, «Ça ressemble assez à de l'avoine aux navets, tu sais», commentais-je en jetant un œil sur la bouillie du saladier.

Il avait pris un air incertain pour me demander:

— Tu l'as inventée, cette histoire, non?

— Cher ami, ne savez-vous pas que la réalité dépasse la fiction?... Je n'aurais jamais eu assez d'imagination pour l'inventer.

— J'ai horreur que tu m'appelles cher ami.

— Cher ami... vite... le saladier.

Il me tendait le saladier, il allait le rincer, il revenait avec des compresses de glace pour mon front. J'avais entre temps vomi dans mes cheveux, mais il avait dit «Ce n'est pas grave, je vais te faire couler un bain», j'étais si molle, c'est lui qui m'avait retiré mes vêtements, j'étais si molle, il m'avait soutenue jusqu'à la salle de bains, «Veux-tu que je t'aide?», j'avais bafouillé que oui sinon j'allais certainement me noyer. L'eau était tiède, je grelottais. J'avais demandé «Plus chaud, je vous en prie... cher ami», il avait versé du shampoing dans mes cheveux, il frictionnait ma tête qui ballottait, ma tête était si lourde, ma tête faisait si mal, puis d'une main il la soutenait, de l'autre, il dirigeait le jet de la douche-massage, «Plus froid maintenant... très froid... chaud maintenant...»

— C'est une douche écossaise que tu veux?

— Je veux que mes esprits reviennent... ils reviennent... je les sens revenir...

Et après trois ou quatre de ces passages brutaux du bouillant au glacé, ils étaient revenus pour de bon. Je chambranlais bien encore un peu en sortant de la baignoire, mais si peu, et c'était de faiblesse. Il m'avait donné un comprimé très efficace contre le mal de bloc, et une brosse à dents, il en avait tout une réserve. J'avais choisi la jaune aux poils durs, je brossais avec vigueur, je me gargarisais avec le rince-bouche. Mes traits tirés me lorgnaient dans le miroir. Il m'avait séchée avec la grande serviette éponge, un baiser chaste sur mon ventre, mes genoux, mes pieds. «Et qu'est-ce que tu aimerais, à présent? Tu veux te reposer?»

Il m'avait portée jusqu'à son lit. J'avais somnolé un peu, presque chaviré. Je le sentais, à intervalles réguliers, entrer dans la chambre, s'approcher de moi, se pencher avec sollicitude. À un moment, j'avais allumé la lampe de chevet. Il était aussitôt venu, il avait dit «Tu dois avoir faim, ma pauvre fleur.»

— J'ai l'estomac dans les talons.
— Si on sortait...
— Rien à me mettre sur le dos.
— C'est vrai... Et si je commandais du chinois, ça t'irait?
— Va pour le chinois.
— Des nouilles aux œufs.
— Va pour les nouilles.
— Aux légumes seulement.
— Va pour les légumes.
— On va manger sur la terrasse.

On avait mangé sur la terrasse, à la lueur de deux chandelles sous le croissant de lune et le jardin d'étoiles, on disait le jardin suspendu, le jardin renversé, on renversait la tête, on espérait voir une étoile filer, un météorite zébrer l'espace. Il me demandait «Ça va maintenant? Ça va mieux?», «Oui, oui», «Le bouillon est léger, n'est-ce pas?», «Très léger», on buvait du thé vert pâlot, il m'avait prêté un de ses t-shirts, le bleu nuit à rayures bourgogne ou vice versa, j'avais posé mes pieds à côté de sa cuisse, sur sa chaise coussinée. Il les caressait distraitement, puis avec de plus en plus d'ardeur. Il disait «Les pieds, quelle partie du corps négligée, méconnue, parfois même méprisée.» Il disait «Moi, les pieds, ça me bouleverse. Ça a l'air solide, mais c'est vulnérable. C'est plein de creux, de bosses, c'est vallonneux, un pied, c'est comme un paysage.» Je renchérissais, «Et puis, c'est sympathique. Sans prétention.» Il passait le doigt entre mes orteils, en commentant: «Ici, entre les orteils, c'est secret, sensible, ça tressaille.» Sous l'emprise de cette caresse légère, je me sentais devenir peu à peu euphorique. Il massait la plante de mes pieds. Il remarquait «Tu as la plante des pieds douce. Parfois, une plante de pied, c'est rugueux.»

— En hiver, c'est rugueux.
— Oui, le chauffage.

La première soirée

— Les bas de nylon, les bottes.
— Ça m'émeut quand c'est rugueux, ça m'émeut quand c'est doux. Tu as la plante des pieds soyeuse.

Il avait mis mes pieds sur ses genoux, il les prenait un à la fois dans ses mains, comme s'ils étaient des oiseaux, des cailles frémissantes, il les approchait de ses lèvres, il disait «À propos, ce type, là...»

— Quel type?
— Le farfelu dont tu parlais, tout à l'heure...
— Avoine aux navets?
— Oui.

Il embrassait mes orteils, un à la fois, tout en tenant mon talon dans sa paume, il caressait du pouce l'arche de mon pied, je commençais à sentir des chatouillements évocateurs le long de mes jambes, et qui montaient sur la face interne, fourmis microscopiques gravissant à la queue leu leu un sentier de montagne.

— Qu'est-ce qui t'intrigue?
— Eh! bien, je ne sais pas, qui il était, comment tu es devenue copine avec lui. C'est tellement étrange de t'imaginer avec ce genre de gars.
— On s'était connus à l'école, c'était en douzième année. À ce moment-là, il avait les cheveux coupés en brosse, de grosses lunettes à monture noire, genre fond de bouteille, il portait des complets gris acier, les cravates de son père. La risée de la classe, je te jure. Il en faut toujours un comme ça. Souffre-douleur, bouc émissaire.
— Tête de Turc.
— Croque-mitaine.
— Premier de classe?
— Non, même pas. Plutôt dans la moyenne inférieure. Nul en math, nul en éducation physique, fort en histoire. Féru de philosophie tarabiscotée, ennuyeux à mourir. L'élocution lente et hésitante... J'aime ça, ta langue sous mes orteils...
— Ça fait penser à de petits coussins... Bref, tu l'avais pris en pitié, c'est ça?
— Non, à cette époque, je ne lui adressais même pas la parole. Je me contentais de rire de lui, comme tout le monde. C'est seulement quelques années plus tard, je fréquentais un gars, tu sais, je t'en ai parlé, celui qui faisait de la méditation transcendantale.

— Tu ne m'as jamais parlé de celui-là.

— Ça n'a pas d'importance... enfin, lui, le connaissait. Il revenait de l'Inde. Avoine aux navets, je veux dire.

— Tu n'es pas facile à suivre.

— Une secte, là-bas, l'avait rebaptisé. Tout d'abord, je ne l'ai pas reconnu. Il faisait des séances d'immersion.

— D'immersion?

— Oui, dans un bain. Il fallait être complètement sous l'eau, un tube dans la bouche, tu sais, comme un périscope.

— Un tuba, tu veux dire.

— D'accord, un tuba, si tu veux, mais moi, ça me fait penser à un périscope, un truc qui surgit de l'eau pour épier les alentours... Il paraît que c'était comme un retour dans l'utérus maternel. Très bienfaisant comme technique. Le *Rebirth*.

— Oui, j'ai lu quelque chose là-dessus. Alors, tu t'es fait immerger?

— Tu me chatouilles... Non, l'utérus maternel, ça ne m'inspirait pas vraiment. Et surtout, je n'arrivais pas à me résoudre à être nue dans un bain, avec lui à mes côtés tenant le périscope, je veux dire le tuba. Son air monastique me glaçait littéralement. Mais il a calculé mon biorythme et ma carte du ciel.

— Et alors?

— D'après ses calculs, nous étions destinés l'un à l'autre. Nos horloges physiologiques marquaient la même heure, nos planètes coïncidaient bizarrement. Vénus en Taureau tous les deux. L'harmonie de nos libidos était censée être totale.

— Tu as vérifié?

— Hélas, il n'était pas mon genre. Quand je lui ai expliqué ça, il n'en a d'abord pas cru ses oreilles. J'avais pourtant mis trois paires de gants blancs. C'est difficile de dire à un homme qu'il est trop laid. Ils n'arrivent pas à concevoir que la laideur nous rebute. Une certaine laideur, je veux dire. Parce qu'une autre, au contraire, peut être irrésistible.

— Tu parles d'une laideur «virile»?

— Comme la tienne. Mais lui, il était, comment dire... trop macrobiotique... Et puis, je ne sais pas, mais ses prothèses, ses pustules.

(Le seul fait de l'évoquer avait failli me soulever de nouveau le cœur.)

La première soirée

— Et alors, il a dû refaire ses calculs?
— Biliaires.
— Qu'est-ce que tu dis?
— Je blaguais. Non, il n'a pas refait ses calculs, il était infaillible, le pape des arcanes. Mais il m'a regardée fixement pendant quelques secondes puis m'a déclaré, avec une grande condescendance, que mon aura était complètement brouillée.
— Moi je trouve ton aura délicieuse.

J'étais à fleur de peau, ces attouchements pédestres m'avaient fait accéder à un état de jouissance très subtil, comme si le siège des sensations s'était transporté là, s'était concentré entre l'extrémité de mes orteils et mes chevilles. J'avais renversé la tête sur le dossier de la chaise de jardin, je contemplais la lune sourire béatement, je songeais que des constellations constellent et des galaxies tournent, comme tournent des astres autour de leur soleil et délicatement son pouce autour de la malléole interne de ma cheville. Puis j'avais fermé les yeux et ça tournait toujours, très lentement. Ma respiration s'accélérait, je percevais un faible gémissement s'exhaler de ma bouche, je sentais mes lèvres former le son «oui» à intervalles de plus en plus rapprochés, j'avais la tête renversée, mes pieds abandonnés entre ses mains. Quand il s'était mis à sucer mes orteils, de petites bulles avaient éclaté sous ma peau, ma bouche se desséchait pendant qu'ailleurs une partie de mon corps se liquéfiait (est-ce le principe des vases communicants?). Des images défilaient dans ma tête, précises, floues, floues, précises, des couleurs, le noir, des couleurs, des gerbes de couleurs, des geysers qui éclaboussaient le noir dans ma tête, je n'aurais plus jamais ouvert les yeux, jamais plus bougé, je serais restée là, figée dans ce no man's time, agrippée à l'éphémère de cet instant qui m'échappait, de toutes mes forces tendue vers l'aboutissement et refusant en même temps l'idée même de l'atteindre, retardant à l'infini l'échéance, *Encore un instant, monsieur le bourreau*, n'est-ce pas, la petite mort est si lente à venir, puis tout à coup un long tressaillement m'avait secouée, je m'étais cambrée sous l'œil multiple de la nuit, ces étoiles admirables, et j'avais crié, je pense.

HELENE RIOUX

Opening Night

TRANSLATED BY
DIANE SCHOEMPERLEN

One day in July the opera lover with whom I was almost having an affair invited me for supper. I remember the heat of that day, forty in the shade. The opera lover had just moved into a lovely air-conditioned apartment on the twenty-fourth floor of a highrise. He said to me: "We are going to have a housewarming party together." But what he meant was, "Just the two of us, a little romantic meal. You will see what you will see." He loved to cook.

When I arrived, I was confused by the different smells. I sniffed without distinguishing them. He said, "Don't ask what we're having, it's a surprise." Then, "Make yourself at home, I'll bring you a drink." I sat down on the leather couch. He offered me a Tequila Sunrise decorated with a carcinogenic maraschino cherry; it was in a long-stemmed glass of Bohemian crystal. In an identical glass he served himself a Perrier water on the rocks with a slice of lemon gorged with vitamin C. "I don't drink," he said, "but I'll have a little wine when we eat, just to keep you company." On the lacquered table, he set out a plate of sturgeon caviar on toast and bite-size pastries stuffed with asparagus. "Are you pleased?" he asked. "Is it good?" His eyes were shining. He had been cooking all day when he could have been swimming in the pool or suntanning on the balcony. He must have liked me. Or at least he was very determined to win me over.

He went to the kitchen to check on the food, to stir the sauces, add a dash of salt, a sprig of rosemary, a few drops of spice oils. "It's ready. Are you hungry?" I was hungry. But the meal was a disaster. It began with quail stuffed with green grapes and flambéed with port. I had to look away. "Poor little sparrows." He flamed them at the table, a fate medieval and spectacular, the little birds held in the hollow of his hand, the flame licking the carcasses curled up there so tenderly, plump and round, the little innocent bodies. He was proud of himself. I made excuses, saying, "Sparrows, really, I couldn't." I tried a grape, which although still a grape, having been cooked with quails, no longer tasted the same. Disappointed expression on his face . . .

He took the plates away, he didn't dare swallow a mouthful in front of me. "It doesn't matter, I'll bring you the next course." The next course was frogs' legs in basilic butter. "Taste it at least, it's delicious, I promise; it is more tender than chicken. The sauce is a masterpiece, with fresh basil, butter, reduced with white burgundy . . . All right, I understand. And do you also dislike cheese?" I'd lost my appetite but all the same I murmured, "Cheese, that's fine, As long as it's not Roquefort." It was Roquefort.

For the rest of the evening he was sullen. I was also unhappy but I was determined to drag a smile out of him. I felt guilty, I had spoiled the party. Trying to get him to smile I suggested, "Next time, you can make me tofu, a cucumber sandwich" — oh no, his smiles, he would not waste them — "And poutine, a millet pie." He remained cold.

To cheer him up I told him of the time when this character, you know, he'd just come back from India, I've already told you about that, we went to school together, and he came to my house late one afternoon with a white plastic bag full of food dangling at the end of his skinny arms, you know, he was always dressed in orange, a linen tunic, rope sandals, he'd gone to a guru in India where he was given a name meaning "sun" or something like that, I forget the Hindu word, on this occasion he had decreed that he would make the supper, my eating habits were horrible, it was shameful. He was busy in the kitchen for three hours before finally serving an entrée of raw corn on the cob, and in order to eat it, he took out his dentures. Then came a murky gruel which he called oats and turnips au gratin. He assured me it was very good for one's health, the minerals, the proteins, very balanced, very zen.

I was finally successful in extracting a smile. It was a slight one, fleeting, forced. He said I was making fun of him, going over his head, and I replied that his head was well above my means.

He cleared the table, the dishes and the glasses clinking in the kitchen. I was exhausted, ravenous and nauseous at the same time. Not a breath of air came through the open French windows. The air conditioning was clearly defective. It is always this way. Always a cold spell when the furnace breaks down. Always rain for a holiday week. The toast only falls on the buttered side. It's Murphy's Law.

Total immobility, very heavy. Covered with sweat, we listened to *La Bohême*, then *Aïda* and *Madame Butterfly*. He still did not have a compact disc player but a very sophisticated stereo system to regulate the flats and sharps, it's a long story, he wanted the pure sound, the perfect balance, he had a fine ear, the most imperceptible distortion caused a grimace of grief to bloom across his face. Then he suggested a game of chess and I lost. I don't have the head for it, I'm hopeless at chess. Besides I had such a horror of losing that I intentionally speeded up my defeat and this triumph without glory humiliated him even more.

I had finished the bottle of Alsatian wine, I felt sick, I ran to the bathroom. He followed me, he knocked the on door, "My flower, you don't feel good? Come here and stretch out." He placed a wet washcloth wrapped around ice cubes on my forehead, he made me drink some mouthfuls of an infusion, held my hand, spoke those soothing words one whispers to the dying or to children who cry. "It's all right, you didn't do it, it's all my fault, I should have asked you before making all this . . . but I wanted to surprise you, serves me right . . . here, drink a little more verbena . . ." And the verbena would not go down. He was holding a cut-glass salad bowl, he was really in love with me, nothing was too good for me, he wouldn't want me vomit into a plastic bucket or a saucepan, he held the salad bowl in front of me while I unloaded everything inside me: the tequila and the cherry, the green grape, the bread crusts and the fish eggs in a suspension of white wine. He patted me gently on the back while repeating with a contrite air that he should have known better, that he had seen how in a restaurant I always ordered salads, fish, a steak if need be, and between two hiccups I tried to drag forth one of his precious smiles. "It looks rather like oats with turnips, you know," I commented, casting an eye into the salad bowl.

With an uncertain air, he asked, "You made up that story, didn't you?"

"Dear friend, don't you know that truth is stranger than fiction? . . . I would never have enough imagination to make that up."

"I hate it when you call me 'dear friend'."

"Dear friend . . . quickly . . . the salad bowl."

He held out the salad bowl. He went to rinse it and returned with cold compresses for my forehead. Meanwhile I had vomit in my hair but he said, "It's nothing serious, I'm going to run you a bath." I was so limp that he had to take off my clothes. I was so limp he had to lead me to the bathroom. "Do you want me to help you?" I stammered yes, otherwise I would certainly drown myself. The water was lukewarm, I was shivering. I demanded, "More hot, please . . . dear friend." He poured the shampoo on my hair, he massaged my head which was rattling, my head was so heavy, my head was so sick, then with one hand he held it, while with the other he ran a stream from the shower. "More cold now . . . very cold . . . hot now . . ."

"Is it a hot and cold shower that you want?"

"I want my spirits to return . . . they are returning . . . I feel them returning . . ."

And after three or four of these brutal transitions from boiling to freezing, they had returned very well. I was still staggering a little coming out of the bath, but only a little, and it was from weakness. He gave me a very effective pill for my headache, and a toothbrush, of which he kept some in reserve. I chose the yellow with hard bristles, I brushed vigorously and gargled with mouthwash. My haggard features peered out at me from the mirror. He dried me with a big Turkish towel, a chaste kiss on my belly, my knees, my feet. "And what would you like now? Would you like to lie down?"

He carried me as far as his bed. I was a little drowsy, nearly swaying. I sensed him at regular intervals entering the room, approaching me, leaning over me with solicitude. At one point I turned on the bedside lamp. He came at once and said, "You must

be starving, my poor flower."
"I am ravenous."
"If you would like to go out . . ."
"I have nothing to wear."
"True . . . And if I ordered Chinese, would that bother you?"
"Go for Chinese."
"Egg noodles."
"Go for the noodles."
"With vegetables only."
"Go for the vegetables."
"We'll eat on the balcony."

We ate on the balcony by the glimmer of two candles under the crescent moon and a garden of stars. It looked like a hanging garden, an upside-down garden. We tilted our heads, hoping to see a shooting star, a meteorite streaking through space. He asked, "Now how's it going? Things are improving?" "Yes, yes." "The bouillion is light, isn't it?" "Very light." We drank weak green tea. He had loaned me one of his t-shirts. The blue night streaked to burgundy or vice versa. I put my feet beside his thigh on his cushioned chair. He caressed them absentmindedly, then with more eagerness. He said, "The feet, what a neglected part of the body, unappreciated, sometimes even despised." He said, "Me, feet, they turn me on. They look solid but they are vulnerable. Full of hollows and bumps, like valleys, a foot, it is like a landscape." I raised the stakes, saying, "And then, it is sympathetic. Without pretention." He passed his finger between my toes, saying, "Here, between the toes, it is secret, sensitive, it is fluttering." Under the influence of this light caress, I felt myself becoming euphoric little by little. He massaged the sole of my foot. He remarked, "You have soft soles. Sometimes the sole is rough."

"In winter it is rough."
"Yes, the heating."
"Nylon stockings, boots."
"It stirs me up when it's rough, it stirs me up when it's soft. You have a silky sole."

He put my feet on his knees. He took them one by one in his hands as if they were birds, quivering quails. He approached them with his lips. He said, "By the way, this character . . ."

"What character?"

"The comical person you were talking about a few minutes ago..."

"Oats with turnips?"

"Yes."

He kissed my toes one at a time, holding my heel in the palm of his hand, he caressed my arch with his thumb, I began to feel suggestive tickles all the length of my legs, rising up the inner sides, microscopic ants climbing single file up a mountain path.

"What puzzles you?"

"Well, I don't know... who he was, how you became friends with him. It's so very strange to imagine you with that kind of man."

"We met in school, we were in grade twelve. Then he had a brush cut, heavy black-rimmed glasses, the kind with Coke bottle bottoms, he wore a steel gray suit, his father's ties. The laughing stock of the class, I'll tell you. He was always like that. The butt of their jokes, the scapegoat."

"The whipping boy."

"The bogeyman."

"First in the class?"

"No, not so. Below average. No good in math, no good in physical education, strong in history. Crazy about overly elaborate philosophy, deadly boring. His speech was slow and hesitant... I like that, your tongue under my toes..."

"They remind me of little pillows... In short, you took pity on him, right?"

"No, at that time I never said a word to him. I was content to laugh at him, like everybody else. It was only some years later, I frequently visited a man, you know, I told you about him, who was into transcendental meditation."

"You never told me about that."

"It's not important... anyway, him, he knew him. He had returned from India. Oats with turnips, I'll say."

"You're easy to follow."

"A cult, over there, he'd been renamed. At first I didn't recognize him. He held immersion sessions."

"Immersion?"

"Yes, in a bath. You had to be completely under the water, a tube in the mouth, you know, like a periscope."

"A snorkel, you mean."

"All right, a snorkel, if you wish, but me, it reminded me of a periscope, a contraption which rose out of the water to spy all around . . . Apparently it was like a return to the mother's womb. A very beneficial technique. The Rebirth."

"Yes, I've heard something about that. So, did you take the plunge?"

"You're kidding me . . . No, the mother's womb, it didn't really inspire me. And besides, I couldn't bring myself to be naked in the bath with him all around holding the periscope. I should say the snorkel. His monastic air literally froze me. But he did calculate my biorhythm and my astrological chart."

"And then?"

"Acording to these calculations we were meant for each other. Our physiological clocks marked the same hour, our planets coincided very strangely. Venus in Taurus for both of us. The harmony of our libidos was supposed to be complete."

"You verified this?"

"Alas, he was not my type. When I explained this to him, he couldn't believe his ears. I had to handle it with three pairs of white gloves. It is difficult to tell a man he is unattractive. They cannot conceive that we are rejecting them because they are unattractive. A certain kind of unattractiveness, I should say. Because another kind, on the contrary, can be irresistible."

"You mean a virile unattractiveness?"

"Like yours. But he was, you could say . . . too macrobiotic . . . And then, I don't know, but his false teeth, his pimples."

(Just thinking of it, I nearly vomited again.)

"And then, he had to redo his calculations?"

"Calculus."

"What did you say?"

"I was joking. No, he didn't redo his calculations, he was infallible, the pope of the arcane. But he stared at me for several seconds, then declared, with grand condescension, that my aura was completely blurred."

"Me, I find your aura delicious."

I was feeling beautiful, these touches to my feet made me give in to a state of subtle enjoyment, as if the center of sensation had been transported there, concentrated between my toes and my ankles. I leaned my head against the back of the garden chair, I contemplated the moon smiling with self-satisfaction, I dreamed of the constellations constellating and the galaxies turning. Like the stars turning around their sun, his thumb was delicately turning around my anklebone. Then I closed my eyes and I kept moaning very slowly. My breathing speeded up, I could hear a soft meaning coming from my mouth, I felt my lips forming the sound "yes" at closer and closer intervals, I had my head thrown back, my feet abandoned to his hands. When he began to suck my toes, tiny bubbles burst under my skin, my mouth went dry while elsewhere another part of my body was liquefied (is this the principle of body language?). Images filed through my head: precise, vague, vague, precise, colors, black, colors, sprays of colors, geysers which splashed through the black in my head, I never wanted to open my eyes again, never wanted to move again, I would stay there spellbound in this no-man's time, clutching the fleeting beauty of this instant which was escaping me, all of my strength holding out against its ending and refusing at the same time the idea of attaining it, holding off till infinity the culmination, the final act, *One more minute, my tormentor*, isn't it so, the little death is so slow in coming, then all at once a long shudder shook me, I arched under the manifold eye of the night, these wonderful stars, and I cried out, I think.

SARAH SHEARD
Friendly Fire

The big change was not meeting at the coffee shop this time — a setting she had always found diminished the magic between them — those dribbling, stainless steel teapots and scalding handles, the scrum of high school students at the take-out counter, the dreary light, the chitter of tabletop video games.

She had come armed against awkward pauses, this lunch, with an American music industry magazine she hoped he hadn't seen before and two *New Yorker* cartoons.

I don't want to sound like anybody's conscience.

She remembered saying that the last time he'd come through town and how he had taken her more seriously than she'd intended. "Oh but you're not, you're not," he'd assured her and patted her hand. She had wanted to pull a face, cross her eyes.

She dressed carefully today, which, to her, meant playfully, edges twisted back to reveal color beneath, things worn over that usually went under, a silk scarf tied diagonally, bandolier-style, the whole effect artfully extinguished under a voluminous black jacket thrown like a blanket over a fire.

Black silk stockings.

He had settled into the first banquette inside the door, the coldest spot in the restaurant. He stood up to embrace her, throwing

Friendly Fire

his newspaper onto the seat beside him and expressed shock at the coldness of her cheeks. She pointed to tables farther back, away from the draft, under the window, and he nodded and picked up his coat. She walked the length of the restaurant, conscious that it was her leading him for once and wondered why she had never tried to do this earlier.

She stopped at the very last table, hoping to appear as if she'd chosen it deliberately rather than by default. She hesitated, looking around. He hated gloom. In his country, people ate most meals outdoors.

Beyond the window, a branch shifted and sunshine splashed across the cutlery.

That confirmed it. She chose the chair against the wall so she wouldn't have to squint at him. He glanced at her legs as he sat down opposite her, at the bones and flesh shimmering in black silhouette. She looked down too. It was the first time she'd bared her legs in public since her firm's recording awards night, seven years ago. Even in high school, she had preferred mannish clothes.

The sensation of cool air on skin through stockings was quite distracting. No wonder men were sometimes caught hopping around in pantyhose. Stockings were a singular experience. She recrossed her legs, warm thigh on top this time, chilled thigh beneath. Ankles of chiseled ice. It had been a frigid walk from home. She reached down and clasped each in turn, wondering what other women did in her situation. She would have liked to roll her scarf around them like puttees.

Her foot collided with his under the table and automatically he reached down to ascertain what was happening. She let his fingers graze her knees before swinging them away to allow him more room. His other hand had already begun leafing through the magazine. They began to talk.

Dessert came and the look he had worn since coming back to Canada — that expression of muted anguish, intensifying whenever she came to the end of a sentence — as though waiting for a break in the conversational traffic to blurt out his heart — still lingered. What did he want? Romance in spite of their agreement, reiteration of his confusion, proof that her passion endured? She fell silent and looked at him invitingly but he only launched into another fascinating anecdote, igniting the laughter between them that perfectly illuminated their affinity, their delight in one another's observations.

She was saying something in response to his story, watching his features soften into laughter, when his eyes kindled, that was the word, under her gaze and she stopped and almost swooned with pleasure. His other features — nose, mouth, mane — disappeared into peripheral mist.

Does he know his eyes are doing that? Is my response too obvious?

Lover's questions, dry or wet and they were dry lovers. He wasn't free to be more but he wanted to, he telegraphed, through his reserve, his episodic self-consciousness, his ambiguous touch. He led and she followed, having no choice, or so she had believed, until today. She was aware that, with each flare-up of intimacy between them, her heart raced ahead to a Therefore clause: Therefore he will declare his love and desire for me. Her goal some sort of regularized access to one another across the counterpane of geography, language, professional restraint and his several children. The occasional rendezvous abroad. Nothing more. She didn't want to take responsibility for uprooting him, reducing his independence. She wasn't sure they should even risk sleeping together overnight lest they awake inside the bell jar of domesticity, groggy-eyed, porcupine-headed, plotting only escape to their separate bathroom rituals. She, who'd been married for so long, separated so recently, possessed the newfound zeal of one who was discovering her powers for the first time since adolescence, had unearthed the several strengths that come to single people — self-possession, contentment in solitude, attentiveness to the moment, etc. She felt no desire to drink from the elixir of marital morphia again.

Still . . . She watched his nail fiddle the cellophane off a package of little cigars and wondered whether it would be different because it was him. She was mildly curious to know what falling asleep with her head on his chest, might feel like, by the flickering T.V. light. She could imagine the possibilities of playfulness over breakfast with him.

I wonder what he likes for breakfast.

She stopped short, aghast.

It was the skirt, she decided. All the assumptions that came with female costume, the upwardly adjusted posture and diction, the self-consciousness, the coquetry. Skirts intended one thing to lead to another until — *shizzzit* — the fusion of surnames.

She uncrossed her legs and hooked her ankles around her chair, leaning forward, elbows resting on the table. He gave her shoulder a squeeze and left his hand there, savoring the floury nap of the silk — the first women's blouse she'd worn in over a decade, now that her husband's shirts were no longer available to her.

He signaled for the bill. As she emptied her glass he turned back to her with that look of suppressed anguish and she thought he would speak at last but he only let his hand slip, with a squeeze, onto her arm and she saw his ambivalence had won out again, her unvanquishable rival. Nothing more would ever come of their affinity.

She sighed and buttoned up her coat, gathered the cartoons and folded them inside the magazine. He took them from her hand, a practiced move, and for a moment they were a couple, one another's habits second nature — hers of remembering and gathering up, his of following her to remember and gather up for him — interdependent, fused together like a tree and fence, a violence to pull them apart.

When they reached the curb he kissed her as she knew he would and then noticed the ticket on his windshield. He reached over and plucked it off, throwing her a baleful glance as though holding her responsible — for picking this place for lunch, for overstaying the meter, for living in this town.

She pulled on her gloves and declined his offer of a lift.

It was getting late. She fixed her eye on his licence plate as it receded into the rush hour traffic.

It was getting late and soon they would be old.

Just above the line of buildings across the street, a full moon was rising, its dust oceans and craters already visible against the dying light of the day.

SARAH SHEARD
Amicale et provocante

TRADUIT PAR
BERTRAND BERGERON

Le grand changement, ce n'était certes pas le fait qu'ils se rencontrent dans un café de seconde zone — un environnement qui, à ses yeux à elle, avait toujours affadi cette magie entre eux —, ces tasses en acier inoxydable qui gouttent immanquablement, dont l'anse vous brûle les doigts, les mêlées d'étudiants bruyants qui se bousculent au guichet des produits à emporter, l'éclairage morne, ces jeux vidéo débilitants posés sur des tables.

Par contre cette fois, elle s'était prémunie contre l'embarras des inévitables silences en apportant un magazine sur la musique américaine à la mode — dans l'espoir qu'il ne l'ait pas déjà lu — et deux bandes dessinées de New York.

Je ne veux pas ressembler à n'importe qui, qu'il me prête des goûts quelconques.

Elle se souvenait s'être elle-même étonnée, la dernière fois qu'il avait fait un crochet par la ville, de constater à quel point il semblait l'avoir prise au sérieux, bien plus qu'elle ne s'y était attendue. «Mais non, mais non», avait-il tenté de se reprendre en lui tapotant une main. Elle aurait alors souhaité l'avoir vraiment en face d'elle, qu'il soutînt son regard.

Si bien qu'aujourd'hui, elle avait accordé à sa tenue vestimentaire une attention toute particulière, laquelle, à ses yeux, n'était dénuée ni d'humour ni d'un certain amusement, les manches de son veston roulées de telle sorte qu'on en voie les couleurs de la doublure, des lingeries fines que d'habitude, on dissimule plutôt sous les vêtements, un foulard de soie noué de biais, en bandoulière, le tout recouvert juste ce qu'il faut d'un lourd veston noir posé sur les épaules, un peu comme on jetterait une couverture sur des flammes.

Des bas de nylon. Noirs.

Quand elle entra, il était déjà installé à la première table, juste à côté de la porte, l'endroit le plus froid de l'établissement. Il posa négligemment son journal à côté de lui sur la banquette, puis se leva pour l'enlacer, un peu refroidi, semblait-il, qu'elle lui présente la joue, pas davantage. Du doigt, elle lui désigna les tables du fond, éloignées du va-et-vient, là-bas, tout contre la fenêtre. Il acquiesça et ramassa son manteau. Elle marcha jusqu'au fond, consciente que pour une fois, c'était elle qui prenait l'initiative, tout en se demandant pour quelle raison elle ne se l'était pas permis les autres fois.

Elle ne s'arrêta qu'à la toute dernière table, un peu comme s'il était évident qu'elle avait délibérément choisi cette table, plutôt que par défaut. Elle hésita, lança un regard à la ronde. Il détestait les endroits sombres. Dans son pays à lui, les gens avaient plutôt tendance à prendre leurs repas dehors, à des terrasses.

De l'autre côté de la fenêtre, une branche d'arbre bougea et un rayon de soleil donna un soudain éclat aux ustensiles, ce qui la confirma dans son initiative.

Elle choisit la chaise contre le mur; ainsi, elle n'aurait pas à se placer de côté pour lui parler. Il jeta un rapide et discret coup d'œil à ses jambes au moment où il s'assoyait en face d'elle, ses jambes qui chatoyaient sous sa silhouette noire. Elle baissa également le regard. C'était la première fois qu'elle osait montrer ainsi ses jambes en public depuis cette soirée, la remise des prix de la compagnie de disques à laquelle elle appartenait, sept ans plus tôt. Même à l'époque de ses études, au secondaire, elle avait toujours porté des vêtements de garçon.

Et cette sensation, une certaine fraîcheur sur la peau au travers des bas, la gênait plutôt. Mais plus le moindre doute cependant quant à ce souhait des hommes quelquefois, une femme le devine: qu'elle porte un slip léger, une dentelle. Seulement ces bas, c'était pour elle une expérience nouvelle. Elle croisa de nouveau les jambes, la plus chaude par-dessus, posée sur la fraîcheur de l'autre cuisse. Quant aux chevilles, rien à faire. Elles étaient de glace. À cause de cette marche dans le froid depuis chez elle. Elle se pencha et, avec les mains, les réchauffa, se demandant comment aurait agi une autre femme en pareille circonstance. Elle aurait souhaité se servir de son foulard pour les enrouler à la manière de molletières.

Ses pieds rencontrèrent accidentellement ceux de l'homme, sous la table et, comme c'était à prévoir, il se pencha légèrement pour s'assurer de ce qui arrivait. Elle le laissa faire, des doigts qui effleuraient ses genoux avant qu'elle ne les ouvre pour s'offrir davantage. De son autre main, il avait déjà entrepris de feuilleter le magazine. C'est seulement à ce moment qu'ils commencèrent à se parler.

On servit le dessert. Mais cette expression du regard qu'il avait depuis son retour au Canada — une sorte d'angoisse muette, plus sensible encore chaque fois qu'elle terminait une phrase, se taisait —, un peu comme s'il attendait une pause dans leur conversation banale et saccadée, pour s'autoriser quelque épanchement, cette expression persistait. Que cherchait-il au juste? Une histoire d'amour, et ceci en dépit de leur entente? un certain trouble retrouvé, la preuve même que leur désir passionné perdurait? Elle redevint silencieuse, mais le fixa d'un regard ouvert. Seulement il s'en tenait, cette fois encore, à des récits drôles, des anecdotes fascinantes, soit, dans le but de la faire rire, une sorte de signe à ses yeux à elle de leurs affinités, ce plaisir que chacun prenait aux propos de l'autre.

Elle ajoutait alors quelque chose, n'importe quoi, histoire de le relancer dans son récit, sensible qu'elle était aux traits de son visage qui s'adoucissaient quand il riait, quand ses yeux s'enflammaient — c'était bien le mot: s'enflammaient — sous son regard à elle. Dans ces moments, elle se taisait et l'observait plutôt, avec délice, gagnée. Alors les autres traits de son visage — le nez, les lèvres, sa chevelure — perdaient toute importance, flous, comme dans une sorte de brouillard.

Sait-il seulement que ses yeux produisent sur moi cet effet? Ma fascination n'est-elle pas trop évidente, facile?

De simples questions d'amoureux, sages ou fougueux, et ils étaient des amoureux sages. Il ne pouvait se permettre davantage, le désirait pourtant, le laissait transparaître derrière sa retenue, ses épisodiques aveux quant à sa situation, mais ses gestes tout de même ambigus. Dans leur histoire, il avait tout de suite pris l'initiative, et elle l'avait suivi, sans avoir le choix — du moins l'avait-elle cru —, jusqu'à aujourd'hui. Elle était consciente que, à chaque étincelle d'intimité entre eux, son coeur s'emballait jusqu'à des certitudes invraisemblables: il va y venir, m'avouer son désir, me déclarer son amour. Et puis, en quelque sorte, ses espérances avaient fini par s'accommoder de cet accès limité à l'autre, au travers d'une mosaïque de déplacements furtifs, de conversations, d'obligations incontournables et de ses nombreux enfants à lui, ces rendez-vous occasionnels à l'étranger, pas davantage. Elle n'était même pas certaine qu'ils dussent prendre le risque de dormir ensemble tout une nuit, de peur de s'éveiller déjà pris sous la coupole d'une sorte de conjugalité, les yeux ensommeillés, globuleux du lendemain, les cheveux en broussaille, avec ces scénarios tacites pour s'épargner le partage des rituels de salle de bains. Elle-même, mariée si longtemps, séparée depuis peu, venait tout juste de retrouver une certaine ardeur, de se découvrir des capacités envolées avec l'adolescence, déterrait les multiples ressources des célibataires — l'assurance, le plaisir dans la solitude, une attention toute particulière au moment présent, etc. Elle ne se sentait plus aucune attirance pour la morphine conjugale.

Et pourtant... Elle le regarda déchirer de l'ongle le cellophane d'un paquet de cigarillos et se prit à se demander si, cette fois, ce serait différent parce qu'il s'agissait de lui. Curieuse, tout de même, de savoir à quoi ressemblerait de s'endormir, la tête contre son torse, sous les reflets changeants d'un poste de télé encore en marche. Il ne lui était pas difficile, quand il s'agissait de lui, d'imaginer le charme de plaisanteries échangées au petit déjeuner.

Je me demande ce qu'il aime au petit déjeuner.

D'un seul coup, elle se tira de sa rêverie. Un peu atterrée.

À cause de cette jupe, décida-t-elle. À cause de tout ce qu'entraîne une tenue féminine, une certaine posture un peu rigide du corps, une façon particulière de s'exprimer, un regard dans lequel on s'oublie difficilement soi-même, la coquetterie. Les jupes mettent en chaîne les choses les unes aux autres jusqu'à une sorte d'agglutination, jusqu'à porter le nom de l'autre.

Elle décroisa les jambes, enroula ses chevilles aux pattes de la chaise, s'avança légèrement et posa les coudes sur la table. Elle sentit une caresse, qu'il lui pressait tout doucement une épaule, mais sans par la suite retirer sa main. Elle était sensible à la sensualité de la soie — le premier chemisier qu'elle portait depuis dix ans au moins —, surtout à présent qu'elle n'avait plus à s'occuper des chemises de son mari.

Elle le vit qui lançait un signe, demandait l'addition. Au moment où elle vida son verre, il se retourna vers elle avec un regard dans lequel toute tension était disparue. Elle crut alors qu'enfin, il parlerait. Au lieu de quoi il laissa simplement glisser la main qui lui tenait l'épaule, une dernière pression affectueuse contre son bras, et elle vit réapparaître sur son visage cette indécision, cette ambivalence, sa rivale véritable que rien ne parvenait à chasser. À présent, elle ne tirerait plus rien de leur affinité.

Elle en prit conscience, boutonna son manteau et récupéra les bandes dessinées qu'elle glissa dans la revue. Il les lui prit des mains, comme s'il s'agissait d'un geste coutumier, et pour un moment ils formèrent un couple, l'un devenant la seconde nature de l'autre — la sienne faite d'un souvenir, on se retrouve dans les bras de l'autre, et lui qui rend possible ce souvenir —, deux êtres liés, complices, comme s'entrelacent parfois un arbre et une clôture, une fusion qui ne se peut défaire sans une sorte de violence inévitable, mais tacite, diffuse.

Lorsqu'ils atteignirent le trottoir, il l'embrassa, comme elle s'y attendait, ainsi qu'elle s'attendait à ce que, par la suite, il aperçoive la contravention sur le pare-brise de sa voiture. Ce qui ne manqua pas. Il arracha la contravention, se retourna vers elle, lui lança un drôle de regard, sinistre, comme s'il la tenait responsable de quelque chose, avoir choisi ce restaurant, par exemple, qu'ils s'y soient attardés trop longtemps, devoir quitter cette ville.

Elle enfila ses gants puis déclina son offre lorsqu'il lui proposa de la déposer chez elle.

Il se faisait tard. À présent, elle regardait la plaque minéralogique de la voiture, sa voiture qui se mêlait aux autres à une heure de pointe.

Il se faisait tard et, sous peu, ils se feraient vieux.

De l'autre côté de la rue, tout juste au-dessus des édifices, la pleine lune se levait, ses cratères et ses océans de poussière qu'on apercevait dans la lumière pâle d'un jour qui s'achève.

DANIEL GAGNON

Petits portraits illuminés d'elle

I

Bouleversé et meurtri, mains tremblantes, il a quitté sa femme. Elle était la musique d'une ampleur rare. Après la première excitation, ce fut la dispersion puis l'anéantissement, en dépit de tout orgueil; s'il avait su, il ne se serait pas mêlé d'aimer. Je n'aimerai plus jamais, s'était-il dit avec fermeté. Mais il s'est engagé dans les lectures et les petits voyages, il voulait ouvrir dans sa vie un nouveau chapitre. Il ne pouvait pourtant pas mesurer s'il serait jamais un personnage de roman, ni un amour de plus ou de moins dans un monde rempli de grandes amours.

II

Il lui a ouvert sa porte, il se sentait seul et il ne pouvait pas refuser sa présence, il se considérait comme le perdant de toute relation; mais avec sa bénédiction et son soutien, peut-être pourrait-il à nouveau peindre des femmes, des beautés fatales, des nus, des Vénus, des inspiratrices couchées dans les roses ou dans le ciel, des madones sortant des brumes; non, il pense plutôt à des pays imaginaires, à des jupons, à des cuisses sur le sable en Orient ou aux Îles-de-la-Madeleine, à Old Orchard ou aux Antilles. Il la regarde, elle est belle, elle a un sens prodigieux de la mise en scène, elle conjugue la ligne pleine de son corps avec l'espace, elle s'arrache à l'opacité des murs de l'atelier. Traverser sa crise en réalisant de petits portraits illuminés d'elle, vivre une liaison malheureuse avec elle, la prendre comme modèle permanent, la marier.

III

L'angoisse le torture, l'écorche vif; il entend les oiseaux chanter dans le jardin; il aurait pu mettre son plus bel habit et son col le plus blanc, mais il n'aurait pas atteint le raffinement nécessaire pour cacher sa dépression. Il se regarde dans la glace: bien qu'il y ait du mouvement, il a l'impression que son visage est une ville déjà morte, sa peau d'une blancheur spectrale est tendue sur des os aigus, ses yeux cernés révèlent une vie intérieure troublée, une psyché déchirée et déçue. S'il possédait de très grandes usines, sa tristesse serait moins inquiète; il ne peut pas assurer l'entretien de son appartement, il n'a plus d'argent pour payer le loyer, des trous se font dans la toiture et l'eau endommage plusieurs pièces.

IV

Dans la maison où il vit, la salle à dîner est occupée par des tableaux de visages, de bouquets et de natures mortes; discrètement, sans poser de questions, elle examine les dessins fous, les corps désarticulés. Il a peint la maison avec ses trous dans les murs comblés de vieux sacs et de chiffons. Il écoute sa propre voix qui explique, qui tente d'expliquer la vie intérieure des peintures; il se souvient d'avoir peint certains tableaux dans des circonstances pénibles; parfois sa santé était meilleure et il était différent du chien battu et à demi mort de faim qui apparaît sur certaines toiles. Il n'aime pas parler de la mort, mais il en parle tout le temps. Il pense à la maison où ils sont et à tout ce qui a disparu, il voudrait restituer les amours, repeindre un à un les vestiges couverts de poussière, refaire le portrait des femmes qu'il a aimées. Il parle du vide effrayant qu'il ressent. Il la regarde, il a peine à croire que celle-ci soit vraie; il essaie de la peindre, il n'éprouve qu'une angoisse infinie; hanté par elle, il ne sait comment faire pour la retenir.

V

Il a l'art et la manière de pratiquer une peinture souriante et décrispée au point qu'aucune galerie ne déplore son absence. Il est enfoncé dans une vie à part qui le rend assez suspect aux yeux du monde de l'art. Il craint que sa mauvaise fortune ne porte préjudice à l'avenir de son identité de peintre qui est véritablement en train de se forger. Un artiste, pour être pris au sérieux, ne peut avoir qu'une seule volonté, une seule action et une seule voix; il est près de perdre tout contrôle; il construit sa vie avec patience, c'est une lente montée vers la possession de soi; le phénomène n'est pas spécifiquement artistique, c'est également la destinée générale. Avec, au fond de lui, une âme qui a de la peine à suivre, il se sent de plus en plus à l'étroit dans la vie moderne. Il poursuit ses travaux coûte que coûte; jour après jour, dans le pays, on continue à battre des records, la vie est vue et vécue en termes de hausses.

VI

Les concessions arrachées à ses années de jeunesse, alors qu'il aurait pu travailler comme tout le monde et mener la vie de tout le monde, lui ont-elles valu un certain nombre de beaux livres et de beaux tableaux?... Il pense plutôt au demeurant à l'œuvre d'un psychopathe; s'il a été si prompt à vouloir écrire et peindre, c'est que le bras de fer de son père a, dans son adolescence, réveillé sa psychose; ces années d'enivrement ont été suivies de près par une chute fulgurante et une descente aux Enfers. Il croit que peindre tient un peu de la quadrature du cercle; si simple et si naturel à première vue, le goût, moteur premier de la peinture, est le sens le plus complexe de l'être humain, aptitude qui sollicite une grande expérience intérieure et une conscience développée, originale, souvent asymétrique et à contre-courant.

VII

Sans doute parce qu'il est assoiffé de certitude et parce qu'il craint la précarité, il réclame des signes éclatants qui permettent de conclure à l'existence ou à la vérité de la vie. Il se rend compte qu'il lui faut plus d'argent, il ne gagne pas assez pour subvenir aux besoins de ses deux fils vivant avec leur mère; il ne prétend pas avoir mené autre chose qu'une vie bien ratée; il ne lui est jamais venu à l'idée d'épargner pour ses vieux jours; il vit dans une zone de tempête, il est contraint de filer sous le vent et en va-nu-pieds, se trouvant ainsi dans l'impossibilité d'accéder à quelque succès. Depuis une décennie, il s'est replié sur sa vie privée, il s'est désengagé politiquement, il est entré dans une crise morale, il a voulu vivre en dehors des structures officielles, il s'est enthousiasmé pour la religion et l'écologie, puis il a perdu tout idéal.

VIII

Comment faire le point sur ce visage, ces yeux grands ouverts, cette bouche charnue? Feuilleter les images éclatantes de sa personne, arriver à déchiffrer ses qualités. Sa peinture reste une poignante déception. Le tableau est en devenir et continuellement différé, aucune image d'elle ne peut jamais prendre ou se fixer. Elle se lève. Il attend. Elle se recoiffe, elle se lave les mains; la table de toilette est vieille et chancelante, le pot à eau endommagé; il regarde sa place laissée vacante. Elle s'enroule dans ses vêtements, son rayonnement intérieur l'embellit, la pureté de son cœur la rajeunit; elle sourit, confiante, détendue; l'odeur d'huile de lin de l'atelier l'enveloppe. Il abdique. Il ne résiste pas, il se laisse envahir; être l'humble serviteur de la beauté, la styliser dans une forme esthétique parfaite, se pencher sur elle, l'embrasser, la caresser, s'unir à elle passionnément; il se lève, il traîne derrière lui une odeur de térébenthine bientôt dissipée dans l'air, il laisse glisser le pinceau de ses mains.

DANIEL GAGNON

Luminous Small Portraits of Her

TRANSLATED BY
GREG HOLLINGSHEAD

I

Shattered and bruised, with trembling hands, he left his wife, a woman who was rich and unusual music. After the exhilaration had come dispersion, then annihilation, in spite of all pride. If only he'd known, he wouldn't have got mixed up with loving. Resolutely he'd told himself, I'll never love again, then threw himself into reading, took little trips, tried to start a new chapter. But he could never quite work out if he'd be a character in a novel or just one love more or less in a world full of great loves.

II

He opened the door to her, he was feeling alone and couldn't refuse her presence. He thought of himself as the loser in all relationships. But perhaps with her blessing, her support, he could paint women again: fatal beauties, nudes, Venuses, inspiring creatures lounging among roses or in the heavens, madonnas emerging from the mists. But no, instead he dreams of imaginary lands, of skirts, of thighs against the sands of the Orient or at Iles-de-la-Madeleine or at Old Orchard or in the West Indies. He watches her, she is beautiful, she has an incredible sense of the mise en scène, she combines the full lines of her body with space, she tears herself free from the opacity of the studio walls. Perhaps he should make it through his crisis by creating luminous small portraits of her, enter into an unhappy relationship with her, take her as his permanent model, marry her.

III

He's a man in agony, flayed alive. He hears birds sing in the garden. He could have put on his best suit and his whitest collar, but no sophistication could hide the darkness of his depression. He looks in the mirror. Even when he moves, it feels as if his face is a city already dead. The spectral white skin stretches taut across the bones, the hollow eyes reveal an inner life in turmoil, a ravaged and demoralized psyche. If he owned vast factories he could be calmer in his sorrow, but he can't keep up his apartment, he has no money for the rent, leaks occur in the roof and water damages several of the rooms.

IV

In the house he lives in, the dining room has been taken over by pictures of faces, of bouquets, still lifes. Discreetly, without asking questions, she examines the insane drawings, the contorted figures. He's painted the walls of the house with their holes stuffed with old paper bags and bits of cloth. He hears his own voice as it explains, as it tries to explain, the inner life of the paintings. He remembers the ones he's worked on in difficult circumstances. At times his health was better and he didn't look so much like the starved and beaten dog that turns up on certain canvases. He doesn't like to talk about death, but he talks about it all the time. He thinks of the house they're in and of all that's disappeared. He'd like to restore the loves, to repaint, one by one, the relics buried in dust, to redo the paintings of the women he's loved. He talks about the terrifying emptiness he feels. He looks at her and can hardly believe that this one is real. He tries to paint her, but the effort is a torment. She haunts him, but he's at a loss how to hold her.

V

He's got style and skill enough to produce a painting so unstrained and agreeable that any gallery would regret not having it to show. He's buried himself in a life of solitude that renders him suspect in the eyes of the art world. He's afraid his bad luck will prejudice the future of his identity as an artist, an identity in the process of taking shape. To be considered seriously, an artist must have only one will, one plan of action, one voice. He's on the brink of losing all control. He constructs his life patiently, it's a slow climb towards self-possession. The phenomenon isn't exclusively artistic, it's everyone's fate. With a soul deep inside him hardly able to carry on, he feels more and more constricted by modern life. He does his work whatever the cost. Day after day, in his country, they continue to break records, life is perceived and lived in terms of salary hikes.

VI

Those concessions wrested from his youth, when he could have had an everyday job and led an everyday life, were they worth a certain number of beautiful books and paintings...? After all that, he tends to see it as the work of a psychopath. The reason he's been so eager to write and paint is his father's iron hand in his adolescence, which woke his psychosis. Those wild years were followed hard by a spectacular fall and a descent into Hell. For him there's something of the squaring of the circle about painting. At first sight so simple and natural, taste, painting's prime mover, is the most complex human response, an aptitude requiring a broad range of inner experience and a mature and original consciousness that's often eccentric and prepared to go against the flow.

VII

Without a doubt it's because he craves certainty and is frightened of the precarious that he seizes on bright signs that promise conclusions about the nature of existence and the meaning of life. He realizes he needs more money, he doesn't earn enough to provide for his two sons who live with their mother. He doesn't pretend to have lived anything but a life full of failure. It's never occurred to him to save for old age. He lives in a storm zone, blown by the wind like a tramp. Success is out of the question. For a decade he was curled up in private life, he distanced himself from politics, he fell into a moral crisis, he tried to live outside the common forms, he was an enthusiast for religion and ecology, then he betrayed all his ideals.

VIII

How to capture this face, these wide-open eyes, this full mouth? He'd leaf through dazzling images of her body, manage perhaps to decipher its qualities. His painting's an agonizing deception. The picture's in a state of becoming, is continually deferred. No image of her will ever take or stay fixed. She stands up. He waits. She does her hair, she washes her hands; the washstand's old and unstable, the pitcher's damaged. He looks to the place she's left empty. She wraps herself in her clothes, her inner radiance adorns her, the purity of her heart makes her young. She smiles, confident, relaxed. The odor of linseed fills the studio. He abdicates. He doesn't resist, he lets himself be invaded. To be the humble servant of beauty, to stylize it in a perfect artistic form, to lean over her, to embrace her, to caress her, to unite with her passionately. He gets up, he trails behind him a scent of turpentine which quickly dissipates in the air, he lets the brush slide from his hands.

NOTES BIO-BIBLIOGRAPHIQUES
BIOGRAPHICAL NOTES

MARGARET ATWOOD
Margaret Atwood was born in Ottawa, and has degrees from the University of Toronto and Radcliffe College. A past President of PEN and former Chair of the Writers' Union of Canada, she has received numerous prizes for her writing, including two Governor General's Awards. Her collections of stories include *Bluebeard's Egg, Dancing Girls* and *Murder in the Dark* (translated into French as *L'oeuf de Barbe-bleu, Les Danceuses* and *Meurtre dans la nuit*, respectively) as well as *Wilderness Tips* and *Good Bones*. Her novels include *The Edible Woman, Surfacing, Life Before Man, Bodily Harm, The Handmaid's Tale*, and *Cat's Eye*, which were translated into French as *La Femme Comestible, Faire Surface*, and *Oeil-de-chat*. She currently lives in Toronto and is working on a new novel.

Née à Ottawa, elle est diplômée de l'université de Toronto et du collège Radcliffe. Elle a été présidente du Pen Club et présidente de l'Union des écrivains canadiens. Elle a remporté plusieurs prix littéraires, dont le Prix du Gouverneur général à deux reprises. Elle a publié des recueils de nouvelles, *Bluebeard's Egg, Dancing Girls* et *Murder in the Dark* (respectivement traduits en français sous les titres *L'œuf de Barbe-Bleu, Les danseuses* et *Meurtre dans la nuit*) ainsi que *Wilderness Tips* et *Good Bones*. Les romans suivants ont été traduits en français : *The Edible Woman (La femme commestible), Surfacing (Faire surface), Life before man (La vie avant l'homme), Bodily Harm (Marquée au corps), The Handmaid's Tale (La servante écarlate)* et *Cat's Eye (Œil de chat)*. Margaret Atwood vit à Toronto et prépare un nouveau roman.

BERTRAND BERGERON
Né à Sherbrooke en 1948, il a fait paraître quatre recueils de nouvelles au éditions de L'instant même, *Parcours improbables* (1986), *Maisons pour touristes* (1988), lequel lui a valu le prix Adrienne-Choquette de la nouvelle, *Transits* (1990) et *Visa pour le réel* (1992). Il avait plus tôt été lauréat des prix Gaston-Gouin (1986) et Septième Continent (1987). Il a également publié des nouvelles dans des collectifs et dans de nombreuses revues québécoises et européennes. Bertrand Bergeron est membre du collectif de rédaction d'*XYZ, la revue de la nouvelle.* Il enseigne au Collège de la région de l'Amiante, à Thetford-Mines. Depuis, 1989, il a signé la musique d'une vingtaine de courts métrages, dont *L'Ankou* (prix Vidéastes recherché(e)s 1992 de l'ONF). Il s'implique de plus en plus dans le cinéma à titre de producteur, réalisateur, scénariste, et même...de comédien.

Bertrand Bergeron was born in Sherbrooke in 1948. He has published four collections of stories, all with editions de L'instant même — *Parcours improbables* (1985), *Maisons pour touristes* (1988), for which he received le prix Adrienne Choquette pour la nouvelle, *Transit* (1990) and *Visa pour le réel* (1992). He has also received le prix Gaston-Gouin (1986), and le prix Septième Continent (1987). His short stories have appeared in anthologies as well as numerous Quebec and European magazines. Bertrand Bergeron is a member of the editorial collective of *XYZ, la revue de la nouvelle*. He teaches in Thetford Mines, at the College de la region d'Amiante. Since 1989 he has composed the scores for about twenty short films, including *L'Ankou* (prix Vidéastes recherchés 1992 de l'ONF). He is increasingly involved in film as producer, director, writer and even ... actor.

GEORGE BOWERING

George Bowering is a Vancouver-based professor, short-story writer, poet and novelist who considers his mortgage essential. He won the Governor General's Award for fiction in 1980, for his novel *Burning Water*, which was published in Quebec by Les Quinze in 1982 under the title *En Eaux troubles*. His collections of stories are *Flycatcher, Protective Footwear* and *A Place to Die*. A well-known theorist and critic in the post-modernist school, he has most recently edited, with Linda Hutcheon, a collection of Canadian post-modern stories entitled *Likely Stories*. "Rhode Island Red" is from a new collections, *Diggers*, which is not yet published.

Professeur de littérature vivant à Vancouver, nouvellier, poète et romancier, il considère essentiel de payer son hypothèque. Il s'est mérité le Prix du Gouverneur général en 1980, pour son roman *Burning Water*, qui a été traduit en français sous le titre *En eaux troubles* (Les Quinze, 1982). Il a publié trois recueils de nouvelles, *Flycatcher, Protective Footwear* et *A Place to Die*. George Bowering est bien connu comme théoricien et critique de l'école post-moderne. Il a récemment édité, avec Linda Hutcheon, un recueil de nouvelles post-modernes intitulé *Likely Stories*. «Une poule rouge du Rhode Island» («Rhode Island Red») fait partie d'un recueil de nouvelles à paraître sous le titre *Diggers*.

ANDRE CARPENTIER

Né à Montréal en 1947, il a publié deux romans, *Axel et Nicholas, suivi de Mémoires d'Axel* (Éditions du Jour, 1973) et *L'aigle volera à travers le soleil* (Hurtubise-HMH, 1978 et BQ 1989) et quatre recueils de nouvelles, *Rue Saint-Denis* (Hurtubise HMH, 1978, et BQ, 1988), *Du pain des oiseaux* (VLB éditeur, 1982), *De ma blessure atteint, et autres détresses* (XYZ, 1990) et *Carnet sur la fin possible d'un monde* (XYZ, 1992). En 1988, il a publié *Journal de mille jours*. Il a aussi dirigé plusieurs ouvrages collectifs de nouvelles. *The bread of Birds* paraît en 1993 chez Ekstasis Editions dans une traduction de Michael Bullock. Des nouvelles ont été traduites pour des anthologies, comme *Intimate Strangers* (Penguin, 1986) et *Invisible Fictions* (Anansi, 1987), ou des revues, comme *Canadian Fiction* et *Confrontation* (Long Island University) ... André Carpentier a participé à la fondation d'*XYZ, la revue de la nouvelle*, en 1985. Il est professeur de littérature à l'Université du Québec à Montréal.

Notes

André Carpentier was born in Montreal in 1947 and has published two novels — *Axel et Nicholas, suivi de Memoires d'Axel* (Editions du jour, 1973) and *L'aigle volera à travers le soleil* (Hurtubise-HMH 1978 and BQ, 1989); and four collections of stories — *Rue Saint-Denis* (Hurtubise HMH, 1978 and BQ, 1988), *Du pain des oiseaux* (VLB éditeur, 1982, to appear in an English translation by Michael Bullock as *The Bread of Birds*, Ekstasis Editions, 1993), *De ma blessure atteint, et autre detresses* (XYZ, 1990) and *Carnet sur la fin possible d'un monde* (XYZ, 1992). In 1990 his *Journal de mille jours* was published. He has also edited several short story anthologies. Translated stories have appeared in *Intimate Strangers* (Penguin, 1986), *Invisible Fictions* (Anansi, 1987); and in *The Canadian Fiction Magazine* and *Confrontation* (Long Island University). André Carpentier helped to found *XYZ, la revue de la nouvelle* in 1985. He is currently professor of literature at the University of Quebec in Montreal (UQAM).

MATT COHEN

Matt Cohen grew up in Ottawa, studied in Toronto, has taught at various universities and is a past Chairman of the Writers' Union of Canada. His novels include *The Spanish Doctor, Nadine,* and *Emotional Arithmetic* (translated into French as *Le Medecin de Tolede, Nadine* and *Memoires Barbeles.*) His short story collections include *Living on Water, Cafe le Dog, Freud: The Paris Notebooks* (the latter two translated into French as *Cafe le Dog* and *Freud à Paris.*) Another selection of his stories was published in French as *Monsieur Vogel.* His current novel, *The Bookseller*, was released in Spring 1993. In 1991 he won the John Glassco Translation Award for his translation of Gaetan Brulotte's *Le Surveillant.*

Il a grandi à Ottawa, a étudié à Toronto, a enseigné dans différentes universités et a été président de l'Union des écrivains canadiens. Les romans suivants ont été traduits: *The Spanish Doctor* (*Le médecin de Tolède*), *Nadine* (*Nadine*) et *Emotional Arithmetic* (*Mémoires barbelés*). Il a aussi publié des recueils de nouvelles, *Living on Water, Cafe le Dog, Freud: The Paris Notebooks.* Les deux derniers ont été traduits en français (*Café le Dog* et *Freud à Paris*). Une sélection de ses nouvelles a été publiée en français sous le titre *Monsieur Vogel.* Matt Cohen vit à Toronto où il s'applique à compléter un roman intitulé *The Bookseller.* Il a gagné, en 1991, le prix John Glassco pour sa traduction du *Surveillant*, de Gaétan Brulotte.

ANN DIAMOND

Ann Diamond lives in Montreal. She is a former student at Sir George Williams, Goddard College and Concordia University, where she has also taught creative writing. In the fall of 1992 she was writer-in-residence at Bishop's University. Ann Diamond writes poetry, stories and novels, as well as journalism and scripts. Her books of poetry include *Lil, A Nun's Diary,* and *Terrorist Letters.* Her novels are *Mona's Dance* and *Static Control.* Her short stories have been widely published and anthologized. She has published two collections of stories, *Snakebite* and *Evil Eye. A Nun's Diary* was adapted for theatre as "Echo" by Robert Lepage, which was the subject of a film "Breaking a Leg" directed by Donald Winkler.

Ancienne étudiante à l'université Sir George Williams, au collège Goddard et à l'université Concordia, où elle a aussi donné des ateliers d'écriture. À l'automne de 1992, elle était écrivaine en résidence à l'université Bishop. Elle est poète, nouvellière et romancière; elle est aussi journaliste et scénariste. Ses recueils de poésie s'intitulent *Lil, A Nun's Diary* et *Terrorist Letters*; ses romans, *Mona's Dance* et *Static Control*. Elle a publié de nombreuses nouvelles qui ont souvent été recueillies dans des anthologies. Elle a publié deux recueils de nouvelles, *Snakebite* et *Evil Eye*. *A Nun's Diary* a été l'objet d'une adaptation théâtrale de Robert Lepage, sous le titre *Écho*, œuvre qui a elle-même été le sujet d'un film, *Breaking A Leg*, de Donald Winkler. Ann Diamond vit à Montréal.

LOUISE DUPRE

Ecrivaine et critique littéraire, elle a fait paraître, entre autres titres, *Chambres* (1986) et *Bonheur* (1988), des recueils de poésie publiés aux Éditions du remue-ménage; elle a aussi fait paraître *Stratégies du vertige* (Éditions le remue-ménage, 1989), un essai sur les poètes Nicole Brossard, Madeleine Gagnon et France Théoret. Elle a collaboré à plusieurs publications au Québec, au Canada anglais et à l'étranger. Des poèmes ont été traduits en anglais dans la revue *(f.) Lip* (Vancouver) et dans *Ressurgent* (Chicago, University of Illinois, 1992). Elle prépare actuellement un recueil de poésie, *Noir déjà*, et un roman, *La demeure*. Louise Dupré enseigne au département d'Études littéraires de l'université du Québec à Montréal.

Louise Dupré, a writer and literary critic, has published, among other titles, two books of poetry — *Chambres* (1986) and *Bonheur* (1988) — at Editions le remue-ménage. Her *Stratégies du vertige* (1989, Editions le remue-ménage) is an essay about three poets, Nicole Brossard, Madeleine Gagnon and France Théoret. She has participated in several Quebec, English Canadian and foreign publications. Some of her poems were translated into English in the magazine *(f.) Lip* (Vancouver) and in *Ressurgent* (Chicago, University of Illinois, 1992.) She is currently working on a collection of poetry, *Noir déja*, and a novel, *La Demeure*. Louise Dupré teaches in the Department of Literary Studies at UQAM.

DANIEL GAGNON

Né à Québec en 1946, il passe son enfance à Magog. En 1978, après avoir fait paraître trois romans, il s'absente de la scène littéraire pendant sept ans. En 1985, il publie *La fille à marier*, roman qui lui vaut le prix Molson de l'Académie canadienne-française et qui inaugure une période de création intense. Ont paru, chez Coach House Press, à Toronto, *The marriageable Daughter* (1989) et *Divide Diva* (1991). Il est membre du collectif de rédaction d'*XYZ, la revue de la nouvelle*. En 1992-1993, il est écrivain en résidence à l'Université du Québec à Montréal. Daniel Gagnon est également peintre. Il a peint, jusqu'à maintenant, les portraits de plus de soixante-dix écrivaines et écrivains.

Born in Quebec in 1946, Daniel Gagnon spent his childhood in Magog. In 1978, after publishing three novels, he departed the literary scene for seven years. In 1985 he published *La fille à marier*, a novel for which he won the

Molson Prize of the Académie canadienne-française, and which was the beginning of a period of intense creative activity. Two English translations have been published by the Coach House Press: *The Marriageable Daughter* (1989) and *Divine Diva* (1989). He is a member of the *XYZ, la revue de la nouvelle* editorial collective. In 1992-93 he was writer-in-residence at UQAM. Daniel Gagnon is also a painter and he has, up to now, painted more than 70 writers' portraits.

JEAN PIERRE GIRARD

Né en 1961, à Sainte-Perpétue de Nicolet. À ce jour, il compte deux recueils publiés aux éditions L'instant même (*Silences*, prix Adrienne-Choquette 1990, et *Espaces à occuper*, 1992). Il a aussi écrit des dramatiques radiophoniques, des scénarios et des pièces de théâtre, a préparé un ouvrage collectif de nouvelles de jeunes auteurs, a produit des articles sous forme d'essais et a touché à la critique littéraire. «Quelque part..., rire» sera de son prochain recueil (intitulé, sans doute moins provisoirement qu'il ne l'imagine, *Léchées, timbrées*), à paraître à L'instant même à l'automne 1993. Jean Pierre Girard enseigne au niveau collégial.

Jean Pierre Girard was born in 1961 at Sainte-Perpétue de Nicolet. He has published two collections of stories at éditions de L'instant même: *Silences* (Prix Adrienne-Choquette 1990) and *Espaces à occuper* (1992). He has written radio dramas, film scripts and plays. He has also worked on an anthology of short stories by young writers and has written essays and literary criticism. "Quelque part ... rire" will be in his next collection (entitled, doubtlessly less provisionally than he thinks, *Lechées, timbrées*) which will appear in the fall of 1993 from L'instant même. Jean Pierre Girard teaches at the college level.

STEVEN HEIGHTON

Steven Heighton was born in Toronto, studied at Queen's University in Kingston, and has worked in western Canada as well as Japan. He currently lives in Kingston where he is editor of *Quarry Magazine*. His books of poetry include *Stalin's Carnival* and *Foreign Ghosts*. He has also published a collection of short stories entitled *Flight Paths of the Emperor*. He has received numerous awards for his poetry and stories, which have also been published in magazines and anthologies. In 1991 he was invited to be a guest of the Festival International de la Poesie a Trois-Rivières, and some of his poems have been translated and published in *Estuaire* and *Revue Europe*.

Né à Toronto, il a étudié à l'université Queen, de Kingston, et a travaillé dans l'Ouest canadien aussi bien qu'au Japon. Il vit à Kingston où il est rédacteur en chef de Quarry Magazine. Il a publié deux recueils de nouvelles, *Stalin's Carnival* et *Foreign Ghost*. Il a aussi publié un recueil de nouvelles intitulé *Flight Paths of the Emperor*. Il a reçu plusieurs prix pour sa poésie et ses nouvelles. De nombreux poèmes et nouvelles ont aussi été publiés dans des revues et dans des anthologies. En 1991, Steven Heighton a été invité au Festival international de poésie de Trois-Rivières. Quelques-uns de ses poèmes ont été traduits et publiés dans les revues *Estuaire* et *Europe*.

GREG HOLINGSHEAD

Greg Hollingshead is a member of the English Department at the University of Alberta in Edmonton where he teaches creative writing and eighteenth-century literature. He has published a novel, *Spin Dry*, and two collections of stories, *Famous Players* and *White Buick*. In addition his stories have been widely published and anthologized in Canada and the U.S. He is currently working on a new novel and a third collection of stories.

Membre du Département d'anglais de l'université d'Alberta, à Edmonton, il y donne des ateliers d'écriture et enseigne la littérature du dix-huitième siècle. Il a publié un roman, *Spin Dry*, et deux recueils de nouvelles, *Famous Players* et *White Buick*. Ses nouvelles ont été abondamment publiées dans des revues et anthologies, au Canada et aux États-Unis. Greg Holingshead prépare actuellement un deuxième roman et un troisième recueil de nouvelles.

LOUIS JOLICŒUR

Né à Québec en 1957, où il a fait des études d'anthropologie, de linguistique et de traduction. Traducteur en français de l'écrivain uruguayen Juan Carlos Onetti, de l'Espagnol Miguel Unamuno et de l'Argentine Vlady Kociancich, il a également publié, aux éditions L'instant même, deux recueils de nouvelles, *L'araignée du silence* (1987) et *Les virages d'Émir* (1990), ainsi que d'autres textes dans des revues (*XYZ, Vice-versa, Stop, Mœbius*) et dans le collectif *Rencontres/ Encuentros — Ecrivains et artistes de l'Argentine et du Québec* (éditions Sans Nom, 1989), auquel il a également contribué comme traducteur. Outre son travail d'écrivain et de traducteur, Louis Jolicœur est interprète et professeur à l'université Laval, de Québec. Il travaille actuellement à des projets de recueils conjoints avec le Mexique et l'Irlande.

Louis Jolicœur was born in Quebec City in 1957. There he studied anthropology, linguistics and translation. He has translated Miguel Unamuno, Juan Carlos Onetti — a Uruguayan writer — and the Argentinean, Vlady Kocianich. He has authored two story collections: *L'araignée du silence* (L'instant même, 1987) and *Les virages d'Emir* (L'instant même, 1990). His stories have also been published in several magazines — *XYZ, Vice-versa, Stop, Moebius* — and in *Rencontres/ Encuentros — Ecrivans et artistes de l'Argentine et du Québec* (éditions Sans Nom, 1989), to which he also contributed as translator. Louis Jolicœur is also a professional interpreter and teaches at the University of Laval, in Quebec. He is currently working on Quebec-Mexican and Quebec-Ireland story anthologies.

THOMAS KING

Thomas King is a Canadian of Cherokee, Greek and German descent. He has published two novels, *Medicine River* and *Green Grass, Running Water*. His children's book, *A Coyote Columbus Story*, was a Governor General's Award finalist. He edited *All My Relations*, an anthology of short prose by Native writers in Canada. His longest-lasting job was teaching ten years in the Native Studies Department of the University of Lethbridge. He is currently Chairman of the Native Studies Department at the University of Minnesota. His stories have been widely published in magazines and anthologies, but this is the first time one of them has been translated into French.

Canadien d'ascendances cherokee, grecque et germanique, il a publié deux romans, *Medecine River* et *Green Grass, Running Water*. Son livre pour la jeunesse intitulé *A Coyote Columbus Story* lui a mérité d'être finaliste au Prix du Gouverneur général. Il a aussi dirigé la publication de *All My Relations*, une anthologie de proses brèves écrites par des autochtones vivant au Canada. Il a enseigné dix ans au Département d'études autochtones de l'université de Lethbridge, en Alberta. Il n'avait jamais conservé un emploi si longtemps. Thomas King est actuellement directeur des Études autochtones à l'université du Minnesota. Ses nouvelles ont été souvent publiées dans des revues ou dans des anthologies, mais c'est la première fois qu'une d'entre elles est traduite en français.

YVES LACROIX
Né en 1939, à Magog dans les Cantons de l'est. En 1962, il termine ses études collégiales à Sherbrooke et «monte» s'inscrire à l'université de Montréal. Il a été professeur de français dans des collèges classiques et des écoles normales et il enseigne depuis 1969 à l'Université du Québec à Montréal, de moins en moins la littérature, de plus en plus le cinéma et la bande dessinée. Il y anime des ateliers d'écriture. Il été scripteur dramatique pour la radio de Radio-Canada; il a publié des nouvelles, autrefois dans *Liberté*, plus récemment dans *Urgences* et dans la revue *XYZ*. Pour le Module d'art dramatique de l'UQAM, il a traduit *Interview*, de Jean-Claude Van Italie (1970) puis écrit *Where is Goldie Smith* (1974). Yves Lacroix est l'auteur d'un long récit sur son père, *Adrien de peine et de misère* (Leméac, 1984). Aujourd'hui, il «descend» de plus en plus souvent dans les Cantons de l'est.

Yves Lacroix was born in 1939 in Magog, in the Eastern Townships. In 1962 he completed his collegial studies at Sherbrooke and "went up" to register at the University of Montreal. He had been a professor of French in classical colleges and normal schools; since 1969 he has been teaching at UQAM, where he teaches progressively less literature and more film and cartoon books. he has led creative writing workshops. He was a scriptwriter for Radio-Canada (radio). He has also published short stories, formerly in *Liberte*, more recently in *Urgences* and *XYZ*. For the dramatic arts program of UQAM, he has translated *Interview*, by Jean-Claude Van Italie (1970) and written *Where is Goldie Smith* (1974). Yves Lacroix is also the author of novella about his father, *Adrien de peine et de misère* (Leméac 1984). These days he "goes down" more and more frequently to the Eastern Townships.

MONIQUE PROULX
Née à Québec, elle vit maintenant entièrement de sa plume à Montréal. Romancière, nouvelliste et scénariste, elle a publié aux éditions Québec/Amérique un recueil de nouvelles, *Sans cœur et sans reproche*, qui lui a valu le prix Adrienne-Choquette et le Grand Prix du Journal de Montréal, ainsi qu'un

autre roman, *Homme invisible à la fenêtre*, est à paraître aux éditions Boréal. Plusieurs de ses nouvelles ont été adaptées pour le cinéma et la télévision, plusieurs publiées dans des recueils collectifs, en version originale et en traduction («Feint of Heart», publiée dans *Intimate Strangers*, chez Penguin Books, et dans *More Stories by Canadian Woman*, Oxford University Press; «Am Stram Gram», dans *Celebrating Canadian Woman*, Greta Nemiroff; «Saturday Night», dans *The Malahat Review*...). Monique Proulx est membre du collectif de rédaction d'*XYZ, la revue de la nouvelle.*

Monique Proulx was born in Quebec. She now lives in Montreal. A novelist, short-story and screenplay writer, she has published a collection of stories, *Sans coeur et sans reproche* (Québec/Amérique, 1983, winner of le Grand Prix du Journal de Montréal and le prix Adrienne-Choquette), and two novels: *Le sexes des etoiles* (Québec\Amérique) on which a feature film was based, and *Homme Invisible à la fenetre* (éditions Boréal). Many of her stories have been adapted for film and television. Stories published in translation include "Feint of Heart" (in *Intimate Strangers*, Penguin Books and *More Stories by Canadian Women*, Oxford University Press), "Am Stam Gram" (in *Celebrating Canadian Women*) and "Saturday Night" (in *The Malahat Review*). Monique Proulx is also a member of the editorial collective of *XYZ*.

HELENE RIOUX

Née à Montréal en 1949, elle publie son premier recueil de nouvelles, *L'Homme de Hong Kong*, aux éditions Québec/Amérique, en 1986. La nouvelle éponyme et deux autres furent traduites par Luise von Flotow et publiées chez Guernica dans le recueil *Three by Three*. Elle a aussi publié des recueils de poésie, des récits et trois romans, dont *Les miroirs d'Éléonore*, paru chez Lacombe, en 1990, qui lui valut d'être finaliste au Prix du Gouverneur général et au Grand Prix littéraire du Journal de Montréal, Grand Prix qu'elle remporta en 1992 pour *Chambre avec baignoire* (Québec/Amérique). Hélène Rioux a collaboré à de nombreuses revues, *Mœbius, Arcade, Possibles, Ciel variable, Le Sabord* et à plusieurs ouvrages collectifs: *Des nouvelles du Québec* (Valmont éditeur), *Contes et récits d'aujourd'hui* et *Compléments d'objets*, tous deux chez XYZ éditeur. Traductrice, entre autres, d'une dizaine de romans de Lucy Maud Montgomery, elle fait partie du collectif de rédaction de la revue XYZ et tient, depuis 1987, une chronique littéraire au *Journal d'Outremont*.

Helene Rioux was born in 1949. In 1986 she published her first story collection, *L'Homme de Hong Kong* (Québec\Amérique). The title story and two others were translated by Luise von Flotow and published in *Three by Three* (Guernica). She has also published collections of poetry, stories, and three novels, including *Les miroirs d'Eléonore* (Lacombe, 1990) for which she was a finalist for the Governor General's Award and for le Grand Prix Littéraire du Journal de Montréal, which she won for *Chambre avec baignoire* (Québec\Amérique 1992). She has contributed to numerous reviews — *Moebius, Arcade, Possibles, Ciel variable, Le Sabord* — and to several anthologies — *Des nouvelles du Québec* (Valmont éditeur), *Contes et récits d'aujourd'hui* (XYZ) and *Compléments d'objets* (XYZ). Her transla-

Contes et récits d'aujourd'hui (XYZ) and *Compléments d'objets* (XYZ). Her translations include ten novels by Lucy Maude Montgomery. She is a member of the editorial collective of *XYZ* and since 1987 has written a literary column in *le Journal d'Outremont*.

SARAH SHEARD
Sarah Sheard was born in Toronto. She studied at York University in Toronto, where she lives and works. Her writing, both fiction and non-fiction, has appeared in many literary journals and anthologies. An editor at the Coach House Press since 1979, she has taught creative writing in high schools and colleges for the past twelve years. Her first novel, *Almost Japanese*, was widely translated and is in the process of being translated into French. Her second novel, *The Swing Era*, has just been published.

Née à Toronto, où elle demeure et travaille toujours, elle a étudié à l'université York. Elle a publié dans de nombreuses revues littéraires et ses textes ont été recueillis dans plusieurs anthologies. Sarah Sheard est directrice littéraire chez Coach House Press, depuis 1979, et elle donne des ateliers d'écriture aux niveaux collégial et universitaire depuis une douzaine d'années. Son premier roman, *Almost Japanese*, a été traduit dans plusieurs langues et est en voie de l'être en français. Son deuxième roman, *The Swing Era*, vient de paraître.

DIANE SHOEMPERLEN
Diane Schoemperlen was born in Thunder Bay. She attended Lakehead University, then lived ten years in Alberta before moving to Kingston in 1986. Her collections of stories are *Double Exposures, Frogs and Other Stories* and *Hockey Night in Canada and Other Stories*. She is currently working on a new collection of stories to be called *Love in the Time of Cliches*, and a novel, *In the Language of Love*. She and Hélène Rioux, who translated each other for this anthology, are now collaborating on a book to be composed of translations of each other's work.

Née à Thunder Bay, elle a fréquenté l'université Lakehead, puis a vécu dix ans en Alberta avant de déménager à Kingston, en 1986. Elle a publié cinq recueils de nouvelles, *Double Exposures, Frogs and Other Stories, Hockey Night in Canada, The man of my Dreams* et *Hockey Night in Canada and Other Stories*. Elle prépare actuellement un recueil de nouvelles qui s'intitulera *Love in the Time of Cliches*, et un roman, *In the Language of Love*. Hélène Rioux et Diane Shoemperlen, qui se sont traduites l'une l'autre pour cet ouvrage collectif, collaborent actuellement à la préparation d'un livre composé de traductions de textes de l'une et de l'autre.

PRINTED IN CANADA